数字化财务活页式系列丛书

U0429584

商业企业财务综合实训

主编◎刘雅琴　孙美娇　潘细香

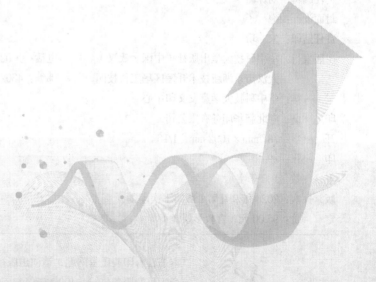

華中科技大學出版社
http://www.hustp.com
中国·武汉

图书在版编目（CIP）数据

商业企业财务综合实训 / 刘雅琴，孙美娇，潘细香主编 .—武汉：华中科技大学出版社，2020.9
ISBN 978-7-5680-6486-6

Ⅰ.①商… Ⅱ.①刘… ②孙… ③潘… Ⅲ.①商业企业 - 财务管理 Ⅳ.① F715.5

中国版本图书馆 CIP 数据核字 (2020) 第 150756 号

商业企业财务综合实训

Shangye Qiye Caiwu Zonghe Shixun　　刘雅琴　孙美娇　潘细香　主编

策划编辑：聂亚文
责任编辑：刘姝甜
封面设计：孢　子
责任监印：朱　玢
出版发行：华中科技大学出版社（中国・武汉）　电话：（027）81321913
　　　　　武汉市东湖新技术开发区华工科技园　邮编：430223
录　　排：华中科技大学惠友文印中心
印　　刷：湖北新华印务有限公司
开　　本：787 mm × 1092 mm　1/16
印　　张：39
字　　数：100 千字
版　　次：2020 年 9 月第 1 版第 1 次印刷
定　　价：95.00 元（含教学票样）

华中出版

本书若有印装质量问题，请向出版社营销中心调换
全国免费服务热线：400-6679-118　竭诚为您服务
版权所有　侵权必究

前言

十九大报告指出，完善职业教育和培训体系，深化产教融合、校企合作。基于此，建设产教融合下的实训基地是职业教育提升应用型人才培养质量的重要途径，而高度仿真的活页式、工作流程式实训教材成为实训基地不可缺少的教学工具。“数字化财务活页式系列丛书”正是基于会计毕业实习实训的需要而推出的。

近几年，随着大数据、人工智能、移动互联网、云计算、物联网等新技术的快速发展，企业对人才的需求从核算型会计逐步向管理型会计转变，企业财务部门也由传统财务向价值创造中心转型，但是，在现阶段，会计核算仍旧是会计职业中一个最基本的能力，它是原理和方法。虽说财务机器人（RPA）已经在很多企业广泛使用，但是，财务机器人的流程和规则还是需要熟悉财务业务的人员去定义，例如报销机器人、报税机器人、开票机器人等，这些流程自动化的业务随时会因为相关而系统的变化需要重新定义流程和规则。因而，编者认为，财务人员是不会被机器取代的，但财务一定要转化成“智能化”的财务，这个“智能”不仅仅指智能识别、智能审核、智能分析等技术，更指财务人员观念的转变。财务人员要始于感知、精于计算、巧于决策、勤于执行、善于学习，而不仅仅把自己当成流水线上的工具。

未来的财务人员除了要精通财务核算以外，还要擅长管理、熟悉 IT、洞察业务、了解公司战略，成为兼备会计、信息化、管理、金融等领域知识的复合型人才，以满足时代的要求和企业的需求，而这一切，都有赖于对最基础的财务业务的熟悉和把握。

本书为“数字化财务活页式系列丛书”之一。全书以九州华问服装有限公司为主体，设计了包括对商业企业的认知、会计政策的掌握、企业制度的了解以及日常业务单据处理、成本归集核算、管理报表编制等的一套商业企业常见的会计业务处理过程。学习者通过对整套单据的业务进行处理，能够了解新零售业务下的多种业态模式以及不同业务的账务处理，可以迅速累积一定的经验，从而更好地实现就业。

经而觉，历而悟，作为会计职业教育和财务数字化应用领域中的积极践行者，北京华问教育科技有限公司基于十八年来的实践经验，不断将经验沉淀、总结和分享，以“培养数字化会计应用人才”为使命，凭借全球化的视野、前瞻性的 IT 规划能力、创新的产品架构、强大的课程开发与教学交付能力，致力于帮助院校搭建业财一体的数字化应用实训场景，建立智能化、数字化的会计实习实训基地。

书中所涉及的业务单位和人员均为虚构，如有雷同纯属巧合；所涉及行政事业单位的票据和印章均为实现单据真实化而编制的，如有不妥请及时告知，我们将及时做出修正（索取平台半年免费使用，请发送邮件至 135141@qq.com）。

目录

第一部分

企业基本情况

一、企业简介

九州华问服装有限公司由华问集团有限公司于 2019 年 1 月投资创建，是一家集服装批发、零售、电商等多元化业务为一体的企业。

该公司产品覆盖了我国广东、浙江、江西等多个省份。公司设立了自营品牌专卖店及多家分销机构，并引进了 O2O（online to offline，线上到线下）电子商务的商业模式，在淘宝、京东、有赞等平台创下佳绩。公司现有员工近 30 人，年销售量为 8 万余件，其产品主要包括劳保工作服、T 恤衫、商务职业套装等，其服务客户涉及星级酒店、外资企业、房地产公司等。

九州华问服装有限公司成立以来，一直以“品质保证、服务专业、顾客满意”为经营理念，坚持以优质的产品、实惠的价格和全面的售后服务回馈客户，并短时间内在九州地区成为客户信赖的企业。

二、企业营业执照（五证合一）

九州地区实行“五证合一”登记制度后，企业载有统一社会信用代码的营业执照如图 1–1 所示。

编号:No.1 03518999

营业执照

（副　本）(1-1)

统一社会信用代码91660188739510178P

名　　称　九州华间服装有限公司

类　　型　有限责任公司（自然人投资或控股）

住　　所　九州市南京中路168号

法定代表人　李佳华

注册资本　壹佰万元整

成立日期　2019年1月6日

营业期限　2019年1月6日至2029年1月5日

经营范围　销售服装、鞋帽、服饰、劳保用品等。

登记机关　九州市工商行政管理局高新分局

2019年01月06日

提示：每年1月1日至6月30日通过企业信用信息公示系统报送上一年度年度报告并公示。

中华人民共和国国家工商行政管理总局监制

图1-1　营业执照

三、企业组织构架

企业组织构架如图 1–2 所示。

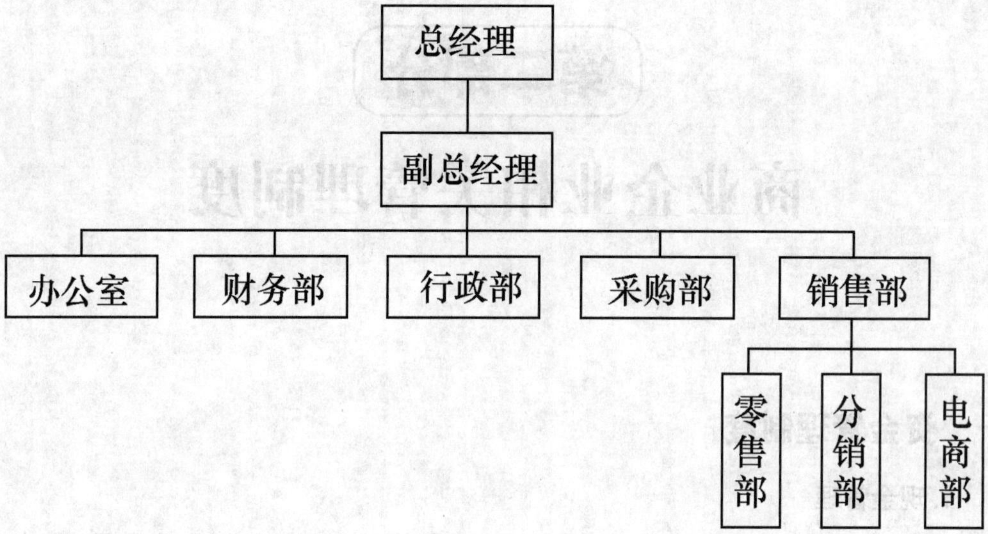

图 1–2　组织架构

第二部分

商业企业相关管理制度

一、资金管理制度

1. 现金管理

（1）出纳应保证库存现金的日清日结，月末应编制银行存款余额调整表，以保证现金日记账、银行日记账账实相符。货款现金必须送存银行，不准坐支。

（2）出纳库存现金定额核定为30,000元，如有多余费用现金应该及时送存银行，保证现金安全；门店备用金定额核定为3,000元，每日营业收入必须及时报送公司财务。

（3）会计应定期、不定期对出纳库存现金进行监盘，每月至少监盘3次，并审核出纳编制的库存现金盘点表，编制银行存款余额调节表，核对是否有差异，并对未达事项进行落实。出纳应定期、不定期对门店现金进行监盘，每月至少监盘3次，并审核门店库存现金盘点表，如有差异必须查明原因，并进行相应处罚。

2. 支票管理

凡不能用现金收付款的各项业务，一律应通过银行转账进行结算。

（1）公司支票的购买由出纳负责，并由出纳填写支票备查簿。支票备查簿由公司财务经理保管。

（2）空白支票由出纳负责保管，签发支票所需的财务章由财务经理保管，法人私章由出纳保管。

（3）现金支票只能由出纳在从银行提取现金时使用；公司与其他单位之间金额在结算起点以上的经济业务往来，一律使用转账支票。

（4）各部门或个人因工作需要领用支票时，应填制规定的借款单，由部门经理、财务经理及副总经理审核签字，并报总经理批准后，由出纳签发。借款人应在支票领用之日起，10日内到财务部办理报销手续，其程序与现金支出报销程序一样。支票领用人应妥善保管已签发的支票，如有丢失，应立即通知财务部门，并对造成的后果承担责任。

（5）出纳不得签发不确定日期的支票，不得签发任何种类的空白支票。

（6）财务人员不得在支票签发前预先加盖签发支票的印章，签发支票时必须按编号顺序使用，对签错的支票或退票必须加盖“作废”戳，并与存根一起保管。

3. 借支制度

公司人员借支应该根据需要核定额度，填写借款单，3,000 元以下由部门经理、财务经理和副总经理审批，3,000 元以上还需上报总经理审批。上一笔借支未清账，不得再次借支。公司员工出差借支时需注明出差地点及出差事由。借支费用，原则上不允许跨月冲销，特殊情况由部门经理及副总经理审批后方可冲销。

二、往来账管理制度

为了进一步规范销售，减少经营风险，保证公司的财产安全，最大限度地减少呆账、坏账，对应收账款的管理做出如下规定：

（1）零售、电商客户采取“现款现货、款到发货”的原则；

（2）分销客户采取“月结”的原则；

（3）本月货款必须在次月月末前结清。

三、固定资产管理制度

（一）会计政策

固定资产的入账原则及折旧政策如表 2-1 所示。

表 2-1 固定资产的入账原则及折旧政策

固定资产类别	预计净残值率 /（%）	预计使用年限	年折旧率 /（%）
电子设备	5	3	31.67
运输设备	5	4	23.75

注：各项固定资产均按照历史成本计价，不论市价是否变动，一般不调整账面价值。

（二）管理部门

公司及各门店的固定资产由财务部统一管理。固定资产取得后，即由财务部依其类别及会计科目予以分类编号并粘贴标签。

（三）移交

对于固定资产，应按使用部门详细列清册办理移交。

（四）盘点

公司及各门店固定资产应由财务部会同使用部门每年盘点一次。财务部对于盘盈或盘亏应查明原因，并根据盘盈或盘亏原因做出相应处理。

（五）购置审批程序及相关手续

公司及各门店若需购置，必须向公司财务部申请，经公司副总经理及总经理批准后购置。

（六）报废

公司及各门店固定资产报废需向财务部申报，提出申请报废资产的报告，填报有关固定资产报废申请单，提交报废资产的名称、数量、规格、单价、损失价值清册，以及鉴定资料和对非正常损失责任的处理意见，经审批后方可处理。填写固定资产报废申请单时，必须登记资产标签编号，以便账目调整。

四、发票管理制度

为加强公司购、销货发票的管理，制订以下发票管理制度。

（一）对外销售开具发票的规定

（1）根据税法等有关规定，由公司财务专人办理发票的领购、开具和保管业务。

（2）如客户需开具增值税专用发票，根据增值税发票相关管理要求，需要对方提供企业基本信息，该信息主要包括企业名称、纳税人识别号、地址、电话、开户行及账号，以及一般纳税人资格证明。

（3）增值税专用发票的开具对象仅限于具有一般纳税人资格的公司，对一般纳税人以外的任何单位和个人不得开具增值税专用发票。

（4）增值税发票上的记载事项有变动的，客户要及时提供变更证明，以利业务结算；变更证明要及时作为附件入账或归档管理。

（二）接受发票的管理规定

（1）接受发票要严格按照《中华人民共和国发票管理办法》中关于违反发票管理的处罚条款进行审核。

（2）接受的发票要以实际交易的金额为准，票面要整洁，项目填写要齐全，字迹清楚，盖章清晰，手续齐备，计算准确，并与所附的其他资料相符。

（3）根据业务性质和实际情况尽量取得增值税专用发票。

五、存货管理制度

（一）直营店及分销客户要货申请

（1）直营店的库存管理应坚持“库存合理、加快周转”的原则，尽可能降低库存风险。

（2）直营店在要货时须根据销售计划，结合实际需求，合理安排要货次数及数量，在合理库存内保证销售的需要。

（3）分销客户要货可先在系统中填写采购订单，采购订单审核后协同生成公司销售出库单，经销售部和财务部审核无误后，再办理发货手续。

（二）存货入库流程

根据批准的采购申请表验收入库并填制采购入库单，采购入库单至少有下列内容：存货编码、存货名称、尺码、颜色、数量、单价、金额、供应商名称、仓库名称。

采购入库单至少一式三份（三联）：第一联为存根，第二联为库房留存用，第三联为财务核算用。入库时要求严把质量关，做好各项记录，以备查用。财务部根据采购入库单和其他相关单据入账。

（三）存货出库流程

存货出库的方式主要有两种，即内部调拨和销售出库。销售出库单（或销货单）至少有下列内容：客户名称、仓库名称、收款方式、部门、商品编码、品名货号、规格、单价、数量、金额、折扣、实收金额。

销售出库单（或销货单）一式四份（四联）：第一联，存根；第二联，仓库留存；第三联，财务核算；第四联，客户留存。

仓管人员做好出库质量管理，严防破损，做好数量记录，核实品种、数量和提单。

（四）存货盘点

公司财务人员每月底要协同仓管员对库存商品进行一次盘点，对于盘盈、盘亏、毁损等要查明原因，上报财务经理及副总经理进行相应处理，金额较大时还需上报总经理处理。

（五）其他

（1）库存商品要摆放整齐，库房要保持干净、整洁，杜绝“三乱”——乱堆、乱放、乱压。同时，要做好库房商品三区管理，即正常销售商品区、退货区及残损区。

（2）发货一定要坚持先进先出原则。

（3）库存商品不足及库存商品积压应及时上报公司领导，避免缺货或积压给公司带来损失，保持正常的库存。

六、企业财务管理制度——岗位职责

（一）财务经理

（1）认真贯彻执行《中华人民共和国会计法》（简称《会计法》）和有关的法律、法规及制度，监督考核公司及门店的财务收支、资金使用和财产管理等计划的执行情况及其效果，保护公司财产，维护财经纪律，对本公司的财务状况负责。

（2）领导财务部的全体人员认真落实岗位责任制，健全和严格实施经济责任制，建立良好的财务工作秩序。

（3）有权根据本部门的实际情况和工作需要，增减员工和调动他们的工作。

（4）负责财务部的全面工作。加强财务部队伍的建设，制订各级人员培训计划，提高财务部全体人员的业务素质，拟定财务部机构设置和人员配备方案，并实施各级人员的任免和奖惩方案。

（5）编制预算方案，指导制订经营政策。

（6）管理现金流量、货款及货币兑换。

（7）协调与各部门的关系，并负责与财政、银行、税务等机构联系。

（8）参加部门经理例会、业务协调会议，建立良好的工作关系。

（二）总账会计

（1）审核检查全部记账凭证和原始凭证是否合理、合法、正确、有效，审核其手续是否完整，列支科目是否正确。

（2）核对总账与各明细的计算机账，确保无误后记入总账；对所需调整的账项要附有凭证及说明，并经财务经理批准后方可调整。

（3）督促检查各种财务报告的及时性、正确性，做好月、年度财务决算，按时向领导呈报会计报表。

（4）督促检查各项税金的计算申报，加强与财税部门的业务联系，协调外部关系，取得有关信息。

（5）督促检查应付账款金额是否正确，挂账是否准确，账务处理是否及时。

（6）审核检查所有对外编报的数据及财务报表，确保无误方可报出。

（7）督促检查会计档案的妥善保管与存档程序，做到存档有记录，调档有手续，并做好经济资料的保密工作。

（8）按时完成上级交办的其他工作，随时解答财务经理提出的问题，正确、及时地提供相关数据资料。

（三）会计

（1）贯彻执行国家颁布的有关财务制度，严格按照《会计法》进行记账、算账、报账，做到手续完备、内容真实、数据准确、账目清晰。

（2）负责编制月、季、年度会计报表及有关说明，每月 10 日前向公司领导及时、真实、准确地报送会计报表，完整地反映财务状况，并按季度进行财务分析。

（3）负责会计核算，特别对应收、应付等往来账要及时清算和催收；做到账账相符、账实相符，发现不符必须查明情况，及时汇报。

（4）负责公司商品成本、物品成本控制的具体管理工作，审核收货、发货、库存情况，以保证成本核算的准确性。

（5）妥善保管会计凭证、会计账本、会计报表及档案资料。

（6）保守公司财务机密。

（7）完成财务经理交办的其他工作任务。

（四）出纳

（1）严格遵守有关财务规定和工作程序，妥善保管保险柜钥匙，密码不得泄露及外传，确保公司的财产安全。

（2）计算、汇集及验收各门店收银员现金收款总金额。严格执行库存现金的限额，超过部分必须及时送存银行，不坐支货款，不能用白条抵押现金。

（3）建立、健全现金、银行存款的各种账目，出纳员办理每一笔收付款业务前，必须坚持复核每一项凭证所反映的经济内容和金额，对不完整、不合法的凭证应拒绝付款，并及时向财务经理反映。

（4）将月末银行存款余额与银行对账单进行核对，使账面余额与银行对账单上的余额相符。对未达账款要及时查询，并督促有关人员及时处理。

（5）使用计算机登记的现金日记账和银行存款日记账，按记账规定结出每日发生额和当天余额，要日清月结。

（6）出纳人员不能兼任会计稽核、会计档案保管、收入费用、债权债务的账簿登记工作。

（7）按时完成公司财务经理交办的其他临时性工作。

七、会计档案管理制度

（一）制订会计档案管理制度的目的

为加强会计档案管理，特制订会计档案管理制度。

（二）会计档案的内容

公司的会计档案包括：会计凭证、会计账簿、税务申报资料、会计报告、审计报告、验资报告、资产评估报告、财务管理制度以及与经营管理有关的其他重要文件，如合同、章程等。

（三）会计档案的保存

财务部应有专人负责保存会计档案，该负责人应定期将财务部归档的会计资料整理装订后按顺序立卷登记。

会计档案的保管期限分为永久和定期两类。

会计档案保管期满需要销毁时，由会计档案管理人员提出销毁意见，经财务部批准，并报上级有关部门批准后执行。由会计档案管理人员编制会计档案销毁清册，销毁时应由财务部有关人员共同参加，并在销毁单上签名或盖章。

（四）会计档案的借用

财务人员因工作需要查阅会计档案时，必须按规定顺序及时归还原处，若要查阅入库档案，必须办理有关借用手续。

公司内各单位因公需要查阅会计档案时，必须经本单位领导批准，经财务经理同意，方能由档案管理人员接待查阅。

外单位人员因公需要查阅会计档案时，应持有单位介绍信，经财务经理同意后，方能由档案管理人员接待查阅，并由档案管理人员详细登记查阅会计档案人的工作单位、查阅日期、会计档案名称及查阅理由。

会计档案一般不得带到档案室外，如有特殊情况，需带到室外复印时，必须经财务经理批准，并限期归还。

（五）会计人员的变动或会计机构的改变

因会计人员变动或会计机构改变，会计档案需要转交时，须办理交接手续，并由监交人、移交人、接收人签字或盖章。

（六）会计档案保管期限

会计档案的保管期限，从会计年度终了后的第一天算起。

1. 会计凭证类

（1）原始凭证、记账凭证、汇总凭证：30 年。

（2）银行存款余额调节表和银行对账单：10 年。

2. 会计账簿类

（1）日记账：30 年（其中，现金和银行存款日记账为 25 年）。

（2）明细账、总账、辅助账：30 年。

（3）固定资产报废清理后固定资产卡片及清单：5 年。

3. 会计报表类

（1）主要财务指标报表（包括文字分析）：10 年。

（2）月、季度会计报表（包括文字分析）：10 年。

（3）年度会计报表（包括文字分析）：永久。

4. 其他类

（1）会计档案保管清册及销毁清册：永久。

（2）财务成本计划：3年。

（3）主要财务会计文件、合同、协议：永久。

八、印章管理

（1）公司印章包括公章、财务专用章、法人代表章、合同章等。公章由行政部指定专人负责保管，财务专用章、法人代表章、合同章分别由财务部专人负责保管。

（2）印章保管人员必须坚守职责，未经领导批准，不得将印章带出办公室，不得私用，不得委托他人代管。

（3）保持印章使用的严肃性。各类印章只限使用在正式文件上，严禁在空白纸上盖章。

九、门店店长工作制度

店长是门店的代表者、责任者，是公司政策、规章制度、经营目标的具体执行者，是门店经营活动的规划者和指挥者，是门店员工工作的鼓励者和协调者，是门店日常营运工作的分析者和控制者。

店长主要任务是：遵照公司营运政策、计划及目标，在所辖地区内，推销本公司商品，并对顾客提供最佳服务，以达到公司核定的销售目标。

（一）权责

（1）了解和掌握公司营运方针与目标，制订本店的销售目标和工作计划，将本店的各项目标准确地传达给部下，并随时予以追踪控制，以确保各项指标的达到或超越。组织好商品结构、库存结构、毛利等商品管理事项，通过严格科学的管理，追求门店销售利益最大化。

（2）全权办理本店的销售及服务事项，提供品质高、价格合理的商品及良好的服务和购物环境，以提高公司在该地区的市场占有率，并建立良好的服务声誉和形象。

（3）观察所管辖地区市场需求的变化、商圈的动向，将竞争店的情报、顾客的情报、商品的情报进行搜集、整理和传达，及时将最新情报以书面形式报告总经理。

（4）根据具体情况以及节假日、季节的变化，制订商品促销措施，策划营销手段，开展公关活动，以提高商品销量和公司在所辖区域的知名度。

（5）加强对门店服务工作的管理，规范门店员工的服务行为和服务语言，提高门店员工的服务意识和服务技能，树立公司良好的企业形象。

（6）根据本店营业状况和工作计划，预估所需备用金和其他款项的收支，预估所需零钞数额，及时领取、兑换、报账，严格控制各项费用，不断降低营运成本。

（7）密切关注收银员的工作情况和精神状态，严格禁止收款不入账、少入账等现象。如有此类情况发生，应立即制止并上报公司领导。严禁未经公司财务经理及副总经理、总经理同意将营业款挪作他用，以确保账款安全。

（8）依据公司有关规定，负责对所属员工的考核和奖金分配。全权负责店内员工、商品、设备、现金、账务凭证、安全、卫生等日常管理作业，保证门店正常运行。

（9）与行政部配合，有计划地培养和发现人才；在公司与员工之间进行积极、有效的沟通，使全店员工明确理解公司的意图和各项规章制度、政策；将门店员工对公司的意见、要求、建议直接报告总经理。

（10）以自己的工作经验和不卑不亢、诚恳的态度，认真妥善处理每一位顾客的投诉和抱怨。

（11）抓好门店防盗工作，通过有效的方法和途径做好防止内盗的各项工作，按照公司的有关规定妥善处理外盗行为。

（12）以高度的责任感，迅速处理突发事件，如火灾、停电、盗窃、抢劫、打架、争吵等。

（13）配合财务做好废纸款、罚款等营业外收入款的管理，严禁私设小金库、擅自截流外来收入等。

（14）运用有效的领导方法，激励门店员工士气，公平、公正、客观地对待每一位员工，在店内建立健康、民主的工作氛围；抓好门店领导班子成员的管理工作，并督导其依照工作标准和要求做好各项工作。

（二）行为准则

（1）带头遵守公司规章制度。

（2）学习和掌握工作要领。

（3）必须具备管理的4项基本能力——人事组织能力、沟通能力、规划能力、分析判断能力。

（4）既有实干精神，又有指挥他人达到既定目标的能力。

（5）品德诚实，关怀下属，当好“公仆”。

（三）组织关系

（1）受零售部经理的指挥监督并向业务副总经理、总经理负责。

（2）负责指导、监督和协调。

（3）接受总经理、业务副总经理、零售部经理的指导和建议；接受财务部的工作监督。

（4）以诚挚、友善的态度与其他部门联系、协调、合作。

十、收银员工作制度

（1）每日晨会后立即进行营业前的各项准备工作，即清点备用金、准备购物袋、打扫卫生等。

（2）收银工作按照结算工作服务细则中的内容执行，要求动作规范，服务周到。

（3）排队付款顾客在 3 人内，应首先致以“谢谢光临”等礼貌用语，热情服务，“请”字开头，“谢”字结尾，用普通话收银，声音洪亮、清晰；违者每次罚款 50 元。

（4）不管顾客对错，严禁与顾客发生争吵，违者每次罚款 10 元。

（5）在顾客较少的时候，要帮助顾客装袋，装袋时按照装袋原则进行。

（6）严禁用笔私自统计交易金额，违者停职反省 3 天。

（7）吃饭、交接班及晚班下班时应保证收银机正常工作，如顾客排队较长，不允许丢下顾客去吃饭；违者罚款 10 元。

（8）工作时保持微笑，收银台附近不得放置员工茶杯等私人物品。

（9）不允许为亲朋好友结账，违者罚款 10 元。

（10）对顾客购买的可以打开的商品，要打开例行检查，以防止不良顾客的夹带行为。因收银员工作不负责任而造成的损失，一经核实，处以该损失价值 5 ~ 10 倍的罚款。

（11）收银员要熟记商品的位置和正在进行的热卖活动内容，熟记商品的小类代码，熟记特价商品的名称和价格，熟记新产品的位置和价格，熟记店内经营商品的品牌和价位，便于回答顾客的提问。

（12）合理使用零钞，一般情况下应主动向顾客索要零钞。

（13）收银员下午要提前 15 分钟到岗接班，做好下午班的准备工作。

（14）（女性）收银员在上班时间要着淡妆。

（15）收银员结算工作服务要求细则（以现金收付为例）如表 2-2 所示。

表 2-2 收银员结算工作服务要求细则

步 骤	标准用语	配合的动作
欢迎顾客	“欢迎光临”	面带微笑，与顾客的目光接触
	“您好”	引导顾客将所需商品放置在收银台上
		将收银机荧屏转向顾客
报出商品数量、单价		将录入收银机的商品逐一报出数量、单价
结算商品总金额并告知顾客	“总共 ×× 元”	若无人协助装袋，可趁顾客拿钱时先装袋，顾客拿出现金时则停止装袋
收取顾客支付的钱、券，提醒顾客清点	“收您 ×× 元”	确认顾客支付的金额并验钞
		将钱、券整理放好
		若顾客未付账，应礼貌地重复一次，不可表现出不耐烦的态度

续表

步骤	标准用语	配合的动作
找钱给顾客，提醒顾客清点	“找您××元”	找出正确零钱
		将大钞放下面，小钞放上面，现金和购物清单同时双手交到顾客手上，请顾客清点
商品入袋	“请您拿好”	一手提袋，另一手托住袋的底部交到顾客手中
送客	“谢谢（好走），欢迎下次光临”	确认顾客没有遗忘东西
		面带微笑

注：在整个过程中，收银员声音应响亮，态度应亲切、随和。

十一、门店盘点工作指南

门店盘点是一项费时、费力、工作量相当大的工作，没有充足的准备、严密的操作流程以及高度的责任心是无法顺利完成的。盘点结果将反映门店辛勤经营的真实成果，每一位门店员工要用清点现金的责任心来进行商品的盘点工作，错误的盘点结果将给公司和门店带来无法估量的损失。通过盘点作业可以计算出门店真实的库存、费用率、毛利率、盘损率等经营指标。因此，盘点的结果可以说是一份店铺经营绩效的成绩单。

（一）盘点目的

盘点目的主要有两个：

（1）控制库存，以指导日常经营业务；

（2）掌握损益情况，以便真实地把握经营绩效，并尽早采取措施。

（二）盘点作业流程

盘点作业流程如下：

（1）做好盘点基础工作；

（2）做好盘点前准备工作；

（3）盘点中作业；

（4）盘点后处理。

（三）盘点组织

盘点工作一般都由各门店自行负责，财务部则予以指导和监督。

（四）奖惩规定

商业企业门店盘点的结果一般都是盘损，即实际值小于账面值，但只要盘损在合理范围内应视为正常。盘点盘损的频率，表现出店内从业人员的管理水平及责任感。公司对门店每月的盘损率（损耗）要求控制在 1.5% 以内。

盘损率的计算公式为：

$$盘损率 = 盘损金额 / (期初库存 + 本期进货)$$

当实际盘损率超过标准盘损率时，门店有关人员要负责赔偿。

（五）盘点前准备

1. 人员准备

由于盘点作业须运用大批人力，通常全店人员都参加盘点，当日应停止任何休假。

2. 环境整理

一般应在盘点前一日做好环境整理工作，包括：检查各个商品及仓库存货的陈列位置和编号是否相符；整理货架上的商品，清除不良商品，并装箱标示和做账面记录；清除门店及作业场死角；将各项设备、备品及工具存放整齐。

3. 准备好盘点工具

需准备盘点表及红色和蓝色圆珠笔、复写纸、计算器、大头针、回形针等。

4. 盘点前指导

盘点前必须对盘点人员进行必要的指导和培训，特别是新入职员工。培训内容包括盘点要求、盘点常犯错误及异常情况的处理办法等。

5. 盘点工作分派

由于品项繁多、差异性大，不熟识商品的人员进行盘点时难免会出现差错，在初盘时，最好由管理该类商品的销售员来实施盘点，然后再由其他人员及门店店长来进行交叉复盘及抽盘工作。

6. 盘点中作业

盘点中作业可分为初盘作业、复盘作业和抽盘作业。

（1）初盘作业应注意：两人一组进行盘点，一人点，一人记；盘点单上的数据应填写清楚，以免混淆；不同特性商品的盘点应注意计量单位的不同；盘点时应顺便观察商品有无残缺破损，如发现有残缺破损应随即放下，并做记录。

（2）复盘作业应注意：复盘可在初盘进行一段时间后进行，复盘人员应手持初盘的盘点表，依序检查，把差异填入差异栏（备注栏）；复盘人员可用红色圆珠笔填表。

（3）抽盘作业应注意：抽盘办法可参照复盘；抽盘的商品选择门店内死角、不易清点的商品或单价、金额大的商品；对初盘与复盘差异较大的商品要加以实地确认。

7. 盘点后处理

盘点后处理工作如下。

（1）资料整理。将盘点表全部收回，检查是否有签名，并加以汇总。

（2）计算盘点结果。

（3）根据盘点结果实施奖惩措施。

（4）根据盘点结果找出问题所在，并提出改善对策。

第三部分

企业基础信息及数据

一、部门档案

部门档案如表 3–1 所示。

表 3–1 部门档案

部门编码	部门名称	所属营销机构
01	办公室	九州华问服装有限公司
02	财务部	九州华问服装有限公司
03	行政部	九州华问服装有限公司
04	采购部	九州华问服装有限公司
05	销售部	九州华问服装有限公司
05001	零售部	九州华问服装有限公司
05002	分销部	九州华问服装有限公司
05003	电商部	九州华问服装有限公司

二、人员档案信息

人员档案信息如表 3–2 所示。

表 3–2 人员档案信息

人员编码	姓名	部门	职位	所属营销机构
01	李佳华	办公室	总经理	九州华问服装有限公司
02	刘超	办公室	副总经理	九州华问服装有限公司

续表

人员编码	姓　名	部　门	职　位	所属营销机构
03	陈明	财务部	财务经理	九州华问服装有限公司
04	彭佳	财务部	总账会计	九州华问服装有限公司
05	赵巧	财务部	会计	九州华问服装有限公司
06	李丽	财务部	出纳	九州华问服装有限公司
07	陈越	财务部	仓管员	九州华问服装有限公司
08	孙红	行政部	行政	九州华问服装有限公司
09	胡平	采购部	采购员	九州华问服装有限公司
10	程义	零售部	零售经理	九州华问服装有限公司
11	陈晨	零售部	店长	九州华问服装有限公司
12	赵琳	零售部	收银员	九州华问服装有限公司
13	王娟	零售部	销售员	九州华问服装有限公司
14	胡丹丹	零售部	销售员	九州华问服装有限公司
15	王红梅	零售部	销售员	九州华问服装有限公司
16	曹丽娜	零售部	店长	九州华问服装有限公司
17	罗莹	零售部	收银员	九州华问服装有限公司
18	徐丹	零售部	销售员	九州华问服装有限公司
19	周倩	零售部	销售员	九州华问服装有限公司
20	林立	零售部	销售员	九州华问服装有限公司
21	孙国平	分销部	分销经理	九州华问服装有限公司
22	李超	分销部	销售员	九州华问服装有限公司
23	王斌	分销部	销售员	九州华问服装有限公司
24	徐海	电商部	电商经理	九州华问服装有限公司
25	王聪	电商部	销售员	九州华问服装有限公司
26	张蕾	电商部	销售员	九州华问服装有限公司

三、客户信息及应收余额表

客户信息及应收余额表如表 3-3 所示。

表 3-3 客户信息及应收余额表

客户编码	客户名称	统一社会信用代码	住所	电话	开户银行	银行账号	应收余额 / 元
112201	深圳华威科技有限公司	918801666018900F6D	深圳市福田区梅林村 1690 号	0755-21836502	华夏银行福田分行	622208150600221	35,190.00
112202	九州运恒电子有限公司	9112310830220051DK	九州市顺外路188 号	011-83838001	北京银行顺外支行	913000123802556	28,800.00
112203	广州昌达花纸有限公司	91068404MA5831YU8K	广州市番禺区富华东路 105 号	020-21808806	招商银行番禺分行	235601169207030	32,600.00
00001	上海华奇外贸有限公司	91188060114355T37H	上海市宝山区宝杨路 99 号	021-85605533	建设银行宝山支行	310583612222000	38,100.00
00002	广州创鑫服装有限公司	911101883555401738	广州市天河商城6 层 602 号	020-28601801	招商银行天河分行	235601198043752	51,300.00
00003	上海云飞贸易有限公司	91115934564886201P	上海市北京西路101 号	021-86075388	工商银行北京西路支行	310626581004506	60,560.00
00004	江西莎莎服饰有限公司	91073556196060FE5K	南昌市洪城大市场 101 号	0791-85556405	工商银行洪城支行	622307658012509	55,800.00
00005	浙江美琳服装有限公司	911776690MA6R01F5G	杭州市四季青商城 103 号	0571-85676058	工商银行华南支行	600153086189330	42,400.00

四、供应商信息及应付余额表

供应商信息及应付余额表如表 3-4 所示。

表 3-4 供应商信息及应付余额表

供应商编码	供应商名称	统一社会信用代码	住所	电话	开户银行	银行账号	应付余额 / 元
220201	浙江琪琪服装厂	9110128164951017YP	义乌市西街道西方村 19 号	0579-85683188	招商银行义乌分行	237481919669174	43,156.00
220202	深圳美姿服装有限公司	915011006118181RYT	深圳市罗湖区白马市场 B 区 301 号	0755-21966666	工商银行罗湖分行	622202189110886	60,794.00
220203	广东天语服装有限公司	9110843449511065PV	中山市大马站商业中心 2 层	0760-28888888	华夏银行中山分行	106302189153572	48,361.00

五、科目余额表（2019 年 11 月）

2019 年 11 月科目余额表如表 3-5 所示。

表 3-5 科目余额表

科目编码	科目名称	方向	期初余额 / 元	科目编码	科目名称	方向	期初余额 / 元
1001	库存现金	借	30,000.00	22110302	基本医疗保险	贷	3,416.40
1002	银行存款	借	911,907.45	22110303	失业保险	贷	1,138.80

续表

科目编码	科目名称	方向	期初余额/元	科目编码	科目名称	方向	期初余额/元
100201	华夏银行南京路分理处	借	911,907.45	22110304	工伤保险	贷	455.52
1122	应收账款	借	344,750.00	22110305	生育保险	贷	455.52
1221	其他应收款	借	1,000.00	221104	住房公积金	贷	3,380.00
122101	应收个人	借	1,000.00	2221	应交税费	贷	10,742.58
1405	库存商品	借	233,508.61	222101	应交增值税	借	—
140501	劳保工作服	借	68,455.16	22210101	进项税额	借	422,117.24
140502	户外运动衫	借	1,624.14	22210103	销项税额	贷	431,382.20
140503	文化衫	借	1,551.72	22210104	转出未交增值税	借	9,264.96
140504	加厚军大衣	借	5,560.35	222102	未交增值税	贷	9,264.96
140505	西服男套装	借	47,241.38	222103	应缴城市维护建设税	贷	648.55
140506	西服女套装	借	64,551.73	222104	教育费附加	贷	277.95
140507	女衬衫	借	44,524.13	222105	地方教育附加	贷	185.30
1601	固定资产	借	161,100.00	222106	应交个人所得税	贷	365.82
160103	运输设备	借	49,000.00	222107	应交企业所得税	贷	—
160104	电子设备	借	112,100.00	2241	其他应付款	贷	9,643.40
1602	累计折旧	贷	38,261.28	224101	应付代扣个人三险一金	贷	9,643.40
160203	运输设备	贷	9,697.90	22410101	个人应交养老保险	贷	4,555.20
160204	电子设备	贷	28,563.38	22410102	个人应交医疗保险	贷	1,138.80
2202	应付账款	贷	152,311.00	22410103	个人应交失业保险	贷	569.40
2211	应付职工薪酬	贷	91,206.15	22410104	个人应交住房公积金	贷	3,380.00
221101	工资奖金	贷	70,971.91	4001	实收资本	贷	1,000,000.00
221103	社会保险费	贷	16,854.24	400101	华问集团有限公司	贷	1,000,000.00
22110301	基本养老保险	贷	11,388.00	4103	本年利润	贷	380,101.65

六、固定资产明细表

固定资产明细表如表 3-6 所示。

表 3-6　固定资产明细表

类　别	固定资产名称	品牌	原值 / 元	购置日期	数量	折旧年限	残值率 / (%)	月折旧率 / (%)	月折旧额 / 元	累计折旧额 / 元	使用部门
电子设备	计算机	联想	70,000.00	2019 年 1 月 15 日	20	3	5	2.64	1,847.22	18,472.20	办公室
电子设备	打印机	惠普	8,400.00	2019 年 1 月 16 日	3	3	5	2.64	221.67	2,216.70	办公室
电子设备	空调	格力	28,800.00	2019 年 2 月 08 日	9	3	5	2.64	760.00	6,840.00	办公室
电子设备	复印机	佳能	4,900.00	2019 年 3 月 13 日	1	3	5	2.64	129.31	1,034.48	办公室
运输设备	面包车	五菱之光	49,000.00	2019 年 1 月 28 日	1	4	5	1.98	969.79	9,697.90	零售部
合计			161,100.00						3,927.99	38,261.28	

七、库存商品 2019 年 11 月结存表

库存商品 2019 年 11 月结存表如表 3-7 至表 3-9 所示。

表 3-7　库存商品 2019 年 11 月结存表（总仓）

仓库	编　码	存 货 名 称	规格型号	单位	数量	金额 / 元
总仓	101001	劳保工作服套装	艳蓝 -160	件	56.00	1,689.66
总仓	101002	劳保工作服套装	艳蓝 -165	件	50.00	1,508.62
总仓	101003	劳保工作服套装	艳蓝 -170	件	42.00	1,375.86
总仓	101004	劳保工作服套装	艳蓝 -175	件	69.00	2,260.34
总仓	101005	劳保工作服套装	艳蓝 -180	件	70.00	2,293.10
总仓	102001	劳保工作服套装	灰色 -160	件	58.00	1,750.00
总仓	102002	劳保工作服套装	灰色 -165	件	51.00	1,538.79
总仓	102003	劳保工作服套装	灰色 -170	件	50.00	1,637.93
总仓	102004	劳保工作服套装	灰色 -175	件	61.00	1,998.28
总仓	102005	劳保工作服套装	灰色 -180	件	60.00	1,965.52
总仓	103001	户外运动衫	迷彩 - 均码	件	65.00	336.21
总仓	104001	文化衫	均码	件	66.00	341.38
总仓	105001	加厚军大衣	均码	件	43.00	1,593.97
总仓	106001	西服男套装	黑色 -S	件	31.00	2,672.41
总仓	106002	西服男套装	黑色 -M	件	38.00	3,275.86
总仓	106003	西服男套装	黑色 -L	件	30.00	2,586.21
总仓	106004	西服男套装	黑色 -XL	件	17.00	1,465.52

续表

仓库	编　码	存货名称	规格型号	单位	数量	金额／元
总仓	106005	西服男套装	黑色 -XXL	件	23.00	1,982.76
总仓	107001	西服女套装 - 西装领	白 + 黑 -S	件	34.00	1,905.17
总仓	107002	西服女套装 - 西装领	白 + 黑 -M	件	31.00	1,737.07
总仓	107003	西服女套装 - 西装领	白 + 黑 -L	件	30.00	1,681.03
总仓	108001	西服女套装 -V 领	白 + 黑 -S	件	33.00	1,849.14
总仓	108002	西服女套装 -V 领	白 + 黑 -M	件	32.00	1,793.10
总仓	108003	西服女套装 -V 领	白 + 黑 -L	件	30.00	1,681.03
总仓	109001	西服女套装 - 立领	白 + 黑 -S	件	37.00	2,073.28
总仓	109002	西服女套装 - 立领	白 + 黑 -M	件	60.00	3,362.07
总仓	109003	西服女套装 - 立领	白 + 黑 -L	件	60.00	3,362.07
总仓	110001	女衬衫 - 雪纺花边领	S	件	45.00	1,241.38
总仓	110002	女衬衫 - 雪纺花边领	M	件	50.00	1,379.31
总仓	110003	女衬衫 - 雪纺花边领	L	件	58.00	1,600.00
总仓	111001	女衬衫 - 拼接领	S	件	46.00	1,268.97
总仓	111002	女衬衫 - 拼接领	M	件	51.00	1,406.90
总仓	111003	女衬衫 - 拼接领	L	件	57.00	1,572.41
总仓	112001	女衬衫 -OL 翻领	S	件	85.00	2,344.83
总仓	112002	女衬衫 -OL 翻领	M	件	60.00	1,655.17
总仓	112003	女衬衫 -OL 翻领	L	件	53.00	1,462.07
合计					1,732.00	65,647.42

表 3-8　库存商品 2019 年 11 月结存表（分仓 1 店）

仓库	编　码	存货名称	规格型号	单位	数量	金额／元
分仓 1 店	101001	劳保工作服套装	艳蓝 -160	件	93.00	2,806.03
分仓 1 店	101002	劳保工作服套装	艳蓝 -165	件	86.00	2,594.83
分仓 1 店	101003	劳保工作服套装	艳蓝 -170	件	80.00	2,620.69
分仓 1 店	101004	劳保工作服套装	艳蓝 -175	件	73.00	2,391.38
分仓 1 店	101005	劳保工作服套装	艳蓝 -180	件	88.00	2,882.76
分仓 1 店	102001	劳保工作服套装	灰色 -160	件	97.00	2,926.72
分仓 1 店	102002	劳保工作服套装	灰色 -165	件	86.00	2,594.83
分仓 1 店	102003	劳保工作服套装	灰色 -170	件	90.00	2,948.28
分仓 1 店	102004	劳保工作服套装	灰色 -175	件	70.00	2,293.10
分仓 1 店	102005	劳保工作服套装	灰色 -180	件	72.00	2,358.62
分仓 1 店	103001	户外运动衫	迷彩 - 均码	件	121.00	625.86

续表

仓库	编码	存货名称	规格型号	单位	数量	金额/元
分仓1店	104001	文化衫	均码	件	108.00	558.62
分仓1店	105001	加厚军大衣	均码	件	60.00	2,224.14
分仓1店	106001	西服男套装	黑色-S	件	36.00	3,103.45
分仓1店	106002	西服男套装	黑色-M	件	43.00	3,706.90
分仓1店	106003	西服男套装	黑色-L	件	39.00	3,362.07
分仓1店	106004	西服男套装	黑色-XL	件	42.00	3,620.69
分仓1店	106005	西服男套装	黑色-XXL	件	38.00	3,275.86
分仓1店	107001	西服女套装-西装领	白+黑-S	件	46.00	2,577.59
分仓1店	107002	西服女套装-西装领	白+黑-M	件	39.00	2,185.34
分仓1店	107003	西服女套装-西装领	白+黑-L	件	33.00	1,849.14
分仓1店	108001	西服女套装-V领	白+黑-S	件	42.00	2,353.45
分仓1店	108002	西服女套装-V领	白+黑-M	件	39.00	2,185.34
分仓1店	108003	西服女套装-V领	白+黑-L	件	41.00	2,297.41
分仓1店	109001	西服女套装-立领	白+黑-S	件	47.00	2,633.62
分仓1店	109002	西服女套装-立领	白+黑-M	件	51.00	2,857.76
分仓1店	109003	西服女套装-立领	白+黑-L	件	58.00	3,250.00
分仓1店	110001	女衬衫-雪纺花边领	S	件	55.00	1,517.24
分仓1店	110002	女衬衫-雪纺花边领	M	件	63.00	1,737.93
分仓1店	110003	女衬衫-雪纺花边领	L	件	61.00	1,682.76
分仓1店	111001	女衬衫-拼接领	S	件	55.00	1,517.24
分仓1店	111002	女衬衫-拼接领	M	件	69.00	1,903.45
分仓1店	111003	女衬衫-拼接领	L	件	49.00	1,351.72
分仓1店	112001	女衬衫-OL翻领	S	件	51.00	1,406.90
分仓1店	112002	女衬衫-OL翻领	M	件	53.00	1,462.07
分仓1店	112003	女衬衫-OL翻领	L	件	55.00	1,517.24
合计					2,229.00	83,181.03

表3-9 库存商品2019年11月结存表（分仓2店）

仓库	编码	存货名称	规格型号	单位	数量	金额/元
分仓2店	101001	劳保工作服套装	艳蓝-160	件	91.00	2,745.69
分仓2店	101002	劳保工作服套装	艳蓝-165	件	76.00	2,293.10
分仓2店	101003	劳保工作服套装	艳蓝-170	件	78.00	2,555.17
分仓2店	101004	劳保工作服套装	艳蓝-175	件	68.00	2,227.59
分仓2店	101005	劳保工作服套装	艳蓝-180	件	72.00	2,358.62

续表

仓库	编　码	存货名称	规格型号	单位	数量	金额/元
分仓2店	102001	劳保工作服套装	灰色-160	件	89.00	2,685.34
分仓2店	102002	劳保工作服套装	灰色-165	件	83.00	2,504.31
分仓2店	102003	劳保工作服套装	灰色-170	件	66.00	2,162.07
分仓2店	102004	劳保工作服套装	灰色-175	件	69.00	2,260.34
分仓2店	102005	劳保工作服套装	灰色-180	件	68.00	2,227.59
分仓2店	103001	户外运动衫	迷彩-均码	件	128.00	662.07
分仓2店	104001	文化衫	均码	件	126.00	651.72
分仓2店	105001	加厚军大衣	均码	件	47.00	1,742.24
分仓2店	106001	西服男套装	黑色-S	件	38.00	3,275.86
分仓2店	106002	西服男套装	黑色-M	件	51.00	4,396.55
分仓2店	106003	西服男套装	黑色-L	件	41.00	3,534.48
分仓2店	106004	西服男套装	黑色-XL	件	39.00	3,362.07
分仓2店	106005	西服男套装	黑色-XXL	件	42.00	3,620.69
分仓2店	107001	西服女套装-西装领	白+黑-S	件	46.00	2,577.59
分仓2店	107002	西服女套装-西装领	白+黑-M	件	35.00	1,961.21
分仓2店	107003	西服女套装-西装领	白+黑-L	件	39.00	2,185.34
分仓2店	108001	西服女套装-V领	白+黑-S	件	48.00	2,689.66
分仓2店	108002	西服女套装-V领	白+黑-M	件	44.00	2,465.52
分仓2店	108003	西服女套装-V领	白+黑-L	件	44.00	2,465.52
分仓2店	109001	西服女套装-立领	白+黑-S	件	46.00	2,577.59
分仓2店	109002	西服女套装-立领	白+黑-M	件	54.00	3,025.86
分仓2店	109003	西服女套装-立领	白+黑-L	件	53.00	2,969.83
分仓2店	110001	女衬衫-雪纺花边领	S	件	60.00	1,655.17
分仓2店	110002	女衬衫-雪纺花边领	M	件	70.00	1,931.03
分仓2店	110003	女衬衫-雪纺花边领	L	件	73.00	2,013.79
分仓2店	111001	女衬衫-拼接领	S	件	65.00	1,793.10
分仓2店	111002	女衬衫-拼接领	M	件	55.00	1,517.24
分仓2店	111003	女衬衫-拼接领	L	件	64.00	1,765.52
分仓2店	112001	女衬衫-OL翻领	S	件	56.00	1,544.83
分仓2店	112002	女衬衫-OL翻领	M	件	77.00	2,124.14
分仓2店	112003	女衬衫-OL翻领	L	件	78.00	2,151.72
合计					2,279.00	84,680.16

第四部分

经济业务原始数据

一、2019 年 12 月经济业务

2019 年 12 月经济业务如表 4-1 所示。

表 4-1　2019 年 12 月经济业务

业务日期	凭证号	凭证总金额 / 元	业务说明	附件明细	
				票据	金额 / 元
2019-12-01	记 -0001	125,898.95	普通采购 / 浙江琪琪服装厂	增值税专用发票 03241304#	125,898.95
				采购发票清单	125,898.95
				采购入库单 818121001#	111,415.00
2019-12-01	记 -0002	6,000.00	拨付门店备用金 -2 个门店	备用金拨付单	6,000.00
2019-12-01	记 -0003	11,615.00	零售结算	销售单（2019 年 12 月 01 日）	11,615.00
2019-12-01	记 -0004	28.00	支付市内交通费	费用报销单 - 李丽	28.00
2019-12-02	记 -0005	9,650.00	零售结算	销售单（2019 年 12 月 02 日）	9,650.00
2019-12-02	记 -0006	1,580.00	采购胶带及打包袋一批	增值税专用发票 06206204#	1,580.00
2019-12-02	记 -0007	1,000.00	报销差旅费	差旅费报销单 - 胡平	1,000.00
2019-12-03	记 -0008	9,335.00	现金存入银行	华夏 - 现金缴款单	9,335.00
2019-12-03	记 -0009	11,130.00	零售结算	销售单（2019 年 12 月 03 日）	11,130.00
2019-12-03	记 -0010	141,247.74	普通采购 / 深圳美姿服装有限公司	增值税专用发票 04367339#	141,247.74
				采购发票清单	141,247.74
				采购入库单 818121002#	124,998.00

续表

业务日期	凭证号	凭证总金额 / 元	业 务 说 明	附件明细	
				票据	金额 / 元
2019-12-03	记 -0011	21,000.00	支付 12 月份租金（天恒、盛园为零售部门店物业，万科为总部物业）	增值税专用发票 01608662#、01820453#、01301821#	21,000.00
				华夏 - 付款单 - 天恒瑞海物业有限公司	8,000.00
				华夏 - 付款单 - 九州盛园物业有限公司	8,000.00
				华夏 - 付款单 - 九州万科物业有限公司	5,000.00
2019-12-03	记 -0012	2,226.50	支付水电费及物业费（天恒、盛园为零售部门店物业，万科为总部物业）	增值税专用发票 01301822#、01301823#、01608663#、01608664#、01820454#、01820455#	2,226.50
				华夏 - 付款单 - 天恒瑞海物业有限公司	500.30
				华夏 - 付款单 - 九州盛园物业有限公司	462.70
				华夏 - 付款单 - 九州万科物业有限公司	1,263.50
2019-12-03	记 -0013	28,800.00	收到九州运恒货款	华夏 - 收款单 - 九州运恒电子有限公司	28,800.00
2019-12-04	记 -0014	380.00	现金存入银行	华夏 - 现金缴款单	380.00
2019-12-04	记 -0015	41,960.00	普通销售 / 上海华奇外贸有限公司	增值税专用发票 01039018#	41,960.00
				销售发票清单	41,960.00
				销售单 818125001	41,960.00
2019-12-04	记 -0016	8,265.00	零售结算	销售单（2019 年 12 月 04 日）	8,265.00
2019-12-04	记 -0017	1,698.00	支付运费	华夏 - 付款单 - 德邦物流有限公司	1,698.00
				增值税专用发票 00524251#	1,698.00
2019-12-05	记 -0018	3,045.00	现金存入银行	华夏 - 现金缴款单	3,045.00
2019-12-05	记 -0019	8,785.00	零售结算	销售单（2019 年 12 月 05 日）	8,785.00
2019-12-05	记 -0020	1,185.00	购买办公用品	增值税专用发票 06620126#	1,185.00
2019-12-05	记 -0021	1,500.00	借支差旅费	借款单 - 孙国平	1,500.00
2019-12-05	记 -0022	57,602.88	普通采购 / 广东天语服装有限公司	增值税专用发票 02152118#	57,602.88
				采购发票清单	57,602.88
				采购入库单 818121003#	50,976.00
2019-12-05	记 -0023	43,156.00	支付浙江琪琪货款	华夏 - 付款单 - 浙江琪琪服装厂	43,156.00
2019-12-05	记 -0024	10.50	支付手续费	华夏 - 交易回单	10.50
2019-12-06	记 -0025	3,115.00	现金存入银行	华夏 - 现金缴款单	3,115.00
2019-12-06	记 -0026	9,895.00	零售结算	销售单（2019 年 12 月 06 日）	9,895.00
2019-12-06	记 -0027	800.00	支付电话费	增值税专用发票 01140785#	800.00
2019-12-06	记 -0028	35,190.00	收到深圳华威货款	华夏 - 收款单 - 深圳华威科技有限公司	35,190.00
2019-12-07	记 -0029	7,230.00	现金存入银行	华夏 - 现金缴款单	7,230.00
2019-12-07	记 -0030	9,665.00	零售结算	销售单（2019 年 12 月 07 日）	9,665.00

续表

业务日期	凭证号	凭证总金额／元	业务说明	附件明细	
				票据	金额／元
2019-12-07	记-0031	4,900.00	处理固定资产－复印机（1000）	固定资产清理报废单	4,900.00
2019-12-07	记-0032	1,000.00	清理固定资产收入	九州华问服装收据 001821#	1,000.00
2019-12-07	记-0033	60.00	处置固定资产费用	费用报销单－孙红	60.00
2019-12-07	记-0034	2,911.25	结转处置固定资产净损失		2,911.25
2019-12-07	记-0035	60,794.00	支付深圳美姿货款	华夏－付款单－深圳美姿服装有限公司	60,794.00
2019-12-07	记-0036	10.50	支付手续费	华夏－交易回单	10.50
2019-12-07	记-0037	60,560.00	收到上海云飞货款	华夏－收款单－上海云飞贸易有限公司	60,560.00
2019-12-08	记-0038	8,795.00	零售结算	销售单（2019 年 12 月 08 日）	8,795.00
2019-12-08	记-0039	1,655.00	支付招待费	增值税普通发票 01460226#	1,655.00
2019-12-08	记-0040	1,000.00	支付员工培训费	增值税专用发票 04201864#	1,000.00
2019-12-09	记-0041	8,510.00	零售结算	销售单（2019 年 12 月 09 日）	8,510.00
2019-12-09	记-0042	2,000.00	支付车辆加油费（加油卡）	增值税专用发票 01602051#	2,000.00
2019-12-10	记-0043	51,300.00	收到广州创鑫货款	华夏－收款单－广州创鑫服装有限公司	51,300.00
2019-12-10	记-0044	7,575.00	现金存入银行	华夏－现金缴款单	7,575.00
2019-12-10	记-0045	24,140.00	普通销售／上海云飞贸易有限公司	增值税专用发票 01039019#	24,140.00
				销售发票清单	24,140.00
				销售单 818125002	24,140.00
2019-12-10	记-0046	11,270.00	零售结算	销售单（2019 年 12 月 10 日）	11,270.00
2019-12-10	记-0047	1,260.00	支付运费	增值税专用发票 00524269#	1,260.00
				华夏－付款单－德邦物流有限公司	1,260.00
2019-12-11	记-0048	2,060.00	现金存入银行	华夏－现金缴款单	2,060.00
2019-12-11	记-0049	11,335.00	零售结算	销售单（2019 年 12 月 11 日）	11,335.00
2019-12-11	记-0050	38,100.00	收到上海华奇货款	华夏－收款单－上海华奇外贸有限公司	38,100.00
2019-12-11	记-0051	32,600.00	收到广州昌达货款	华夏－收款单－广州昌达花纸有限公司	32,600.00
2019-12-12	记-0052	2,870.00	现金存入银行	华夏－现金缴款单	2,870.00
2019-12-12	记-0053	11,265.00	零售结算	销售单（2019 年 12 月 12 日）	11,265.00
2019-12-12	记-0054	1,630.00	报销差旅费	差旅费报销单－孙国平	1,630.00
2019-12-12	记-0055	2,000.00	支付车辆保养费	增值税普通发票 04196786#	2,000.00
2019-12-13	记-0056	5,800.00	现金存入银行	华夏－现金缴款单	5,800.00
2019-12-13	记-0057	10,175.00	零售结算	销售单（2019 年 12 月 13 日）	10,175.00
2019-12-14	记-0058	4,675.00	现金存入银行	华夏－现金缴款单	4,675.00

续表

业务日期	凭证号	凭证总金额/元	业务说明	附件明细	
				票据	金额/元
2019-12-14	记-0059	31,360.00	普通销售/广州创鑫服装有限公司	增值税专用发票01039020#	31,360.00
				销售发票清单	31,360.00
				销售单818125003	31,360.00
2019-12-14	记-0060	9,985.00	零售结算	销售单（2019年12月14日）	9,985.00
2019-12-14	记-0061	1,320.00	支付运费	增值税专用发票00524281#	1,320.00
				华夏-付款单-德邦物流有限公司	1,320.00
2019-12-14	记-0062	70,971.91	支付11月份工资	华夏-进账单	70,971.91
				华夏银行转账支票存根00230923#	70,971.91
2019-12-14	记-0063	23,117.64	缴纳社保费用	社会保险费缴款专用收据02205169#	23,117.64
2019-12-14	记-0064	6,760.00	支付住房公积金	华夏-付款单-朝北区住房公积金管理中心	6,760.00
2019-12-14	记-0065	5,720.00	支付员工11月份餐费	华夏-付款单-百胜餐饮集团有限公司	5,720.00
2019-12-14	记-0066	5,720.00	计提福利费（分摊比例按照工资表的人数）	增值税普通发票04156382#	5,720.00
				计提福利费	5,720.00
2019-12-14	记-0067	9,264.96	缴纳增值税	税收通用缴款书12868243#	9,264.96
				华夏银行电子缴税凭证02586475#	9,264.96
2019-12-14	记-0068	1,477.62	缴纳税金及附加	税收通用缴款书12868244#	1,477.62
				华夏银行电子缴税凭证02586476#	1,477.62
2019-12-15	记-0069	9,375.00	零售结算	销售单（2019年12月15日）	9,375.00
2019-12-16	记-0070	8,845.00	零售结算	销售单（2019年12月16日）	8,845.00
2019-12-16	记-0071	40.00	支付汽车修理费	费用报销单-程义	40.00
2019-12-17	记-0072	5,650.00	现金存入银行	华夏-现金缴款单	5,650.00
2019-12-17	记-0073	9,585.00	零售结算	销售单（2019年12月17日）	9,585.00
2019-12-17	记-0074	55,800.00	收到江西莎莎货款	华夏-收款单-江西莎莎服饰有限公司	55,800.00
2019-12-17	记-0075	8,000.00	支付灯箱广告费	增值税普通发票01025635#	8,000.00
				华夏-付款单-博弈文化有限公司	8,000.00
2019-12-18	记-0076	1,790.00	现金存入银行	华夏-现金缴款单	1,790.00
2019-12-18	记-0077	8,315.00	零售结算	销售单（2019年12月18日）	8,315.00
2019-12-19	记-0078	1,915.00	现金存入银行	华夏-现金缴款单	1,915.00
2019-12-19	记-0079	30,680.00	普通销售/江西莎莎服饰有限公司	增值税专用发票01039021#	30,680.00
				销售发票清单	30,680.00
				销售单818125004	30,680.00
2019-12-19	记-0080	8,895.00	零售结算	销售单（2019年12月19日）	8,895.00

续表

业务日期	凭证号	凭证总金额/元	业务说明	附件明细	
				票据	金额/元
2019-12-19	记-0081	1,293.00	支付运费	增值税专用发票 00524297#	1,293.00
				华夏-付款单-德邦物流有限公司	1,293.00
2019-12-19	记-0082	42,400.00	收到浙江美琳货款	华夏-收款单-浙江美琳服装有限公司	42,400.00
2019-12-20	记-0083	3,755.00	现金存入银行	华夏-现金缴款单	3,755.00
2019-12-20	记-0084	9,685.00	零售结算	销售单（2019 年 12 月 20 日）	9,685.00
2019-12-20	记-0085	48,361.00	支付广东天语货款	华夏-付款单-广东天语服装有限公司	48,361.00
2019-12-20	记-0086	10.50	支付手续费	华夏-交易回单	10.50
2019-12-21	记-0087	2,085.00	现金存入银行	华夏-现金缴款单	2,085.00
2019-12-21	记-0088	9,050.00	零售结算	销售单（2019 年 12 月 21 日）	9,050.00
2019-12-22	记-0089	8,735.00	零售结算	销售单（2019 年 12 月 22 日）	8,735.00
2019-12-23	记-0090	40,780.00	普通销售/浙江美琳服装有限公司	增值税专用发票 01039022#	40,780.00
				销售发票清单	40,780.00
				销售单 818125005	40,780.00
2019-12-23	记-0091	7,670.00	零售结算	销售单（2019 年 12 月 23 日）	7,670.00
2019-12-24	记-0092	2,176.00	支付运费	增值税专用发票 00524312#	2,176.00
				华夏-付款单-德邦物流有限公司	2,176.00
2019-12-24	记-0093	4,995.00	现金存入银行	华夏-现金缴款单	4,995.00
2019-12-24	记-0094	9,825.00	零售结算	销售单（2019 年 12 月 24 日）	9,825.00
2019-12-25	记-0095	8,690.00	零售结算	销售单（2019 年 12 月 25 日）	8,690.00
2019-12-26	记-0096	15.00	普通销售/零售客户（网店）	销售单 I0-2019-12-00-0001	15.00
2019-12-26	记-0097	9,555.00	零售结算	销售单（2019 年 12 月 26 日）	9,555.00
2019-12-26	记-0098	5.00	支付快递费	增值税电子普通发票 10906528#	5.00
2019-12-27	记-0099	2,085.00	现金存入银行	华夏-现金缴款单	2,085.00
2019-12-27	记-0100	10,190.00	零售结算	销售单（2019 年 12 月 27 日）	10,190.00
2019-12-28	记-0101	3,110.00	现金存入银行	华夏-现金缴款单	3,110.00
2019-12-28	记-0102	15.00	普通销售/零售客户（网店）	销售单 I0-2019-12-00-0002	15.00
2019-12-28	记-0103	8,860.00	零售结算	销售单（2019 年 12 月 28 日）	8,860.00
2019-12-28	记-0104	5.00	支付快递费	增值税电子普通发票 10906539#	5.00
2019-12-29	记-0105	15.00	普通销售/零售客户（网店）	销售单 I0-2019-12-00-0003	15.00
2019-12-29	记-0106	8,565.00	零售结算	销售单（2019 年 12 月 29 日）	8,565.00
2019-12-29	记-0107	5.00	支付快递费	增值税电子普通发票 10906552#	5.00
2019-12-30	记-0108	8,485.00	零售结算	销售单（2019 年 12 月 30 日）	8,485.00

续表

业务日期	凭证号	凭证总金额／元	业务说明	附件明细	
				票据	金额／元
2019-12-31	记-0109	9,790.00	零售结算	销售单（2019年12月31日）	9,790.00
2019-12-31	记-0110	5,005.00	现金存入银行	华夏-现金缴款单	5,005.00
2019-12-31	记-0111	458.13	利息收入	华夏-利息回单	458.13
2019-12-31	记-0112	83,930.00	计提12月份工资	2019年12月份工资汇总表	83,930.00
2019-12-31	记-0113	9,726.14	代扣社保及个税	2019年12月份工资汇总表	9,726.14
2019-12-31	记-0114	16,854.24	计提社会保险	2019年12月份社会保险及住房公积金计算汇总表	16,854.24
2019-12-31	记-0115	3,380.00	计提住房公积金	2019年12月份社会保险及住房公积金计算汇总表	3,380.00
2019-12-31	记-0116	893,000.00	购买一间店铺（20,000*0.95*47）	增值税专用发票06781298#	893,000.00
				华夏-付款单-九州星辉房地产置业有限公司	893,000.00
				商铺买卖合同	—
2019-12-31	记-0117	3,927.99	计提折旧／摊销	自制-固定资产折旧表	3,927.99
2019-12-31	记-0118	2,165.60	POS机手续费	华夏-交易回单	2,165.60
2019-12-31	记-0119	102,640.00	销售商品（附有销售退回条件，退货率无法估计）	华夏-收款单-浙江高美服装有限公司	102,640.00
				购销合同	—
2019-12-31	记-0120	26,548.68	收到代销商品	代销商品协议	26,548.68
2019-12-31	记-0121	89,157.11	结转分销、网店已售产品成本	库存商品收发存月报表（分销及网店）	89,157.11
				调拨单AL2019120001～AL2019120004	—
2019-12-31	记-0122	52,965.20	销售商品	销售单818125006	52,965.20
2019-12-31	记-0123	120,781.67	结转零售已售产品成本	库存商品收发存月报表（分店1及分店2）	120,781.67
2019-12-31	记-0124	0.42	出库调整单（电算化操作业务）		0.42
2019-12-31	记-0125	410,104.32	结转期间损益	—	410,104.32
2019-12-31	记-0126	376,685.60	结转期间损益	—	376,685.60
2019-12-31	记-0127	24,435.96	计提第四季度企业所得税（2019年10—11月利润总额为64,325.10）	—	24,435.96
2019-12-31	记-0128	24,435.96	结转期间损益	—	24,435.96
2019-12-31	记-0129	389,084.41	结转本年利润	—	389,084.41
2019-12-31	记-0130	58,362.66	提取盈余公积金	—	58,362.66
2019-12-31	记-0131	58,362.66	结转未分配利润	—	58,362.66

二、2019年12月期末余额表

2019年12月期末余额表如表4-2所示。

表 4-2 2019 年 12 月期末余额表

科目编码	科目名称	方向	期末余额／元	科目编码	科目名称	方向	期末余额／元
1001	库存现金	借	14,832.00	22110301	基本养老保险	贷	11,388.00
1002	银行存款	借	448,996.85	22110302	基本医疗保险	贷	3,416.40
100201	华夏银行南京路分理处	借	448,996.85	22110303	失业保险	贷	1,138.80
1122	应收账款	借	168,920.00	22110304	工伤保险	贷	455.52
1221	其他应收款	借	6,000.00	22110305	生育保险	贷	455.52
122101	应收个人	借	6,000.00	221104	住房公积金	贷	3,380.00
1321	受托代销商品	借	26,548.68	2221	应交税费	贷	-36,407.64
1405	库存商品	借	257,993.21	222101	应交增值税	贷	-60,926.34
140501	劳保工作服	借	102,858.42	22210101	进项税额	借	536,474.30
140502	户外运动衫	借	5,742.67	22210103	销项税额	贷	484,812.92
140503	文化衫	借	3,922.40	22210104	转出未交增值税	借	9,264.96
140504	加厚军大衣	借	6,248.22	222106	应交个人所得税	贷	82.74
140505	西服男套装	借	44,757.87	222107	应交企业所得税	贷	24,435.96
140506	西服女套装	借	61,979.24	222108	待抵扣进项税额	借	32,472.73
140507	女衬衫	借	32,484.39	2241	其他应付款	贷	9,643.40
1406	发出商品	借	52,965.20	224101	应付代扣个人三险一金	贷	9,643.40
1601	固定资产	借	975,466.06	22410101	个人应交养老保险	贷	4,555.20
160101	房屋及建筑物	借	819,266.06	22410102	个人应交医疗保险	贷	1,138.80
160103	运输设备	借	49,000.00	22410103	个人应交失业保险	贷	569.40
160104	电子设备	借	107,200.00	22410104	个人应交住房公积金	贷	3,380.00
1602	累计折旧	贷	41,025.48	2314	受托代销商品款	贷	26,548.68
160203	运输设备	贷	10,667.69	4001	实收资本	贷	1,000,000.00
160204	电子设备	贷	30,357.79	400101	华问集团有限公司	贷	1,000,000.00
2202	应付账款	贷	324,749.57	4101	盈余公积	贷	58,362.66
2203	预收账款	贷	102,640.00	410101	法定盈余公积	贷	38,908.44
2211	应付职工薪酬	贷	94,438.10	410102	任意盈余公积	贷	19,454.22
221101	工资奖金	贷	74,203.86	4104	利润分配	贷	330,721.75
221103	社会保险费	贷	16,854.24	410401	未分配利润	贷	330,721.75

第五部分

财 务 分 析

一、财务分析的内容和意义

财务分析是指根据企业财务报表等信息资料，采用专门的方法，系统分析和评价企业财务状况、经营成果以及未来发展趋势的过程。财务分析结果可以反映运营过程中的利弊得失和发展趋势，从而为改进企业财务管理工作和优化经济决策提供重要财务信息。

不同主体出于不同的利益考虑，对财务分析信息有着各自不同的要求：

（1）企业所有者，作为投资人，关心其资本的保值和增值状况，因此较为重视企业盈利能力指标，主要进行企业盈利能力分析；

（2）企业债权人，因不能参与企业剩余收益分享，首先关注的是其投资的安全性，因此更重视企业偿债能力指标，主要进行企业偿债能力分析，同时也关注企业盈利能力分析；

（3）企业经营决策者，必须对企业经营的各个方面，包括营运能力、偿债能力、盈利能力及发展能力的全部信息，予以详尽了解和掌握，主要进行各方面综合分析，并关注企业财务风险和经营风险。

通过财务分析，可以判断企业的财务实力，评价和考核企业的经营业绩，寻求提高企业经营管理水平和经济效益的途径，还可以评价企业的发展趋势。

二、财务分析的方法

（一）比较分析法

财务分析的比较分析法，是指对两个或两个以上的可比数据进行对比，找出企业财务状况、经营成果中的差异与问题。

根据比较对象的不同，比较分析法又可分为趋势分析法、横向比较法和预算差异分析法。趋势分析法的比较对象是本企业的历史；横向比较法的比较对象是同类企业情况，比如行业平均水平或竞争对手；预算差异分析法的比较对象是预算数据。

（二）比率分析法

比率分析法是通过计算各种比率指标来确定财务活动变动程度的方法。比率指标主要有构成比率、效率比率（如成本利润率）和相关比率（如流动比率）三类。利用构成比率，可以考察总体中某个部分的形成和安排是否合理，如企业资产中流动资产、固定资产和无形资产占资产总额的百分比等。

（三）因素分析法

因素分析法是依据分析指标与其影响因素的关系，从数量上确定各因素对分析指标影响方向和影响程度的一种方法。因素分析法主要包括连环替代法和差额分析法。比如，用因素分析法可分析得出，营业利润的影响因素是产品的单价、销售数量、成本和费用。

三、财务分析指标

（一）偿债能力

偿债能力分析的组成及计算公式如图 5-1 所示。

- 偿债能力分析
  - 短期偿债能力
    - 营运资金 = 流动资产 − 流动负债
    - 流动比率 = 流动资产 ÷ 流动负债
    - 速动比率 = 速动资产 ÷ 流动负债
    - 现金比率 =（货币资金 + 交易性金融资产）÷ 流动负债
  - 长期偿债能力
    - 资产负债率 = 负债总额 ÷ 资产总额 ×100%
    - 产权比率 = 负债总额 ÷ 所有者权益 ×100%
    - 权益乘数 = 资产总额 ÷ 所有者权益
    - 利息保障倍数 = 息税前利润 ÷ 全部利息费用

图 5-1　偿债能力分析的组成及计算公式

（二）营运能力

营运能力分析的组成及计算公式如图 5-2 所示。

- 营运能力分析
  - 流动资产营运能力分析
    - 应收账款周转率 = 销售收入净额 ÷ 应收账款平均余额
    - 存货周转率 = 销售成本 ÷ 存货平均余额
    - 流动资产周转率 = 销售收入净额 ÷ 流动资产平均余额
  - 固定资产营运能力分析 — 固定资产周转率 = 销售收入净额 ÷ 固定资产平均净值
  - 总资产营运能力分析 — 总资产周转率 = 销售收入净额 ÷ 平均资产总额

图 5-2　营运能力分析的组成及计算公式

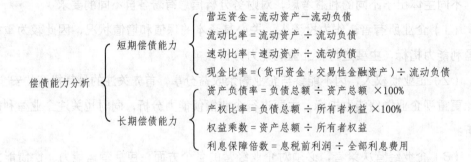

（三）盈利能力

盈利能力分析的组成及计算公式如图 5-3 所示。

- 盈利能力分析
  - 销售毛利率 =（销售收入－销售成本）÷ 销售收入
  - 销售净利率 = 净利润 ÷ 销售收入
  - 总资产净利率 = 净利润 ÷ 平均总资产 = 销售净利率 × 总资产周转率
  - 净资产收益率 = 净利润 ÷ 平均所有者权益 = 总资产净利率 × 权益乘数

图 5-3 盈利能力分析的组成及计算公式

（四）发展能力

发展能力分析的计算公式如图 5-4 所示。

- 发展能力分析
  - 销售收入增长率 = 本年销售收入增长额 ÷ 上年销售收入 ×100%
  - 总资产增长率 = 本年总资产增长额 ÷ 年初资产总额 ×100%
  - 营业利润增长率 = 本年营业利润增长额 ÷ 上年营业利润总额 ×100%
  - 资本保值增值率 = 扣除客观因素后的期末所有者权益 ÷ 期初所有者权益 ×100%
  - 资本积累率 = 本年所有者权益增长额 ÷ 年初所有者权益 ×100%

图 5-4 发展能力分析的计算公式

（五）现金流量

现金流量分析的组成及计算公式如图 5-5 所示。

- 现金流量分析
  - 获取现金能力分析
    - 销售现金比率 = 经营活动现金流量净额 ÷ 销售收入
    - 每股营业现金净流量 = 经营活动现金流量净额 ÷ 普通股股数
    - 全部资产现金回收率 = 经营活动现金流量净额 ÷ 平均总资产
  - 收益质量分析
    - 净收益营运指数 =（净利润－非经营净收益）÷ 净利润
    - 现金营运指数 = 经营活动现金流量净额 ÷（经营净收益 + 非付现费用）

图 5-5 现金流量分析的组成及计算公式

第六部分

纳税申报

纳税申报是指纳税人按照税法规定的期限和内容向税务机关提交有关纳税事项书面报告的法律行为，是纳税人履行纳税义务、承担法律责任的主要依据，是税务机关税收管理信息的主要来源和税务管理的一项重要制度。

一、税种的核定

税种核定指由主管公司的税务专管员根据公司的实际经营特点和经营范围，正确核定企业应纳税种（主要有增值税、企业所得税、个人所得税、城市维护建设税、教育费附加等）、税目。

新企业在取得统一社会信用代码证之日起一个月内要到税务所专管员处申请税种核定，如半年之内仍未申请核定或已申请核定但未购买发票的企业，税务部门有权将其列入非正常户，并予以行政处罚。

一旦税务所专管员核定税种成功后，公司就要在第二个月上旬准备报税了。通常报税都是申报上一个月公司应缴纳税款。

二、申报期限

关于申报期限，有以下规定：

（1）缴纳增值税的纳税人，以1个月为一期纳税的，于期满后15日内申报；以1天、3天、5天、10天、15天为一期纳税的，自期满之日起5日内预缴税款，于次月1日起15日内申报并结算上月应缴纳税款。

（2）缴纳企业所得税的纳税人，应当在月份或者季度终了后15日内，向其所在地主管税务机关办理预缴所得税申报。企业应当自年度终了之日起5个月内，向税务机关报送年度企业所得税纳税申报表，并汇算清缴，结清应缴应退税款。

（3）自行申报缴纳个人所得税的纳税人，应在纳税年度终了后3个月内向主管税务机关办理纳税申报；代扣代缴申报的，扣缴义务人每月所扣的税款，应当在次月 7 日前缴入国库，并向主管税务机关报送扣缴个人所得税报告表、代扣代收税款凭证和包括每一位纳税人姓名、单位、职务、收入、税款等内容的支付个人收入明细表以及税务机关要求报送的其他有关资料。

（4）城市维护建设税、教育费附加，纳税人在申报增值税的同时进行申报。

（5）其他税种，税法已明确规定纳税申报期限的，按税法规定的期限申报；税法未明确规定纳税申报期限的，按主管国家税务机关根据具体情况确定的期限申报。

教学票样

华夏银行
转账支票存根

30404430

00230923

九州市常德实业有限责任公司 · 2019年印制

附加信息

出票日期 2019 年 12 月 14

收款人: 代发工资	
金 额: 70,971.91	
用 途: 代发工资	

单位主管　　会计

财务专用章

教学票样

华夏银行 进账单（回 单） 1

2019 年 12 月 14 日

出票人	全 称	九州华向服装有限公司	收款人	全 称	代发工资
	账 号	428805919666227		账 号	
	开户银行	华夏银行南京路分理处		开户银行	华夏银行南京路分理处

金额	人民币（大写）	柒万零玖佰柒拾壹圆玖角壹分	亿	千	百	十	万	千	百	十	元	角	分
						¥	7	0	9	7	1	9	1

票据种类	转账支票	票据张数	1
票据号码	00230923		
备注			

复核　　记账

华夏银行股份有限公司 业务受理章

此联是开户银行交给持票人的回单

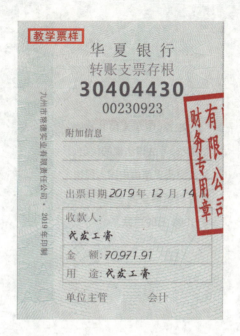

教学票样

备用金拨付单

九州华问服装有限公司

申请部门：销售部-零售				申请日期：2019年12月1日
申请人员明细	姓名	职位	申请金额	申请用途
	分店1：赵琳	收银员	3,000.00	日常收银备用
	分店2：罗莹	收银员	3,000.00	日常收银备用

申请金额合计 ￥6,000.00 （小写金额） 人民币 陆仟圆整 （人民币大写）

（大写示例：壹、贰、叁、肆、伍、陆、柒、捌、玖、拾、佰、仟、万、元、角、分、零、整）

支付方式：

☑ 现金　　领款人签字：赵琳、罗莹

☐ 银行转账　　收款人：

开户行：

银行账号：

申请部门/负责人（签署部门意见）：核实，同意

部门主管/经理审：陈明	财务部核准：李丽	运营经理审批：程义
2019年12月1日	2019年12月1日	2019年12月1日

教学票样

借款审批单

2019 年 12 月 05 日

部门	销售部	借款人	孙国平
借款事由	出差上海		
借款金额	（大写） 壹拾伍万零仟零佰零拾零元		
预计还款报销日期	2019年12月13日	￥1,500.00 现金付讫	
审批意见	同意借款 刘超	借款人签收	孙国平 年 月 日

会计主管 陈明　　　　出纳 李丽

教学票样

差旅费报销单

报销部门：采购部　　　　填报日期：2019年12月02日

姓名	胡平	职别	采购员	出差事由	采购商品

出差起止日期自 2019年11月30日起至 2019年12月02日止 共3天　　附单据 10 张

日期		起讫地点	天数	机票费	车船费	交通费	住宿费	出差补助	住宿节约补助	其他	小计
月	日										
12	02	九州至广州往返	3		340	62	158	80			640.00
		合计									

现金付讫

总计金额（大写）零万零仟陆佰肆拾零元零角零分　预支 1000 元　退/补 360 元

负责人 李佳华　　会计　　审核 李丽　　部门主管　　出差人 胡平

教学票样

1100181113018

广东增值税普通发票

№ 0

全国统一发票监制章 广东 国家税务总局监制

发票联

开票

校验码 37086 67438 37455 48768

购买方	名　　称：九州华问服装有限公司 纳税人识别号：91660188739510178P 地址、电话：九州市南京中路168号 011-86668866 开户行及账号：华夏银行南京路分理处 428805 919666 227	密码区	>>23756*+318 7>1/<863>*19 8179/753++13

货物或应税劳务名称	规格型号	单位	数量	单价	金额
*住宿服务*房费			1	149.06	149
合　　计					

天宇酒店有限

教学票样

差旅费报销单

报销部门：销售部　　　　填报日期：2019年12月12日

姓名	孙国平	职别	分销经理	出差事由	学习管理

出差起止日期自 2019年12月11日起至 2019年12月12日止 共2天　　附单据 5 张

日期 月	日期 日	起讫地点	天数	机票费	车船费	交通费	住宿费	出差补助	住宿节约补助	其他	小计
12	12	九州至上海往返	2		201	237	400	792			1630.00
		合计									

现金付讫

总计金额（大写）零万壹仟陆佰叁拾零元零角零分　预支 1500 元　退/补 130 元

负责人 李佳华　　会计 赵巧　　审核 李丽　　部门主管　　出差人 孙国平

教学票样

110018713018

上海增值税普通发票

全国统一发票监制章 上海 国家税务总局监制

发票联

№ 0

开票

校验码 37086 67438 37455 59832

购买方	
名称：	九州华问服装有限公司
纳税人识别号：	91660188739510178P
地址、电话：	九州市南京中路168号 011-86668866
开户行及账号：	华夏银行南京路分理处 428805 919666 227

密码区
>>23756*+318
7>1/<863>*19
8179/753++13

货物或应税劳务名称	规格型号	单位	数量	单价	金额
*住宿服务*房费			1	377.36	377
合计					

天宇酒店有限

教学票样

固定资产清理报废单

2019年12月07日　　　　编号：001

主管部门　办公室				使用单位：　行政部					
名称及型号	单位	数量	原始价值	已计提折旧	净值	预计使用年限	已使用年限	支付清理费	变价收入
复印机	台	1	4900	1164	3736	3	0.75	60	1000
申请报废原因：　损坏									
2019年12月07日									

教学票样

九州华问服装有限公司

№ 001821

2019年12月07日

交款单位　张小姐　13855667365　　收款方式　现金

人民币（大写）　壹仟圆整　　¥ 1000.00

收款事由　系付处理固定资产—复印机

现金收讫

③记账

单位盖章　　财务主管　　记账　　出纳　李丽　　经办

教学票样

华夏银行 交易回单

日期：2019年12月05日　　业务类型：企业银行扣费
扣费账号：428805919666227
户名：九州华问服装有限公司
开户行：华夏银行南京路分理处
实收金额：CNY10.50
摘要：网银汇款手续费
收费时段：20191205-20191205

华夏银行股份有限公司 电子回单业务专用章

第1次打印　　20191205
电子回单验证码：QEN878CpXmj
提示：1.电子回单验证码相同表示同一笔业务回单，请勿重复记账使用。
2.已在银行柜台领用业务回单的单位，请注意核对，请勿重复记账使用。
打印时间：2019-12-05 09:30:08

教学票样

华夏银行 交易回单

日期：2019年12月07日　　业务类型：企业银行扣费
扣费账号：428805919666227
户名：九州华问服装有限公司
开户行：华夏银行南京路分理处
实收金额：CNY10.50
摘要：网银汇款手续费
收费时段：20191207-20191207

华夏银行股份有限公司 电子回单业务专用章

第1次打印　　20191207
电子回单验证码：QEM006CpXmj
提示：1.电子回单验证码相同表示同一笔业务回单，请勿重复记账使用。
2.已在银行柜台领用业务回单的单位，请注意核对，请勿重复记账使用。
打印时间：2019-12-07 10:26:12

教学票样

华夏银行 交易回单

日期：2019年12月20日　　业务类型：企业银行扣费
扣费账号：428805919666227
户名：九州华问服装有限公司
开户行：华夏银行南京路分理处
实收金额：CNY10.50
摘要：网银汇款手续费
收费时段：20191220-20191220

华夏银行股份有限公司 电子回单业务专用章

第1次打印　　20191220
电子回单验证码：QEM426Cpxyj
提示：1.电子回单验证码相同表示同一笔业务回单，请勿重复记账使用。
2.已在银行柜台领用业务回单的单位，请注意核对，请勿重复记账使用。
打印时间：2019-12-20 14:33:50

教学票样

华夏银行 交易回单

日期：2019年12月31日　　业务类型：企业银行收费
收费账号：428805919666227
户名：九州华问服装有限公司
开户行：华夏银行南京路分理处
实收金额：CNY458.13
摘要：利息收入
收费时段：20191231-20191231

华夏银行股份有限公司 电子回单业务专用章

第1次打印　　20191231
电子回单验证码：QEN666Cp0dj
提示：1.电子回单验证码相同表示同一笔业务回单，请勿重复记账使用。
2.已在银行柜台领用业务回单的单位，请注意核对，请勿重复记账使用。
打印时间：2019-12-31 11:30:20

教学票样

华夏银行 交易回单

日期：2019年12月31日　　业务类型：企业银行扣费
扣费账号：428805919666227
户名：九州华问服装有限公司
开户行：华夏银行南京路分理处
实收金额：CNY2165.60
摘要：POS机刷卡手续费
收费时段：20191201-20191231

（印章：华夏银行股份有限公司 电子回单业务专用章）

第1次打印　　20191231
电子回单验证码：QEM206Cpxyj
提示：1.电子回单验证码相同表示同一笔业务回单，请勿重复记账使用。
2.已在银行柜台领用业务回单的单位，请注意核对，请勿重复记账使用。
打印时间：2019-12-31 11:01:14

教学票样

华夏银行 HUAXIA BANK　现金缴款单

2019 年 12 月 03 日

银行打印：
收款人账号：428805919666227
收款人户名：九州华问服装有限公司
缴款人名称：李丽

交易码	收付	金额
11402	收	9,335.00

收入金额：9,335.00
实收金额：9,335.00
交易日期：2019年12月03日

客户填写：

款项金额	￥9,335.00										
		千	百	十	万	千	百	十	元	角	分
金额（大写）	人民币玖仟叁佰叁拾伍圆整					￥	9	3	3	5	0	0
收款单位名称	九州华问服装有限公司										
开户银行账号	428805919666227										

收款银行盖章：（印章：华夏银行南京路分理处 20191203 现金收讫）

监督：　　主管：　　经办：庄淑芬

此联客户回单

教学票样

华夏银行 HUAXIA BANK　　现金缴款单

2019 年 12 月 04 日

银行打印	收款人账号：428805919666227 收款人户名：九州华问服装有限公司 缴款人名称：李丽 交易码　收付　金额 11402　收　380.00 收入金额：380.00 实收金额：380.00 交易日期：2019年12月04日	
客户填写	款项金额	¥380.00
	金额（大写）	人民币叁佰捌拾圆整　千 百 十 万 千 百 十 元 角 分：¥ 3 8 0 0 0
	收款单位名称	九州华问服装有限公司
	开户银行账号	428805919666227
监督：	主管：	经办：庄淑芬

收款银行盖章：华夏银行南京路分理处 20191204 现金收讫

此联客户回单

教学票样

华夏银行 HUAXIA BANK　　现金缴款单

2019 年 12 月 05 日

银行打印	收款人账号：428805919666227 收款人户名：九州华问服装有限公司 缴款人名称：李丽 交易码　收付　金额 11402　收　3,045.00 收入金额：3,045.00 实收金额：3,045.00 交易日期：2019年12月05日	
客户填写	款项金额	¥3,045.00
	金额（大写）	人民币叁仟零肆拾伍圆整　千 百 十 万 千 百 十 元 角 分：¥ 3 0 4 5 0 0
	收款单位名称	九州华问服装有限公司
	开户银行账号	428805919666227
监督：	主管：	经办：庄淑芬

收款银行盖章：华夏银行南京路分理处 20191205 现金收讫

此联客户回单

教学票样

华夏银行 HUAXIA BANK　　现金缴款单

2019 年 12 月 06 日

银行打印

收款人账号：428805919666227
收款人户名：九州华问服装有限公司
缴款人名称：李丽

交易码	收付	金额
11402	收	3,115.00

收入金额：3,115.00
实收金额：3,115.00
交易日期：2019年12月06日

客户填写

款项金额	￥3,115.00
金额（大写）	人民币叁仟壹佰壹拾伍圆整
收款单位名称	九州华问服装有限公司
开户银行账号	428805919666227

千	百	十	万	千	百	十	元	角	分
						1	5	0	0

收款银行盖章：华夏银行南京路分理处 20191206 现金收讫

监督：　　主管：　　经办：庄淑芬

此联客户回单

教学票样

华夏银行 HUAXIA BANK　　现金缴款单

2019 年 12 月 07 日

银行打印

收款人账号：428805919666227
收款人户名：九州华问服装有限公司
缴款人名称：李丽

交易码	收付	金额
11402	收	7,230.00

收入金额：7,230.00
实收金额：7,230.00
交易日期：2019年12月07日

客户填写

款项金额	￥7,230.00
金额（大写）	人民币柒仟贰佰叁拾圆整
收款单位名称	九州华问服装有限公司
开户银行账号	428805919666227

千	百	十	万	千	百	十	元	角	分
						3	0	0	0

收款银行盖章：华夏银行南京路分理处 20191207 现金收讫

监督：　　主管：　　经办：庄淑芬

此联客户回单

教学票样

华夏银行 HUAXIA BANK　　现金缴款单

2019 年 12 月 10 日

银行打印	收款人账号：428805919666227 收款人户名：九州华问服装有限公司 缴款人名称：李丽 交易码　收付　金额 11402　收　7,575.00 收入金额：7,575.00 实收金额：7,575.00 交易日期：2019年12月10日	
客户填写	款项金额	￥7,575.00
	金额（大写）	人民币柒仟伍佰柒拾伍圆整　千 百 十 万 千 百 十 元 角 分：￥ 7 5 7 5 0 0
	收款单位名称	九州华问服装有限公司
	开户银行账号	428805919666227
监督：	主管：	经办：庄淑芬　收款银行盖章：华夏银行南京路分理处 20191210 现金收讫

此联客户回单

教学票样

华夏银行 HUAXIA BANK　　现金缴款单

2019 年 12 月 11 日

银行打印	收款人账号：428805919666227 收款人户名：九州华问服装有限公司 缴款人名称：李丽 交易码　收付　金额 11402　收　2,060.00 收入金额：2,060.00 实收金额：2,060.00 交易日期：2019年12月11日	
客户填写	款项金额	￥2,060.00
	金额（大写）	人民币贰仟零陆拾圆整　千 百 十 万 千 百 十 元 角 分：￥ 2 0 6 0 0 0
	收款单位名称	九州华问服装有限公司
	开户银行账号	428805919666227
监督：	主管：	经办：庄淑芬　收款银行盖章：华夏银行南京路分理处 20191211 现金收讫

此联客户回单

教学票样

华夏银行 HUAXIA BANK　　现金缴款单

2019 年 12 月 12 日

银行打印

收款人账号：428805919666227
收款人户名：九州华问服装有限公司
缴款人名称：李丽

交易码	收付	金额
11402	收	2,870.00

收入金额：2,870.00
实收金额：2,870.00
交易日期：2019年12月12日

客户填写

款项金额	¥ 2,870.00	
金额（大写）	人民币贰仟捌佰柒拾圆整	千 百 十 万 千 百 十 元 角 分：¥ 2 8 7 0 0 0
收款单位名称	九州华问服装有限公司	收款银行盖章：
开户银行账号	428805919666227	

监督：　　主管：　　经办：庄淑芬

（印章：华夏银行南京路分理处 20191212 现金收讫）

此联客户回单

教学票样

华夏银行 HUAXIA BANK　　现金缴款单

2019 年 12 月 13 日

银行打印

收款人账号：428805919666227
收款人户名：九州华问服装有限公司
缴款人名称：李丽

交易码	收付	金额
11402	收	5,800.00

收入金额：5,800.00
实收金额：5,800.00
交易日期：2019年12月13日

客户填写

款项金额	¥ 5,800.00	
金额（大写）	人民币伍仟捌佰圆整	千 百 十 万 千 百 十 元 角 分：¥ 5 8 0 0 0 0
收款单位名称	九州华问服装有限公司	收款银行盖章：
开户银行账号	428805919666227	

监督：　　主管：　　经办：庄淑芬

（印章：华夏银行南京路分理处 20191213 现金收讫）

此联客户回单

教学票样

华夏银行 HUAXIA BANK　　现金缴款单

2019 年 12 月 14 日

银行打印

收款人账号：428805919666227
收款人户名：九州华问服装有限公司
缴款人名称：李丽

交易码	收付	金额
11402	收	4,675.00

收入金额：4,675.00
实收金额：4,675.00
交易日期：2019年12月14日

客户填写

款项金额	¥4,675.00	
金额（大写）	人民币肆仟陆佰柒拾伍圆整	千 百 十 万 千 百 十 元 角 分：¥ 4 6 7 5 0 0
收款单位名称	九州华问服装有限公司	收款银行盖章：华夏银行南京路分理处 20191214 现金收讫
开户银行账号	428805919666227	

监督：　　主管：　　经办：庄淑芬

此联客户回单

教学票样

华夏银行 HUAXIA BANK　　现金缴款单

2019 年 12 月 17 日

银行打印

收款人账号：428805919666227
收款人户名：九州华问服装有限公司
缴款人名称：李丽

交易码	收付	金额
11402	收	5,650.00

收入金额：5,650.00
实收金额：5,650.00
交易日期：2019年12月17日

客户填写

款项金额	¥5,650.00	
金额（大写）	人民币伍仟陆佰伍拾圆整	千 百 十 万 千 百 十 元 角 分：¥ 5 6 5 0 0 0
收款单位名称	九州华问服装有限公司	收款银行盖章：华夏银行南京路分理处 20191217 现金收讫
开户银行账号	428805919666227	

监督：　　主管：　　经办：庄淑芬

此联客户回单

教学票样

华夏银行 HUAXIA BANK　　现金缴款单

2019 年 12 月 18 日

银行打印	收款人账号：428805919666227 收款人户名：九州华问服装有限公司 缴款人名称：李丽 交易码　收付　金额 11402　收　1,790.00 收入金额：1,790.00 实收金额：1,790.00 交易日期：2019年12月18日	
客户填写	款项金额	￥1,790.00
	金额（大写）	人民币壹仟柒佰玖拾圆整
	收款单位名称	九州华问服装有限公司
	开户银行账号	428805919666227

千	百	十	万	千	百	十	元	角	分
			￥	1	7	9	0	0	0

华夏银行南京路分理处 20191218 现金收讫

收款银行盖章：

监督：　主管：　经办：庄淑芬

此联客户回单

教学票样

华夏银行 HUAXIA BANK　　现金缴款单

2019 年 12 月 19 日

银行打印	收款人账号：428805919666227 收款人户名：九州华问服装有限公司 缴款人名称：李丽 交易码　收付　金额 11402　收　1,915.00 收入金额：1,915.00 实收金额：1,915.00 交易日期：2019年12月19日	
客户填写	款项金额	￥1,915.00
	金额（大写）	人民币壹仟玖佰壹拾伍圆整
	收款单位名称	九州华问服装有限公司
	开户银行账号	428805919666227

千	百	十	万	千	百	十	元	角	分
			￥	1	9	1	5	0	0

华夏银行南京路分理处 20191219 现金收讫

收款银行盖章：

监督：　主管：　经办：庄淑芬

此联客户回单

教学票样

华夏银行 HUAXIA BANK　　现金缴款单

2019 年 12 月 20 日

银行打印

收款人账号：428805919666227
收款人户名：九州华问服装有限公司
缴款人名称：李丽

交易码	收付	金额
11402	收	3,755.00

收入金额：3,755.00
实收金额：3,755.00
交易日期：2019年12月20日

客户填写

款项金额	¥3,755.00
金额（大写）	人民币叁仟柒佰伍拾伍圆整
收款单位名称	九州华问服装有限公司
开户银行账号	428805919666227

千	百	十	万	千	百	十	元	角	分
						5	5	0	0

收款银行盖章：华夏银行南京路分理处 20191220 现金收讫

监督：　主管：　经办：庄淑芬

此联客户回单

教学票样

华夏银行 HUAXIA BANK　　现金缴款单

2019 年 12 月 21 日

银行打印

收款人账号：428805919666227
收款人户名：九州华问服装有限公司
缴款人名称：李丽

交易码	收付	金额
11402	收	2,085.00

收入金额：2,085.00
实收金额：2,085.00
交易日期：2019年12月21日

客户填写

款项金额	¥2,085.00
金额（大写）	人民币贰仟零捌拾伍圆整
收款单位名称	九州华问服装有限公司
开户银行账号	428805919666227

千	百	十	万	千	百	十	元	角	分
						8	5	0	0

收款银行盖章：华夏银行南京路分理处 20191221 现金收讫

监督：　主管：　经办：庄淑芬

此联客户回单

教学票样

华夏银行 HUAXIA BANK　　现金缴款单

2019 年 12 月 24 日

银行打印	收款人账号：428805919666227 收款人户名：九州华问服装有限公司 缴款人名称：李丽 交易码　收付　金额 11402　收　4,995.00 收入金额：4,995.00 实收金额：4,995.00 交易日期：2019年12月24日	
客户填写	款项金额	¥4,995.00
	金额（大写）	人民币肆仟玖佰玖拾伍圆整　千 百 十 万 千 百 十 元 角 分：4 9 9 5 0 0
	收款单位名称	九州华问服装有限公司
	开户银行账号	428805919666227
监督：	主管：	经办：庄淑芬　收款银行盖章：华夏银行南京路分理处 20191224 现金收讫

此联客户回单

教学票样

华夏银行 HUAXIA BANK　　现金缴款单

2019 年 12 月 27 日

银行打印	收款人账号：428805919666227 收款人户名：九州华问服装有限公司 缴款人名称：李丽 交易码　收付　金额 11402　收　2,085.00 收入金额：2,085.00 实收金额：2,085.00 交易日期：2019年12月27日	
客户填写	款项金额	¥2,085.00
	金额（大写）	人民币贰仟零捌拾伍圆整　千 百 十 万 千 百 十 元 角 分：2 0 8 5 0 0
	收款单位名称	九州华问服装有限公司
	开户银行账号	428805919666227
监督：	主管：	经办：庄淑芬　收款银行盖章：华夏银行南京路分理处 20191227 现金收讫

此联客户回单

教学票样

华夏银行 HUAXIA BANK　　现金缴款单

2019 年 12 月 28 日

银行打印	收款人账号：428805919666227 收款人户名：九州华问服装有限公司 缴款人名称：李丽 交易码　收付　金额 11402　收　3,110.00 收入金额：3,110.00 实收金额：3,110.00 交易日期：2019年12月28日

客户填写												
款项金额	¥3,110.00	千	百	十	万	千	百	十	元	角	分
金额（大写）	人民币叁仟壹佰壹拾圆整				¥	3	1	1	0	0	0
收款单位名称	九州华问服装有限公司	收款银行盖章：									
开户银行账号	428805919666227										

监督：　　主管：　　经办：庄淑芬

华夏银行南京路分理处 20191228 现金收讫

此联客户回单

教学票样

华夏银行 HUAXIA BANK　　现金缴款单

2019 年 12 月 31 日

银行打印	收款人账号：428805919666227 收款人户名：九州华问服装有限公司 缴款人名称：李丽 交易码　收付　金额 11402　收　5,005.00 收入金额：5,005.00 实收金额：5,005.00 交易日期：2019年12月31日

客户填写												
款项金额	¥5,005.00	千	百	十	万	千	百	十	元	角	分
金额（大写）	人民币伍仟零伍圆整				¥	5	0	0	5	0	0
收款单位名称	九州华问服装有限公司	收款银行盖章：									
开户银行账号	428805919666227										

监督：　　主管：　　经办：庄淑芬

华夏银行南京路分理处 20191231 现金收讫

此联客户回单

教学票样

华夏银行 电子回单

2019年12月03日

付款人	全称	九州华问服装有限公司	收款人	全称	九州万科物业有限公司
付款人	账号	428805919666227	收款人	账号	422241602808426
付款人	开户银行	华夏银行南京路分理处	收款人	开户银行	华夏银行海淀区支行
付款人	行号	304100042348	收款人	行号	304100042346
金额（大写）		人民币伍仟圆整			华夏银行股份有限公司 电子回单业务专用章
金额（小写）		CNY5,000.00			
摘要		支付租金			

电子回单验证码：3610hx545gF7

请登录华夏银行官方网站www.hxb.com.cn通过“电子回单查询”功能查询电子回单真伪。

交易最终结果请以资金实际入账为准。

教学票样

华夏银行 电子回单

2019年12月03日

付款人	全　称	九州华问服装有限公司	收款人	全　称	天恒瑞海物业有限公司
	账　号	428805919666227		账　号	4288031487825218
	开户银行	华夏银行南京路分理处		开户银行	华夏银行南京路分理处
	行　号	304100042348		行　号	304100042348
金额（大写）		人民币捌仟圆整			华夏银行股份有限公司 电子回单业务专用章
金额（小写）		CNY8,000.00			
摘　要		支付租金			

电子回单验证码：3610hx574FD2

请登录华夏银行官方网站www.hxb.com.cn通过“电子回单查询”功能查询电子回单真伪。

交易最终结果请以资金实际入账为准。

教学票样

华夏银行 电子回单

2019年12月03日

付款人	全　称	九州华问服装有限公司	收款人	全　称	九州盛园物业有限公司
	账　号	428805919666227		账　号	4286032578826329
	开户银行	华夏银行南京路分理处		开户银行	华夏银行南京路分理处
	行　号	304100042348		行　号	304100042348
金额（大写）		人民币捌仟圆整			华夏银行股份有限公司 电子回单业务专用章
金额（小写）		CNY8,000.00			
摘要		支付租金			

电子回单验证码：3430hx574FD3

请登录华夏银行官方网站www.hxb.com.cn通过“电子回单查询”功能查询电子回单真伪。

交易最终结果请以资金实际入账为准。

教学票样

华夏银行 电子回单

2019年12月31日

付款人	全　称	九州华问服装有限公司	收款人	全　称	九州星辉房地产置业有限公司
	账　号	428805919666227		账　号	6226371189577856
	开户银行	华夏银行南京路分理处		开户银行	华夏银行闸北支行
	行　号	304100042348		行　号	301100041745
金额（大写）		人民币捌拾玖万叁仟圆整			华夏银行股份有限公司 电子回单业务专用章
金额（小写）		CNY893,000.00			
摘　要		支付购买商铺价款			

电子回单验证码：3610hx798G7H

请登录华夏银行官方网站www.hxb.com.cn通过“电子回单查询”功能查询电子回单真伪。
交易最终结果请以资金实际入账为准。

教学票样

华夏银行 电子回单

2019年12月31日

付款人	全称	浙江高美服装有限公司	收款人	全称	九州华问服装有限公司
	账号	622202150300134		账号	428805919666227
	开户银行	工商银行杭州市四季青支行		开户银行	华夏银行南京路分理处
	行号	104298004191		行号	304100042348
金额（大写）		人民币壹拾万贰仟陆佰肆拾圆整			华夏银行股份有限公司 电子回单业务专用章
金额（小写）		CNY102,640.00			
摘要		货款			

电子回单验证码：3610hx13GM13

请登录华夏银行官方网站www.hxb.com.cn通过“电子回单查询”功能查询电子回单真伪。
交易最终结果请以资金实际入账为准。

教学票样

华夏银行 电子回单

2019年12月03日

付款人	全　称	九州华问服装有限公司	收款人	全　称	九州万科物业有限公司
	账　号	428805919666227		账　号	422241602808426
	开户银行	华夏银行南京路分理处		开户银行	华夏银行海淀区支行
	行　号	304100042348		行　号	304100042346
金额（大写）		人民币壹仟贰佰陆拾叁圆伍角整			华夏银行股份有限公司 电子回单业务专用章
金额（小写）		CNY1,263.50			
摘要		支付水电费及物业费			

电子回单验证码：3621hx575DF2

请登录华夏银行官方网站www.hxb.com.cn通过“电子回单查询”功能查询电子回单真伪。
交易最终结果请以资金实际入账为准。

教学票样

华夏银行 电子回单

2019年12月03日

付款人	全　称	九州华问服装有限公司	收款人	全　称	天恒瑞海物业有限公司
	账　号	428805919666227		账　号	4288031487825218
	开户银行	华夏银行南京路分理处		开户银行	华夏银行南京路分理处
	行　号	304100042348		行　号	304100042348
金额（大写）		人民币伍佰圆叁角整			华夏银行股份有限公司 电子回单业务专用章
金额（小写）		CNY500.30			
摘要		支付水电费及物业费			

电子回单验证码：36653hx554D7

请登录华夏银行官方网站www.hxb.com.cn通过“电子回单查询”功能查询电子回单真伪。

交易最终结果请以资金实际入账为准。

教学票样

华夏银行 电子回单

2019年12月03日

付款人	全　称	九州华问服装有限公司	收款人	全　称	九州盛园物业有限公司
	账　号	428805919666227		账　号	4286032578826329
	开户银行	华夏银行南京路分理处		开户银行	华夏银行南京路分理处
	行　号	304100042348		行　号	304100042348
金额（大写）		人民币肆佰陆拾贰圆柒角整			华夏银行股份有限公司 电子回单业务专用章
金额（小写）		CNY462.70			
摘要		支付水电费及物业费			

电子回单验证码：3610hx5454F6

请登录华夏银行官方网站www.hxb.com.cn通过“电子回单查询”功能查询电子回单真伪。
交易最终结果请以资金实际入账为准。

教学票样

华夏银行 电子回单

2019年12月03日

付款人	全称	九州运恒电子有限公司	收款人	全称	九州华问服装有限公司
	账号	913000123802556		账号	42880591966227
	开户银行	北京银行顺外支行		开户银行	华夏银行南京路分理处
	行号	313100000234		行号	304100042348
金额（大写）		人民币贰万捌仟捌佰圆整			华夏银行股份有限公司 电子回单业务专用章
金额（小写）		CNY28,800.00			
摘要		货款			

电子回单验证码：3610hx545GHJ

请登录华夏银行官方网站www.hxb.com.cn通过“电子回单查询”功能查询电子回单真伪。

交易最终结果请以资金实际入账为准。

教学票样

华夏银行 电子回单

2019年12月04日

付款人	全称	九州华问服装有限公司	收款人	全称	德邦物流有限公司
	账号	428805919666227		账号	427305919323458
	开户银行	华夏银行南京路分理处		开户银行	华夏银行朝阳支行
	行号	304100042348		行号	304123040819
金额（大写）		人民币壹仟陆佰玖拾捌圆整			华夏银行股份有限公司 电子回单业务专用章
金额（小写）		CNY1,698.00			
摘要		支付运费			

电子回单验证码：3610hx5765RT

请登录华夏银行官方网站www.hxb.com.cn通过“电子回单查询”功能查询电子回单真伪。
交易最终结果请以资金实际入账为准。

教学票样

华夏银行 电子回单

2019年12月05日

付款人	全　称	九州华问服装有限公司	收款人	全　称	浙江琪琪服装厂
	账　号	428805919666227		账　号	237481919669174
	开户银行	华夏银行南京路分理处		开户银行	招商银行义乌分行
	行　号	304100042348		行　号	308211009079
金额（大写）		人民币肆万叁仟壹佰伍拾陆圆整			华夏银行股份有限公司 电子回单业务专用章
金额（小写）		CNY43,156.00			
摘要		货款			

电子回单验证码：3420hx124TYU

请登录华夏银行官方网站www.hxb.com.cn通过“电子回单查询”功能查询电子回单真伪。

交易最终结果请以资金实际入账为准。

教学票样

华夏银行 电子回单

2019年12月06日

付款人	全　称	深圳华威科技有限公司	收款人	全　称	九州华问服装有限公司
	账　号	622208150600221		账　号	428805919666227
	开户银行	华夏银行福田分行		开户银行	华夏银行南京路分理处
	行　号	313200000699		行　号	304100042348
金额（大写）		人民币叁万伍仟壹佰玖拾圆整			华夏银行股份有限公司 电子回单业务专用章
金额（小写）		CNY35,190.00			
摘要		货款			

电子回单验证码：3610hx5465FG

请登录华夏银行官方网站www.hxb.com.cn通过“电子回单查询”功能查询电子回单真伪。

交易最终结果请以资金实际入账为准。

教学票样

华夏银行 电子回单

2019年12月07日

付款人	全称	九州华问服装有限公司	收款人	全称	深圳美资服装有限公司
	账号	428805919666227		账号	622202189110886
	开户银行	华夏银行南京路分理处		开户银行	工商银行罗湖分行
	行号	304100042348		行号	102118004113
金额（大写）		人民币陆万零柒佰玖拾肆圆整			华夏银行股份有限公司 电子回单业务专用章
金额（小写）		CNY60,794.00			
摘要		货款			

电子回单验证码：5410hx5121B2

请登录华夏银行官方网站www.hxb.com.cn通过“电子回单查询”功能查询电子回单真伪。
交易最终结果请以资金实际入账为准。

教学票样

华夏银行 电子回单

2019年12月07日

付款人	全称	上海云飞贸易有限公司	收款人	全称	九州华问服装有限公司
	账号	310626581004506		账号	428805919666227
	开户银行	工商银行北京西路支行		开户银行	华夏银行南京路分理处
	行号	102198003027		行号	304100042348
金额（大写）		人民币陆万零伍佰陆拾圆整			华夏银行股份有限公司 电子回单业务专用章
金额（小写）		CNY60,560.00			
摘要		货款			

电子回单验证码：1654hx654V13

请登录华夏银行官方网站www.hxb.com.cn通过“电子回单查询”功能查询电子回单真伪。
交易最终结果请以资金实际入账为准。

教学票样

华夏银行 电子回单

2019年12月10日

付款人	全　称	广州创鑫服装有限公司	收款人	全　称	九州华问服装有限公司
	账　号	235601198043752		账　号	428805919666227
	开户银行	招商银行天河分行		开户银行	华夏银行南京路分理处
	行　号	308110032112		行　号	304100042348
金额（大写）		人民币伍万壹仟叁佰圆整			华夏银行股份有限公司 电子回单业务专用章
金额（小写）		CNY51,300.00			
摘　要		货款			

电子回单验证码：1650hx54HF4J

请登录华夏银行官方网站www.hxb.com.cn通过“电子回单查询”功能查询电子回单真伪。

交易最终结果请以资金实际入账为准。

教学票样

华夏银行 电子回单

2019年12月10日

付款人	全　称	九州华问服装有限公司	收款人	全　称	德邦物流有限公司
	账　号	428805919666227		账　号	427305919323458
	开户银行	华夏银行南京路分理处		开户银行	华夏银行朝阳支行
	行　号	304100042348		行　号	304123040819
金额（大写）		人民币壹仟贰佰陆拾圆整			华夏银行股份有限公司 电子回单业务专用章
金额（小写）		CNY1,260.00			
摘　要		支付运费			

电子回单验证码：3610hx468GHN

请登录华夏银行官方网站www.hxb.com.cn通过“电子回单查询”功能查询电子回单真伪。

交易最终结果请以资金实际入账为准。

教学票样

华夏银行 电子回单

2019年12月11日

付款人	全称	上海华奇外贸有限公司	收款人	全称	九州华问服装有限公司
	账号	310583612222000		账号	428805919666227
	开户银行	建设银行宝山支行		开户银行	华夏银行南京路分理处
	行号	105200000034		行号	304100042348
金额（大写）		人民币叁万捌仟壹佰圆整			华夏银行股份有限公司 电子回单业务专用章
金额（小写）		CNY38,100.00			
摘要		货款			

电子回单验证码：3610hx456NGH

请登录华夏银行官方网站www.hxb.com.cn通过“电子回单查询”功能查询电子回单真伪。

交易最终结果请以资金实际入账为准。

教学票样

华夏银行 电子回单

2019年12月11日

付款人	全称	广州昌达花纸有限公司	收款人	全称	九州华问服装有限公司
	账号	235601169207030		账号	428805919666227
	开户银行	招商银行番禺分行		开户银行	华夏银行南京路分理处
	行号	308211009018		行号	304100042348
金额（大写）		人民币叁万贰仟陆佰圆整			华夏银行股份有限公司 电子回单业务专用章
金额（小写）		CNY32,600.00			
摘要		货款			

电子回单验证码：3610hx5JG46N

请登录华夏银行官方网站www.hxb.com.cn通过“电子回单查询”功能查询电子回单真伪。
交易最终结果请以资金实际入账为准。

教学票样

华夏银行 电子回单

2019年12月14日

付款人	全称	九州华问服装有限公司	收款人	全称	德邦物流有限公司
	账号	428805919666227		账号	427305919323458
	开户银行	华夏银行南京路分理处		开户银行	华夏银行朝阳支行
	行号	304100042348		行号	304123040819
金额（大写）		人民币壹仟叁佰贰拾圆整			华夏银行股份有限公司 电子回单业务专用章
金额（小写）		CNY1,320.00			
摘要		支付运费			

电子回单验证码：3610hx442NG5

请登录华夏银行官方网站www.hxb.com.cn通过“电子回单查询”功能查询电子回单真伪。
交易最终结果请以资金实际入账为准。

教学票样

华夏银行 电子回单

2019年12月14日

付款人	全称	九州华问服装有限公司	收款人	全称	朝北区住房公积金管理中心
	账号	428805919666227		账号	1107110209024604186
	开户银行	华夏银行南京路分理处		开户银行	工商银行九州分行北京西路支行
	行号	304100042348		行号	304100568152
金额（大写）		人民币陆仟柒佰陆拾圆整			华夏银行股份有限公司 电子回单业务专用章
金额（小写）		CNY6,760.00			
摘要		支付住房公积金			

电子回单验证码：3601hx546F5D

请登录华夏银行官方网站www.hxb.com.cn通过“电子回单查询”功能查询电子回单真伪。

交易最终结果请以资金实际入账为准。

教学票样

华夏银行 电子回单

2019年12月14日

付款人	全　称	九州华问服装有限公司	收款人	全　称	百胜餐饮集团有限公司
	账　号	428805919666227		账　号	428805263451063
	开户银行	华夏银行南京路分理处		开户银行	华夏银行南京路分理处
	行　号	304100042348		行　号	304100042348
金额（大写）		人民币伍仟柒佰贰拾圆整			华夏银行股份有限公司 电子回单业务专用章
金额（小写）		CNY5,720.00			
摘　要		支付员工餐费			

电子回单验证码：3610hx768GHM

请登录华夏银行官方网站www.hxb.com.cn通过“电子回单查询”功能查询电子回单真伪。
交易最终结果请以资金实际入账为准。

教学票样

华夏银行 电子回单

2019年12月17日

付款人	全　称	江西莎莎服饰有限公司	收款人	全　称	九州华问服装有限公司
	账　号	622307658012509		账　号	428805919666227
	开户银行	工商银行洪城支行		开户银行	华夏银行南京路分理处
	行　号	102098004131		行　号	304100042348
金额（大写）		人民币伍万伍仟捌佰圆整			华夏银行股份有限公司 电子回单业务专用章
金额（小写）		CNY55,800.00			
摘要		货款			

电子回单验证码：3610hxMG5467

请登录华夏银行官方网站www.hxb.com.cn通过“电子回单查询”功能查询电子回单真伪。

交易最终结果请以资金实际入账为准。

教学票样

华夏银行 电子回单

2019年12月17日

付款人	全　称	九州华问服装有限公司	收款人	全　称	博弈文化有限公司
	账　号	428805919666227		账　号	462117658013860
	开户银行	华夏银行南京路分理处		开户银行	华夏银行朝阳支行
	行　号	304100042348		行　号	304123040819
金额（大写）		人民币捌仟圆整			华夏银行股份有限公司 电子回单业务专用章
金额（小写）		CNY8,000.00			
摘要		支付广告费			

电子回单验证码：3610hx465NG4

请登录华夏银行官方网站www.hxb.com.cn通过“电子回单查询”功能查询电子回单真伪。
交易最终结果请以资金实际入账为准。

教学票样

华夏银行 电子回单

2019年12月19日

付款人	全称	九州华问服装有限公司	收款人	全称	德邦物流有限公司
	账号	428805919666227		账号	427305919323458
	开户银行	华夏银行南京路分理处		开户银行	华夏银行朝阳支行
	行号	304100042348		行号	304123040819
金额（大写）		人民币壹仟贰佰玖拾叁圆整			华夏银行股份有限公司 电子回单业务专用章
金额（小写）		CNY1,293.00			
摘要		支付运费			

电子回单验证码：3610hx46G5H7

请登录华夏银行官方网站www.hxb.com.cn通过“电子回单查询”功能查询电子回单真伪。

交易最终结果请以资金实际入账为准。

教学票样

华夏银行 电子回单

2019年12月19日

付款人	全称	浙江美琳服装有限公司	收款人	全称	九州华问服装有限公司
	账号	600153086189330		账号	428805919666227
	开户银行	工商银行华南支行		开户银行	华夏银行南京路分理处
	行号	101298004235		行号	304100042348
金额（大写）		人民币肆万贰仟肆佰圆整			华夏银行股份有限公司 电子回单业务专用章
金额（小写）		CNY42,400.00			
摘要		货款			

电子回单验证码：3610hx4M65G4

请登录华夏银行官方网站www.hxb.com.cn通过“电子回单查询”功能查询电子回单真伪。

交易最终结果请以资金实际入账为准。

教学票样

华夏银行 电子回单

2019年12月20日

付款人	全称	九州华问服装有限公司	收款人	全称	广东天语服装有限公司
	账号	428805919666227		账号	106302189153572
	开户银行	华夏银行南京路分理处		开户银行	华夏银行中山分行
	行号	304100042348		行号	302111040819
金额（大写）		人民币肆万捌仟叁佰陆拾壹圆整			华夏银行股份有限公司 电子回单业务专用章
金额（小写）		CNY48,361.00			
摘要		货款			

电子回单验证码：3610hx78G98M

请登录华夏银行官方网站www.hxb.com.cn通过“电子回单查询”功能查询电子回单真伪。
交易最终结果请以资金实际入账为准。

教学票样

华夏银行 电子回单

2019年12月24日

付款人	全称	九州华问服装有限公司	收款人	全称	德邦物流有限公司
	账号	428805919666227		账号	427305919323458
	开户银行	华夏银行南京路分理处		开户银行	华夏银行朝阳支行
	行号	304100042348		行号	304123040819
金额（大写）		人民币贰仟壹佰柒拾陆圆整			华夏银行股份有限公司 电子回单业务专用章
金额（小写）		CNY2,176.00			
摘要		支付运费			

电子回单验证码：3610hx98G7M5

请登录华夏银行官方网站www.hxb.com.cn通过“电子回单查询”功能查询电子回单真伪。
交易最终结果请以资金实际入账为准。

教学票样

九州市社会保险费缴款专用收据

过月作废　　2019 年 12 月 14 日　　（2019） No:02205169

收款人			缴款人		
	全　称	朝北区社会保险事业管理局		单位名称	九州华问服装有限公司
	账　号	9553600200115013258		单位编号	0100001361
	开户银行	工商银行九州分行朝北支行		开户银行	华夏银行南京路分理处
金额	人民币（大写）	贰万叁仟壹佰壹拾柒圆陆角肆分			￥23,117.64

款项内容	缴费起止时间		自 2019 年 12 月起至 2019 年 12 月止	
	本金	滞纳金	利息	备注:
企业基本养老	15,943.20	0.00		201912-201912
失业保险	1,708.20	0.00		201912-201912
基本医疗保险	4,555.20	0.00		201912-201912
大额医疗保险	0.00	0.00		201912-201912
工伤保险	455.52	0.00		201912-201912
生育保险	455.52	0.00		201912-201912

单位盖章　　（电脑打印　手写无效）　　业务员：

第二联：收据

（印章：九州市财政部监制；中国人民银行九州中心支行结算凭证专用章；华夏银行南京路分理处 2019.12.14 业务受理章 (21)）

教学票样

增值税应税货物或劳务销货清单

购货单位名称：九州华向服装有限公司

销货单位名称：浙江琪琪服装厂

所属增值税专用发票代码：3300187130　　号码：03241304　　共 1 页　第 1 页

序号	货物（劳务）名称	规格型号	单位	数　量	单　价	金　额	税率	税　额
1	*服装*劳保工作服套装	艳蓝/160	件	200.00	30.97	6194.00	13%	805.22
2	*服装*劳保工作服套装	艳蓝/165	件	300.00	30.97	9291.00	13%	1207.83
3	*服装*劳保工作服套装	艳蓝/170	件	300.00	33.63	10089.00	13%	1311.57
4	*服装*劳保工作服套装	艳蓝/175	件	300.00	33.63	10089.00	13%	1311.57
5	*服装*劳保工作服套装	艳蓝/180	件	200.00	33.63	6726.00	13%	874.38
6	*服装*劳保工作服套装	灰色/160	件	300.00	30.97	9291.00	13%	1207.83
7	*服装*劳保工作服套装	灰色/165	件	300.00	30.97	9291.00	13%	1207.83
8	*服装*劳保工作服套装	灰色/170	件	300.00	33.63	10089.00	13%	1311.57
9	*服装*劳保工作服套装	灰色/175	件	300.00	33.63	10089.00	13%	1311.57
10	*服装*劳保工作服套装	灰色/180	件	200.00	33.63	6726.00	13%	874.38
11	*服装*户外运动衫	迷彩/均码	件	1500.00	5.31	7965.00	13%	1035.45
12	*服装*文化衫	均码	件	1500.00	5.31	7965.00	13%	1035.45
13	*服装*加厚军大衣	均码	件	200.00	38.05	7610.00	13%	989.30
						111415.00		14483.95
备注								

浙江琪琪服装厂 9110128164951017YP 发票专用章

销货单位（章）：　　开票日期　2019年12月01日　　国家税务总局印制

教学票样

增值税应税货物或劳务销货清单

购货单位名称： 九州华问服装有限公司

销货单位名称： 深圳美资服装有限公司

所属增值税专用发票代码： 4400187130　　**号码：** 04367339　　**共** 1 **页**　**第** 1 **页**

序号	货物（劳务）名称	规格型号	单位	数量	单价	金额	税率	税额
1	*服装*西服男套装－西装领	黑色-S	件	50.00	88.50	4425.00	13%	575.25
2	*服装*西服男套装－西装领	黑色-M	件	80.00	88.50	7080.00	13%	920.40
3	*服装*西服男套装－西装领	黑色-L	件	80.00	88.50	7080.00	13%	920.40
4	*服装*西服男套装－西装领	黑色-XL	件	80.00	88.50	7080.00	13%	920.40
5	*服装*西服男套装－西装领	黑色-XXL	件	50.00	88.50	4425.00	13%	575.25
6	*服装*西服女套装－西装领	白+黑-S	件	200.00	57.52	11504.00	13%	1495.52
7	*服装*西服女套装－西装领	白+黑-M	件	200.00	57.52	11504.00	13%	1495.52
8	*服装*西服女套装－西装领	白+黑-L	件	200.00	57.52	11504.00	13%	1495.52
9	*服装*西服女套装－V领	白+黑-S	件	200.00	57.52	11504.00	13%	1495.52
10	*服装*西服女套装－V领	白+黑-M	件	200.00	57.52	11504.00	13%	1495.52
11	*服装*西服女套装－V领	白+黑-L	件	200.00	57.52	11504.00	13%	1495.52
12	*服装*西服女套装－立领	白+黑-S	件	150.00	57.52	8628.00	13%	1121.64
13	*服装*西服女套装－立领	白+黑-M	件	150.00	57.52	8628.00	13%	1121.64
14	*服装*西服女套装－立领	白+黑-L	件	150.00	57.52	8628.00	13%	1121.64
						124998.00		16249.74
备注								

深圳美资服装有限公司 915011006118181RYT 发票专用章

销货单位（章）：　　**开票日期** 2019年12月03日　　**国家税务总局印制**

教学票样

增值税应税货物或劳务销货清单

购货单位名称：上海华奇外贸有限公司

销货单位名称：九州华问服装有限公司

所属增值税专用发票代码：1100188130　　**号码：**01039018　　共 1 页　第 1 页

序号	货物（劳务）名称	规格型号	单位	数　量	单　价	金　额	税率	税　额
1	*服装*劳保工作服套装	艳蓝/160	件	10.00	49.56	495.58	13%	64.42
2	*服装*劳保工作服套装	艳蓝/165	件	10.00	49.56	495.58	13%	64.42
3	*服装*劳保工作服套装	艳蓝/170	件	20.00	53.10	1061.95	13%	138.05
4	*服装*劳保工作服套装	艳蓝/175	件	20.00	53.10	1061.95	13%	138.05
5	*服装*劳保工作服套装	艳蓝/180	件	20.00	53.10	1061.95	13%	138.05
6	*服装*劳保工作服套装	灰色/160	件	10.00	49.56	495.58	13%	64.42
7	*服装*劳保工作服套装	灰色/165	件	10.00	49.56	495.58	13%	64.42
8	*服装*劳保工作服套装	灰色/170	件	20.00	53.10	1061.95	13%	138.05
9	*服装*劳保工作服套装	灰色/175	件	20.00	53.10	1061.95	13%	138.05
10	*服装*劳保工作服套装	灰色/180	件	20.00	53.10	1061.95	13%	138.05
11	*服装*户外运动衫	迷彩/均码	件	50.00	10.62	530.97	13%	69.03
12	*服装*文化衫	均码	件	50.00	10.62	530.97	13%	69.03
13	*服装*加厚军大衣	均码	件	20.00	60.18	1203.54	13%	156.46
14	*服装*西服男套装	黑色-S	件	10.00	141.59	1415.93	13%	184.07
15	*服装*西服男套装	黑色-M	件	10.00	141.59	1415.93	13%	184.07
16	*服装*西服男套装	黑色-L	件	10.00	141.59	1415.93	13%	184.07
17	*服装*西服男套装	黑色-XL	件	10.00	141.59	1415.93	13%	184.07
18	*服装*西服男套装	黑色-XXL	件	10.00	141.59	1415.93	13%	184.07
19	*服装*西服女套装-西装领	白+黑-S	件	15.00	106.19	1592.92	13%	207.08
20	*服装*西服女套装-西装领	白+黑-M	件	15.00	106.19	1592.92	13%	207.08
21	*服装*西服女套装-西装领	白+黑-L	件	15.00	106.19	1592.92	13%	207.08
22	*服装*西服女套装-V领	白+黑-S	件	10.00	106.20	1061.95	13%	138.05
23	*服装*西服女套装-V领	白+黑-M	件	10.00	106.20	1061.95	13%	138.05
24	*服装*西服女套装-V领	白+黑-L	件	10.00	106.20	1061.95	13%	138.05
25	*服装*西服女套装-立领	白+黑-S	件	10.00	106.20	1061.95	13%	138.05
26	*服装*西服女套装-立领	白+黑-M	件	10.00	106.20	1061.95	13%	138.05
27	*服装*西服女套装-立领	白+黑-L	件	10.00	106.20	1061.95	13%	138.05
28	*服装*女衬衫-雪纺花边领	S	件	20.00	46.02	920.35	13%	119.65
29	*服装*女衬衫-雪纺花边领	M	件	20.00	46.02	920.35	13%	119.65
30	*服装*女衬衫-雪纺花边领	L	件	20.00	46.02	920.35	13%	119.65
31	*服装*女衬衫-拼接领	S	件	20.00	46.02	920.35	13%	119.65
32	*服装*女衬衫-拼接领	M	件	20.00	46.02	920.35	13%	119.65
33	*服装*女衬衫-拼接领	L	件	20.00	46.02	920.35	13%	119.65
34	*服装*女衬衫-OL翻领	S	件	20.00	46.02	920.35	13%	119.65
35	*服装*女衬衫-OL翻领	M	件	20.00	46.02	920.35	13%	119.65
36	*服装*女衬衫-OL翻领	L	件	20.00	46.02	920.35	13%	119.65
						37132.76		4827.24
备注								

九州华问服装有限公司
91660188739510178P
发票专用章

销货单位（章）：　　开票日期　2019年12月04日　　国家税务总局印制

教学票样

增值税应税货物或劳务销货清单

购货单位名称：九州华问服装有限公司

销货单位名称：广东天语服装有限公司

所属增值税专用发票代码：4400187130　　号码：02152118　　共 1 页　第 1 页

序号	货物（劳务）名称	规格型号	单位	数　量	单　价	金　额	税率	税　额
1	*服装*女衬衫-雪纺花边领	S	件	200.00	28.32	5664.00	13%	736.32
2	*服装*女衬衫-雪纺花边领	M	件	200.00	28.32	5664.00	13%	736.32
3	*服装*女衬衫-雪纺花边领	L	件	200.00	28.32	5664.00	13%	736.32
4	*服装*女衬衫-拼接领	S	件	200.00	28.32	5664.00	13%	736.32
5	*服装*女衬衫-拼接领	M	件	200.00	28.32	5664.00	13%	736.32
6	*服装*女衬衫-拼接领	L	件	200.00	28.32	5664.00	13%	736.32
7	*服装*女衬衫-OL翻领	S	件	200.00	28.32	5664.00	13%	736.32
8	*服装*女衬衫-OL翻领	M	件	200.00	28.32	5664.00	13%	736.32
9	*服装*女衬衫-OL翻领	L	件	200.00	28.32	5664.00	13%	736.32
						50976.00		6626.88
备注								

广东天语服装有限公司　9110843449511065PV　发票专用章

销货单位（章）：　　开票日期　2019年12月05日　　国家税务总局印制

教学票样

增值税应税货物或劳务销货清单

购货单位名称：上海云飞贸易有限公司

销货单位名称：九州华问服装有限公司

所属增值税专用发票代码：1100188130　　**号码：**01039019　　**共** 1 **页**　**第** 1 **页**

序号	货物（劳务）名称	规格型号	单位	数　量	单　价	金　额	税率	税　额
1	*服装*劳保工作服套装	艳蓝/160	件	10.00	49.56	495.58	13%	64.42
2	*服装*劳保工作服套装	艳蓝/165	件	10.00	49.56	495.58	13%	64.42
3	*服装*劳保工作服套装	艳蓝/170	件	10.00	53.10	530.97	13%	69.03
4	*服装*劳保工作服套装	艳蓝/175	件	10.00	53.10	530.97	13%	69.03
5	*服装*劳保工作服套装	艳蓝/180	件	10.00	53.10	530.97	13%	69.03
6	*服装*劳保工作服套装	灰色/160	件	10.00	49.56	495.58	13%	64.42
7	*服装*劳保工作服套装	灰色/165	件	10.00	49.56	495.58	13%	64.42
8	*服装*劳保工作服套装	灰色/170	件	10.00	53.10	530.97	13%	69.03
9	*服装*劳保工作服套装	灰色/175	件	10.00	53.10	530.97	13%	69.03
10	*服装*劳保工作服套装	灰色/180	件	10.00	53.10	530.97	13%	69.03
11	*服装*户外运动衫	迷彩/均码	件	30.00	10.62	318.58	13%	41.42
12	*服装*文化衫	均码	件	30.00	10.62	318.58	13%	41.42
13	*服装*加厚军大衣	均码	件	10.00	60.18	601.77	13%	78.23
14	*服装*西服男套装	黑色-S	件	5.00	141.59	707.96	13%	92.04
15	*服装*西服男套装	黑色-M	件	6.00	141.59	849.56	13%	110.44
16	*服装*西服男套装	黑色-L	件	6.00	141.59	849.56	13%	110.44
17	*服装*西服男套装	黑色-XL	件	6.00	141.59	849.56	13%	110.44
18	*服装*西服男套装	黑色-XXL	件	5.00	141.59	707.96	13%	92.04
19	*服装*西服女套装－西装领	白+黑-S	件	5.00	106.19	530.97	13%	69.03
20	*服装*西服女套装－西装领	白+黑-M	件	5.00	106.19	530.97	13%	69.03
21	*服装*西服女套装－西装领	白+黑-L	件	5.00	106.19	530.97	13%	69.03
22	*服装*西服女套装－V领	白+黑-S	件	5.00	106.19	530.97	13%	69.03
23	*服装*西服女套装－V领	白+黑-M	件	5.00	106.19	530.97	13%	69.03
24	*服装*西服女套装－V领	白+黑-L	件	5.00	106.19	530.97	13%	69.03
25	*服装*西服女套装－立领	白+黑-S	件	5.00	106.19	530.97	13%	69.03
26	*服装*西服女套装－立领	白+黑-M	件	5.00	106.19	530.97	13%	69.03
27	*服装*西服女套装－立领	白+黑-L	件	5.00	106.19	530.97	13%	69.03
28	*服装*女衬衫－雪纺花边领	S	件	15.00	46.02	690.27	13%	89.73
29	*服装*女衬衫－雪纺花边领	M	件	15.00	46.02	690.27	13%	89.73
30	*服装*女衬衫－雪纺花边领	L	件	15.00	46.02	690.27	13%	89.73
31	*服装*女衬衫－拼接领	S	件	15.00	46.02	690.27	13%	89.73
32	*服装*女衬衫－拼接领	M	件	15.00	46.02	690.27	13%	89.73
33	*服装*女衬衫－拼接领	L	件	15.00	46.02	690.27	13%	89.73
34	*服装*女衬衫－ＯＬ翻领	S	件	15.00	46.02	690.27	13%	89.73
35	*服装*女衬衫－ＯＬ翻领	M	件	15.00	46.02	690.27	13%	89.73
36	*服装*女衬衫－ＯＬ翻领	L	件	15.00	46.02	690.27	13%	89.73
						21362.83		2777.17
备注								

九州华问服装有限公司 91660188739510178P 发票专用章

销货单位（章）：　　**开票日期** 2019年12月10日　　**国家税务总局印制**

教学票样

增值税应税货物或劳务销货清单

购货单位名称: 广州创鑫服装有限公司

销货单位名称: 九州华问服装有限公司

所属增值税专用发票代码: 1100188130　　**号码:** 01039020　　共 1 页　第 1 页

序号	货物（劳务）名称	规格型号	单位	数　量	单　价	金　额	税率	税　额
1	*服装*劳保工作服套装	艳蓝/160	件	10.00	49.56	495.58	13%	64.42
2	*服装*劳保工作服套装	艳蓝/165	件	15.00	49.56	743.36	13%	96.64
3	*服装*劳保工作服套装	艳蓝/170	件	15.00	53.10	796.46	13%	103.54
4	*服装*劳保工作服套装	艳蓝/175	件	15.00	53.10	796.46	13%	103.54
5	*服装*劳保工作服套装	艳蓝/180	件	10.00	53.10	530.97	13%	69.03
6	*服装*劳保工作服套装	灰色/160	件	10.00	49.56	495.58	13%	64.42
7	*服装*劳保工作服套装	灰色/165	件	15.00	49.56	743.36	13%	96.64
8	*服装*劳保工作服套装	灰色/170	件	15.00	53.10	796.46	13%	103.54
9	*服装*劳保工作服套装	灰色/175	件	15.00	53.10	796.46	13%	103.54
10	*服装*劳保工作服套装	灰色/180	件	10.00	53.10	530.97	13%	69.03
11	*服装*户外运动衫	迷彩/均码	件	30.00	10.62	318.58	13%	41.42
12	*服装*文化衫	均码	件	30.00	10.62	318.58	13%	41.42
13	*服装*加厚军大衣	均码	件	10.00	60.18	601.77	13%	78.23
14	*服装*西服男套装	黑色-S	件	5.00	141.59	707.96	13%	92.04
15	*服装*西服男套装	黑色-M	件	5.00	141.59	707.96	13%	92.04
16	*服装*西服男套装	黑色-L	件	5.00	141.59	707.96	13%	92.04
17	*服装*西服男套装	黑色-XL	件	5.00	141.59	707.96	13%	92.04
18	*服装*西服男套装	黑色-XXL	件	5.00	141.59	707.96	13%	92.04
19	*服装*西服女套装-西装领	白+黑-S	件	5.00	106.19	530.97	13%	69.03
20	*服装*西服女套装-西装领	白+黑-M	件	10.00	106.20	1061.95	13%	138.05
21	*服装*西服女套装-西装领	白+黑-L	件	10.00	106.20	1061.95	13%	138.05
22	*服装*西服女套装-V领	白+黑-S	件	5.00	106.19	530.97	13%	69.03
23	*服装*西服女套装-V领	白+黑-M	件	10.00	106.20	1061.95	13%	138.05
24	*服装*西服女套装-V领	白+黑-L	件	10.00	106.20	1061.95	13%	138.05
25	*服装*西服女套装-立领	白+黑-S	件	5.00	106.19	530.97	13%	69.03
26	*服装*西服女套装-立领	白+黑-M	件	10.00	106.20	1061.95	13%	138.05
27	*服装*西服女套装-立领	白+黑-L	件	10.00	106.20	1061.95	13%	138.05
28	*服装*女衬衫-雪纺花边领	S	件	20.00	46.02	920.35	13%	119.65
29	*服装*女衬衫-雪纺花边领	M	件	20.00	46.02	920.35	13%	119.65
30	*服装*女衬衫-雪纺花边领	L	件	20.00	46.02	920.35	13%	119.65
31	*服装*女衬衫-拼接领	S	件	20.00	46.02	920.35	13%	119.65
32	*服装*女衬衫-拼接领	M	件	20.00	46.02	920.35	13%	119.65
33	*服装*女衬衫-拼接领	L	件	20.00	46.02	920.35	13%	119.65
34	*服装*女衬衫-OL翻领	S	件	20.00	46.02	920.35	13%	119.65
35	*服装*女衬衫-OL翻领	M	件	20.00	46.02	920.35	13%	119.65
36	*服装*女衬衫-OL翻领	L	件	20.00	46.02	920.35	13%	119.65
						27752.15		3607.85
备注								

九州华问服装有限公司 91660188739510178P 发票专用章

销货单位（章）：　　开票日期　2019年12月14日　　　　国家税务总局印制

教学票样

增值税应税货物或劳务销货清单

购货单位名称： 江西莎莎服饰有限公司

销货单位名称： 九州华问服装有限公司

所属增值税专用发票代码： 1100188130　　**号码：** 01039021　　**共** 1 **页**　**第** 1 **页**

序号	货物（劳务）名称	规格型号	单位	数　量	单　价	金　额	税率	税　额
1	*服装*劳保工作服套装	艳蓝/160	件	10.00	49.56	495.58	13%	64.42
2	*服装*劳保工作服套装	艳蓝/165	件	10.00	49.56	495.58	13%	64.42
3	*服装*劳保工作服套装	艳蓝/170	件	10.00	53.10	530.97	13%	69.03
4	*服装*劳保工作服套装	艳蓝/175	件	10.00	53.10	530.97	13%	69.03
5	*服装*劳保工作服套装	艳蓝/180	件	10.00	53.10	530.97	13%	69.03
6	*服装*劳保工作服套装	灰色/160	件	10.00	49.56	495.58	13%	64.42
7	*服装*劳保工作服套装	灰色/165	件	10.00	49.56	495.58	13%	64.42
8	*服装*劳保工作服套装	灰色/170	件	10.00	53.10	530.97	13%	69.03
9	*服装*劳保工作服套装	灰色/175	件	10.00	53.10	530.97	13%	69.03
10	*服装*劳保工作服套装	灰色/180	件	10.00	53.10	530.97	13%	69.03
11	*服装*户外运动衫	迷彩/均码	件	30.00	10.62	318.58	13%	41.42
12	*服装*文化衫	均码	件	30.00	10.62	318.58	13%	41.42
13	*服装*加厚军大衣	均码	件	20.00	60.18	1203.54	13%	156.46
14	*服装*西服男套装	黑色-S	件	10.00	141.59	1415.93	13%	184.07
15	*服装*西服男套装	黑色-M	件	10.00	141.59	1415.93	13%	184.07
16	*服装*西服男套装	黑色-L	件	10.00	141.59	1415.93	13%	184.07
17	*服装*西服男套装	黑色-XL	件	10.00	141.59	1415.93	13%	184.07
18	*服装*西服男套装	黑色-XXL	件	10.00	141.59	1415.93	13%	184.07
19	*服装*西服女套装-西装领	白+黑-S	件	5.00	106.19	530.97	13%	69.03
20	*服装*西服女套装-西装领	白+黑-M	件	5.00	106.19	530.97	13%	69.03
21	*服装*西服女套装-西装领	白+黑-L	件	5.00	106.19	530.97	13%	69.03
22	*服装*西服女套装-V领	白+黑-S	件	5.00	106.19	530.97	13%	69.03
23	*服装*西服女套装-V领	白+黑-M	件	5.00	106.19	530.97	13%	69.03
24	*服装*西服女套装-V领	白+黑-L	件	5.00	106.19	530.97	13%	69.03
25	*服装*西服女套装-立领	白+黑-S	件	5.00	106.19	530.97	13%	69.03
26	*服装*西服女套装-立领	白+黑-M	件	5.00	106.19	530.97	13%	69.03
27	*服装*西服女套装-立领	白+黑-L	件	5.00	106.19	530.97	13%	69.03
28	*服装*女衬衫-雪纺花边领	S	件	20.00	46.02	920.35	13%	119.65
29	*服装*女衬衫-雪纺花边领	M	件	20.00	46.02	920.35	13%	119.65
30	*服装*女衬衫-雪纺花边领	L	件	20.00	46.02	920.35	13%	119.65
31	*服装*女衬衫-拼接领	S	件	20.00	46.02	920.35	13%	119.65
32	*服装*女衬衫-拼接领	M	件	20.00	46.02	920.35	13%	119.65
33	*服装*女衬衫-拼接领	L	件	20.00	46.02	920.35	13%	119.65
34	*服装*女衬衫-OL翻领	S	件	20.00	46.02	920.35	13%	119.65
35	*服装*女衬衫-OL翻领	M	件	20.00	46.02	920.35	13%	119.65
36	*服装*女衬衫-OL翻领	L	件	20.00	46.02	920.35	13%	119.65
						27150.37		3529.63
备注								

九州华问服装有限公司
91660188739510178P
发票专用章

销货单位（章）：　　**开票日期** 2019年12月19日　　**国家税务总局印制**

教学票样

增值税应税货物或劳务销货清单

购货单位名称： 浙江美琳服装有限公司

销货单位名称： 九州华问服装有限公司

所属增值税专用发票代码： 1100188130　　**号码：** 01039022　　**共** 1 **页**　**第** 1 **页**

序号	货物（劳务）名称	规格型号	单位	数量	单价	金额	税率	税额
1	*服装*劳保工作服套装	艳蓝/160	件	15.00	49.56	743.36	13%	96.64
2	*服装*劳保工作服套装	艳蓝/165	件	15.00	49.56	743.36	13%	96.64
3	*服装*劳保工作服套装	艳蓝/170	件	20.00	53.10	1061.95	13%	138.05
4	*服装*劳保工作服套装	艳蓝/175	件	20.00	53.10	1061.95	13%	138.05
5	*服装*劳保工作服套装	艳蓝/180	件	15.00	53.10	796.46	13%	103.54
6	*服装*劳保工作服套装	灰色/160	件	15.00	49.56	743.36	13%	96.64
7	*服装*劳保工作服套装	灰色/165	件	15.00	49.56	743.36	13%	96.64
8	*服装*劳保工作服套装	灰色/170	件	20.00	53.10	1061.95	13%	138.05
9	*服装*劳保工作服套装	灰色/175	件	20.00	53.10	1061.95	13%	138.05
10	*服装*劳保工作服套装	灰色/180	件	15.00	53.10	796.46	13%	103.54
11	*服装*户外运动衫	迷彩/均码	件	35.00	10.62	371.68	13%	48.32
12	*服装*文化衫	均码	件	35.00	10.62	371.68	13%	48.32
13	*服装*加厚军大衣	均码	件	15.00	60.18	902.65	13%	117.35
14	*服装*西服男套装	黑色-S	件	11.00	141.59	1557.52	13%	202.48
15	*服装*西服男套装	黑色-M	件	11.00	141.59	1557.52	13%	202.48
16	*服装*西服男套装	黑色-L	件	11.00	141.59	1557.52	13%	202.48
17	*服装*西服男套装	黑色-XL	件	11.00	141.59	1557.52	13%	202.48
18	*服装*西服男套装	黑色-XXL	件	11.00	141.59	1557.52	13%	202.48
19	*服装*西服女套装-西装领	白+黑-S	件	10.00	106.20	1061.95	13%	138.05
20	*服装*西服女套装-西装领	白+黑-M	件	10.00	106.20	1061.95	13%	138.05
21	*服装*西服女套装-西装领	白+黑-L	件	10.00	106.20	1061.95	13%	138.05
22	*服装*西服女套装-V领	白+黑-S	件	10.00	106.20	1061.95	13%	138.05
23	*服装*西服女套装-V领	白+黑-M	件	10.00	106.20	1061.95	13%	138.05
24	*服装*西服女套装-V领	白+黑-L	件	10.00	106.20	1061.95	13%	138.05
25	*服装*西服女套装-立领	白+黑-S	件	10.00	106.20	1061.95	13%	138.05
26	*服装*西服女套装-立领	白+黑-M	件	10.00	106.20	1061.95	13%	138.05
27	*服装*西服女套装-立领	白+黑-L	件	10.00	106.20	1061.95	13%	138.05
28	*服装*女衬衫-雪纺花边领	S	件	20.00	46.02	920.35	13%	119.65
29	*服装*女衬衫-雪纺花边领	M	件	20.00	46.02	920.35	13%	119.65
30	*服装*女衬衫-雪纺花边领	L	件	20.00	46.02	920.35	13%	119.65
31	*服装*女衬衫-拼接领	S	件	20.00	46.02	920.35	13%	119.65
32	*服装*女衬衫-拼接领	M	件	20.00	46.02	920.35	13%	119.65
33	*服装*女衬衫-拼接领	L	件	20.00	46.02	920.35	13%	119.65
34	*服装*女衬衫-OL翻领	S	件	20.00	46.02	920.35	13%	119.65
35	*服装*女衬衫-OL翻领	M	件	20.00	46.02	920.35	13%	119.65
36	*服装*女衬衫-OL翻领	L	件	20.00	46.02	920.35	13%	119.65
						36088.47		4691.53
备注								

九州华问服装有限公司
91660188739510178P
发票专用章

销货单位（章）：　　**开票日期** 2019年12月23日　　**国家税务总局印制**

教学票样

九州华问服装有限公司

采购入库单

入库单号：818121001　　入库日期：2019-12-01　　入库类型：采购入库　　部　门：采购部

供应商名称：浙江琪琪服装厂　　仓库名称：总仓　　备　注：

发票号码	编　码	存货名称	尺码	颜色	单位	数　量	不含税价	金　　额
	101001	劳保工作服套装	160	艳蓝	件	200.00	30.97	6,194.00
	101002	劳保工作服套装	165	艳蓝	件	300.00	30.97	9,291.00
	101003	劳保工作服套装	170	艳蓝	件	300.00	33.63	10,089.00
	101004	劳保工作服套装	175	艳蓝	件	300.00	33.63	10,089.00
	101005	劳保工作服套装	180	艳蓝	件	200.00	33.63	6,726.00
	102001	劳保工作服套装	160	灰色	件	300.00	30.97	9,291.00
	102002	劳保工作服套装	165	灰色	件	300.00	30.97	9,291.00
	102003	劳保工作服套装	170	灰色	件	300.00	33.63	10,089.00
	102004	劳保工作服套装	175	灰色	件	300.00	33.63	10,089.00
	102005	劳保工作服套装	180	灰色	件	200.00	33.63	6,726.00
	103001	户外运动衫	均码	迷彩	件	1,500.00	5.31	7,965.00
	104001	文化衫	均码		件	1,500.00	5.31	7,965.00
	105001	加厚军大衣	均码		件	200.00	38.05	7,610.00
合　计						5,900.00		111,415.00

九州华问服装有限公司 收发专用章

记　账：　　复　核：彭佳　　仓库保管：陈越　　采购员：胡平

教学票样

九州华问服装有限公司

采购入库单

入库单号：818121002　　入库日期：2019-12-03　　入库类型：采购入库　　部　门：采购部

供应商名称：深圳美资服装有限公司　　仓库名称：总仓　　备　注：

发票号码	编　码	存货名称	尺码	颜色	单位	数　量	不含税价	金　额
	106001	西服男套装-西装领	S	黑色	件	50.00	88.50	4,425.00
	106002	西服男套装-西装领	M	黑色	件	80.00	88.50	7,080.00
	106003	西服男套装-西装领	L	黑色	件	80.00	88.50	7,080.00
	106004	西服男套装-西装领	XL	黑色	件	80.00	88.50	7,080.00
	106005	西服男套装-西装领	XXL	黑色	件	50.00	88.50	4,425.00
	107001	西服女套装-西装领	S	白+黑	件	200.00	57.52	11,504.00
	107002	西服女套装-西装领	M	白+黑	件	200.00	57.52	11,504.00
	107003	西服女套装-西装领	L	白+黑	件	200.00	57.52	11,504.00
	108001	西服女套装-V领	S	白+黑	件	200.00	57.52	11,504.00
	108002	西服女套装-V领	M	白+黑	件	200.00	57.52	11,504.00
	108003	西服女套装-V领	L	白+黑	件	200.00	57.52	11,504.00
	109001	西服女套装-立领	S	白+黑	件	150.00	57.52	8,628.00
	109002	西服女套装-立领	M	白+黑	件	150.00	57.52	8,628.00
	109003	西服女套装-立领	L	白+黑	件	150.00	57.52	8,628.00
合　计						1,990.00		124,998.00

九州华问服装有限公司 收发专用章

记　账：　　复　核：彭佳　　仓库保管：陈越　　采购员：胡平

教学票样

九州华问服装有限公司

采购入库单

入库单号：818121003　入库日期：2019-12-05　入库类型：采购入库　部　门：采购部

供应商名称：广东天语服装有限公司　仓库名称：总仓　备　注：

发票号码	编　码	存货名称	尺码	颜色	单位	数　量	不含税价	金　额
	110001	女衬衫-雪纺花边领	S	白+黑	件	200.00	28.32	5,664.00
	110002	女衬衫-雪纺花边领	M	白+黑	件	200.00	28.32	5,664.00
	110003	女衬衫-雪纺花边领	L	白+黑	件	200.00	28.32	5,664.00
	111001	女衬衫-拼接领	S	白+黑	件	200.00	28.32	5,664.00
	111002	女衬衫-拼接领	M	白+黑	件	200.00	28.32	5,664.00
	111003	女衬衫-拼接领	L	白+黑	件	200.00	28.32	5,664.00
	112001	女衬衫-OL翻领	S	白+黑	件	200.00	28.32	5,664.00
	112002	女衬衫-OL翻领	M	白+黑	件	200.00	28.32	5,664.00
	112003	女衬衫-OL翻领	L	白+黑	件	200.00	28.32	5,664.00
合　计						1,800.00		50,976.00

九州华问服装有限公司 收发专用章

记　账：　复　核：彭佳　仓库保管：陈越　采购员：胡平

教学票样

中华人民共和国
税收通用缴款书

（国家税务总局 税收 票样监制章）

隶属关系：区属　　　　（20092）九州缴电 12868243 号

注册类型：其他责任有限公司　填发日期：2019 年 12 月 14 日　　征收机关：九州市朝北区税务局

缴款单位（人） 代码	16041628		预算科目 编码	101111000	
全称	九州华问服装有限公司		名称	增值税	
开户银行	华夏银行南京路分理处		级次	区级	
账号	428805919666227		收款国库	九州市朝北区支库	
税款所属时期	2019年11月01日至30日		税款限缴时期	年　月　日	
品目名称	课税数量	计税金额或销售收入	税率或单位税额	已缴或扣除额	实缴金额
增值税					9,264.96
金额合计	（大写）玖仟贰佰陆拾肆圆玖角陆分				¥9,264.96
缴款单位（人）（盖章） 经办人（章）	税务机关（盖章） 填票人（章）	上列款项已收妥并划转收款单位账户。 国库（银行）盖章　年　月　日		备注：	

无银行收旋章无效

逾期不缴按税法规定加收滞纳金。

第一联（收据）国库（银行）收款盖章后退缴款单位（人）作完税凭证

（印章：九州华问服装有限公司财务专用章；九州市朝北区税务局征税专用章（26））

教学票样

华夏银行 HUAXIA BANK

华夏银行电子缴税付款凭证

转账日期： 2019 年 12 月 14 日　　　　凭证字号：02586475

纳税人全称及纳税人识别号：九州华问服装有限公司　91660188739510178P

付款人全称：九州华问服装有限公司

付款人账号：428805919666227　　　　征收机关名称：九州市朝北区税务局

付款人开户银行：华夏银行南京路分理处　　　　收款国库（银行）名称：九州市朝北区支库

小写（合计）金额：9,264.96　　　　缴款书交易流水号：2019121437428132

大写（合计）金额：玖仟贰佰陆拾肆圆玖角陆分　　　　税票号码：2019121402347694l2

税（费）种名称	所属日期	实缴金额
增值税	20191101-20191130	9,264.96

第 1 次打印

华夏银行 南京路分理处 2019.12.14 业务受理章 21

2019.12.14/10:30:30

ETIPDD1

打印时间：

会计流水号：　　　　复核：　　　　记账：

第二联　作付款回单（无银行收讫章无效）

教学票样

中华人民共和国
税收通用缴款书

隶属关系：区属　　　　（20092）九州缴电 12868244 号

注册类型：其他责任有限公司　填发日期：2019 年 12 月 14 日　征收机关：九州市朝北区税务局

缴款单位（人）	代码	16041628	预算科目	编码	101111000
	全称	九州华问服装有限公司		名称	税金及附加
	开户银行	华夏银行南京路分理处		级次	区级
	账号	428805919666227	收款国库		九州市朝北区支库

税款所属时期　2019年11月01日至30日　　税款限缴时期　年　月　日

品目名称	课税数量	计税金额或销售收入	税率或单位税额	已缴或扣除额	实缴金额
城市维护建设税		9,264.96	7%		648.55
教育费附加		9,264.96	3%		277.95
地方教育附加		9,264.96	2%		185.30
个人所得税					365.82
金额合计	（大写）壹仟肆佰柒拾柒圆陆角贰分				￥1,477.62

缴款单位（人）（盖章）经办人（章）	税务机关（盖章）填票人（章）	上列款项已收妥并划转收款单位账户。国库（银行）盖章　年　月　日	备注：

无银行收讫章无效

逾期不缴按税法规定加收滞纳金。

第一联（收据）国库（银行）收款盖章后退缴款单位（人）作完税凭证

国家税务总局 税收 票样监制章

九州市朝北区税务局 (26) 征税专用章

九州华问服装有限公司 财务专用章

教学票样

华夏银行 HUAXIA BANK

华夏银行电子缴税付款凭证

转账日期： 2019 年 12 月 14 日　　　　凭证字号：02586476

纳税人全称及纳税人识别号：九州华问服装有限公司　91660188739510178P

付款人全称：九州华问服装有限公司

付款人账号：428805919666227　　　　征收机关名称：九州市朝北区税务局

付款人开户银行：华夏银行南京路分理处　　　　收款国库（银行）名称：九州市朝北区支库

小写（合计）金额：1,477.62　　　　缴款书交易流水号：2019121437428182

大写（合计）金额：壹仟肆佰柒拾柒圆陆角贰分　　　　税票号码：201912140234769434

税（费）种名称	所属日期	实缴金额
城市维护建设税	20191101-20191130	648.55
教育费附加	20191101-20191130	277.95
地方教育附加	20191101-20191130	185.30
个人所得税	20191101-20191130	365.82

华夏银行 南京路分理处 2019.12.14 业务受理章 21

第 1 次打印　　　　2019.12.14/10:35:50 ETIPDD1

打印时间：

会计流水号：　　　　复核：　　　　记账：

第二联 作付款回单（无银行收讫章无效）

教学票样

调拨单

单据编号：AL-2019-12-0001

业务类型：同价调拨　　调出仓库：总仓　　调入仓库：分仓1店　　单据日期：2019-12-05

序号	存货编码	存货名称	规格型号	计量单位	数量	调出金额
1	107001	西服女套装-西装领	白+黑-S	件	30.00	
2	107002	西服女套装-西装领	白+黑-M	件	30.00	
3	107003	西服女套装-西装领	白+黑-L	件	30.00	
4	108001	西服女套装-V领	白+黑-S	件	30.00	
5	108002	西服女套装-V领	白+黑-M	件	30.00	
6	108003	西服女套装-V领	白+黑-L	件	30.00	
7	109001	西服女套装-立领	白+黑-S	件	30.00	
8	109002	西服女套装-立领	白+黑-M	件	30.00	
9	109003	西服女套装-立领	白+黑-L	件	30.00	
10	103001	户外运动衫	迷彩-均码	件	100.00	
11	104001	文化衫	均码	件	100.00	
12	110001	女衬衫-雪纺花边领	S	件	30.00	
13	110002	女衬衫-雪纺花边领	M	件	30.00	
14	110003	女衬衫-雪纺花边领	L	件	30.00	
15	111001	女衬衫-拼接领	S	件	30.00	
16	111002	女衬衫-拼接领	M	件	30.00	
17	111003	女衬衫-拼接领	L	件	30.00	
18	112001	女衬衫-OL翻领	S	件	30.00	
19	112002	女衬衫-OL翻领	M	件	30.00	
20	112003	女衬衫-OL翻领	L	件	30.00	
合计					740.00	

制单人：陈越　　　　审核人：赵巧

教学票样

调拨单

单据编号：AL-2019-12-0002

业务类型：同价调拨　调出仓库：总仓　调入仓库：分仓2店　单据日期：2019-12-05

序号	存货编码	存货名称	规格型号	计量单位	数量	调出金额
1	103001	户外运动衫	迷彩-均码	件	100.00	
2	104001	文化衫	均码	件	300.00	
3	107001	西服女套装-西装领	白+黑-S	件	30.00	
4	107002	西服女套装-西装领	白+黑-M	件	30.00	
5	107003	西服女套装-西装领	白+黑-L	件	30.00	
6	108001	西服女套装-V领	白+黑-S	件	30.00	
7	108002	西服女套装-V领	白+黑-M	件	30.00	
8	108003	西服女套装-V领	白+黑-L	件	30.00	
9	109001	西服女套装-立领	白+黑-S	件	30.00	
10	109002	西服女套装-立领	白+黑-M	件	30.00	
11	109003	西服女套装-立领	白+黑-L	件	30.00	
12	110001	女衬衫-雪纺花边领	S	件	30.00	
13	110002	女衬衫-雪纺花边领	M	件	30.00	
14	110003	女衬衫-雪纺花边领	L	件	30.00	
15	111001	女衬衫-拼接领	S	件	30.00	
16	111002	女衬衫-拼接领	M	件	30.00	
17	111003	女衬衫-拼接领	L	件	30.00	
18	112001	女衬衫-OL翻领	S	件	30.00	
19	112002	女衬衫-OL翻领	M	件	30.00	
20	112003	女衬衫-OL翻领	L	件	30.00	
合计					940.00	

制单人：陈越　　审核人：赵巧

教学票样

调拨单

单据编号：AL-2019-12-0003

业务类型：同价调拨　　调出仓库：总仓　　调入仓库：分仓1店　　单据日期：2019-12-14

序号	存货编码	存货名称	规格型号	计量单位	数量	调出金额
1	103001	户外运动衫	迷彩-均码	件	300.00	
2	104001	文化衫	均码	件	400.00	
3	107002	西服女套装-西装领	白+黑-M	件	30.00	
合计					730.00	

制单人：陈越　　　　审核人：赵巧

教学票样

调拨单

单据编号：AL-2019-12-0004

业务类型：同价调拨　　调出仓库：总仓　　调入仓库：分仓2店　　单据日期：2019-12-14

序号	存货编码	存货名称	规格型号	计量单位	数量	调出金额
1	103001	户外运动衫	迷彩-均码	件	200.00	
2	107002	西服女套装-西装领	白+黑-M	件	30.00	
3	111002	女衬衫-拼接领	M	件	15.00	
合计					245.00	

制单人：陈越　　　　审核人：赵巧

教学票样

费用报销单

填报日期：2019年 12 月 01 日　　　　单据及附件共 1 张

姓名	李丽	所属部门	财务部	报销形式	现金报销
报销项目		摘要		金额	备注：
交通费		外出银行办理业务		28.00	
合		计		28.00	
金额大写：零拾零万零仟零佰贰拾捌元零角零分				原借款： 元	应退款： 元 应补款： 元

现金付讫

总经理：李佳华　　财务经理：陈明　　部门经理：　　报销人：李丽　　领款人：李丽

九州市国家税务局
通用机打发票
发票联

发票代码:
135201937205
发票号码:
27402028
发票查询网站: www.bp-n-tax.gov.cn
发票查询举报电话: 011-12366
北国税征字（2019）年1月印1012号
机打发票　手写无效[redacted]

单位	第三出租车
电话	86009766
车号	A-4F223
证号	32260166
日期	2019年12月01日
上车	09:48
[redacted]下车	10:00
单价	2.10元/公里
里程	11.90公里
等候	00:02.16
金额	27.99元
卡号	

九州市出租汽车 发票专用章

九州市光辉印刷有限公司

教学票样

教学票样

费用报销单

填报日期：2019 年 12 月 07 日　　　　单据及附件共 1 张

姓名	孙红	所属部门	行政部	报销形式	现金报销	
报销项目		摘要		金额		备注：
交通费		支付固定资产清理费用		60.00		
合计				60.00		
金额大写：零拾零万零仟零佰陆拾零元零角零分				原借款： 元		应退款： 元 应补款： 元

现金付讫

总经理：李佳华　　财务经理：陈明　　部门经理：　　报销人：孙红　　领款人：孙红

九州市国家税务局
通用机打发票
发票联

发票代码:
135201169863
发票号码:
36459132

发票查询网站：www.bp-n-tax.gov.cn
发票查询举报电话：011-12366
北国税征字（2018）年12月印1012号

机打发票 手写无效 [redacted]

单位	第三出租车
电话	86003942
车号	A-6F961
证号	32262347
日期	2019年12月07日
[redacted]上车	10:40
下车	13:05
单价	2.10元/公里
里程	28.57公里
等候	00:05.16
金额	60.00元
卡号	

九州市出租汽车
发票专用章

九州市光辉印刷有限公司

教学票样

教学票样

费用报销单

填报日期：2019年 12 月 16 日　　　　单据及附件共 1 张

姓名	程义	所属部门	销售部-零售	报销形式	现金报销	
报销项目		摘要		金额		备注：
汽车修理费		外出银行办理业务		40.00		
		现金付讫				
合		计		40.00		
金额大写：零拾零万零仟零佰肆拾零元零角零分				原借款：　　元		应退款：　　元 应补款：　　元

总经理：李佳华　　财务经理：陈明　　部门经理：　　报销人：程义　　领款人：程义

教学票样

1110018222018

九州增值税普通发票

发票联

№ 0415638

开票日期：2019-1

校验码 95578 32135 30090 45693

购买方	名　　称：九州华问服装有限公司 纳税人识别号：91660188739510178P 地址、电话：九州市南京中路168号 011-86668866 开户行及账号：华夏银行南京路分理处 428805 919666 227	密码区	>>17064*+3072571311818*9 76>1/<863>*19-*4<>615398 686231/731++82/*49>5782<

货物或应税劳务名称	规格型号	单位	数量	单价	金额	税率
*劳务*汽车修理费			1	38.83	38.83	3%
合　　计					¥ 38.83	

全国统一发票监制章 九州 国家税务总局监制

汽车修理有限

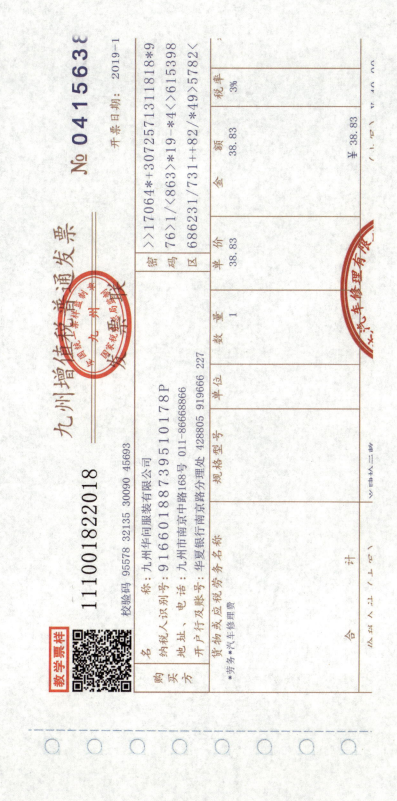

教学票样

华问服装商品销售单

第二联 记账

金额单位：元

单号：10-2019-12-00-0001　日期：2019-12-26　部门：电商部

客户：零售客户　收款方式：　仓库名称：总仓

商品编码	品名货号	规格	单价	数量	金额	扣率(%)	扣额	实收金额
104001	文化衫	均码	15.00	1.00	15.00	0.00	0.00	15.00

现金收讫

合计　总金额：15.00　总数量：1.00　总扣额：0.00　实收：15.00

记账：　复核：彭佳　仓库保管：陈越　销售员：王聪

教学票样

华问服装商品销售单

第二联 记账　　　　金额单位：元

单号：10-2019-12-00-0002　　日期：2019-12-28　　部门：电商部

客户：零售客户　　收款方式：　　仓库名称：总仓

商品编码	品名货号	规格	单价	数量	金额	扣率(%)	扣额	实收金额
104001	文化衫	均码	15.00	1.00	15.00	0.00	0.00	15.00

现金收讫

合计　　总金额：15.00　　总数量：1.00　　总扣额：0.00　　实收：15.00

记账：　　复核：彭佳　　仓库保管：陈越　　销售员：王聪

教学票样

华问服装商品销售单

第二联　记账　　　　金额单位：元

单号：10-2019-12-00-0003　　日期：2019-12-29　　部门：电商部

客户：零售客户　　收款方式：　　仓库名称：总仓

商品编码	品名货号	规格	单价	数量	金额	扣率(%)	扣额	实收金额
104001	文化衫	均码	15.00	1.00	15.00	0.00	0.00	15.00

现金收讫

合计　　总金额：15.00　　总数量：1.00　　总扣额：0.00　　实收：15.00

记账：　　复核：彭佳　　仓库保管：陈越　　销售员：王聪

固定资产折旧清单

类别	固定资产名称	规格	原值	购置日期	数量	折旧年限	残值率	月折旧率	月折旧额	上月累计	累计折旧	使用部门
电子设备												
电子设备												
电子设备												
电子设备												
房屋及建筑物												
运输设备												
合计												

教学票样

No 0101-19120101

华问服装商品销售单

第二联 记账

金额单位：元

店名：分店1　　日期：2019/12/01　　时间：09:16:45

班次：VIP卡：0000001　　单号：0101-19120101　　营业员：赵琳

商品编码	品名货号	规格	单价	数量	金额	扣率	扣额	实收金额
101004	劳保工作服套装	艳蓝-175	75.00	6.00	450.00	91.30%	39.13	410.87
101003	劳保工作服套装	艳蓝-170	75.00	8.00	600.00	91.31%	52.17	547.83
102004	劳保工作服套装	灰色-175	75.00	8.00	600.00	91.31%	52.17	547.83
102003	劳保工作服套装	灰色-170	75.00	7.00	525.00	91.30%	45.65	479.35
103001	户外运动衫	迷彩-均码	15.00	15.00	225.00	91.30%	19.57	205.43
107002	西服女套装-西装领	白+黑-M	150.00	7.00	1050.00	91.30%	91.30	958.70
106003	西服男套装	黑色-L	200.00	1.00	200.00	91.31%	17.39	182.61
104001	文化衫	均码	15.00	12.00	180.00	91.31%	15.65	164.35
110002	女衬衫-雪纺花边领	M	65.00	5.00	325.00	91.30%	28.26	296.74
108002	西服女套装-V领	白+黑-M	150.00	2.00	300.00	91.30%	26.09	273.91
111001	女衬衫-拼接领	S	65.00	3.00	195.00	91.30%	16.97	178.03
107001	西服女套装-西装领	白+黑-S	150.00	5.00	750.00	91.30%	65.22	684.78
101002	劳保工作服套装	艳蓝-165	70.00	5.00	350.00	91.31%	30.43	319.57

付款方式	付款金额	单位
信用卡	5250.00	元

零售金额：5750.00　总数量：84　总扣额：500.00　实收：5250.00　舍零：0.00

收银员签章：　　盖收款章：

谢谢惠顾，欢迎再次光临！

教学票样

№ 0101-19120102

华问服装商品销售单

第二联 记账

金额单位：元

店名：分店1　　日期：2019/12/01　　时间：09:17:15

班次：　　单号：0101-19120102　　营业员：赵琳

商品编码	品名货号	规格	单价	数量	金额	扣率	扣额	实收金额
110002	女衬衫-雪纺花边领	M	65.00	1.00	65.00	90.57%	6.13	58.87
108001	西服女套装-V领	白+黑-S	150.00	1.00	150.00	90.57%	14.15	135.85
103001	户外运动衫	迷彩-均码	15.00	5.00	75.00	90.56%	7.08	67.92
111003	女衬衫-拼接领	L	65.00	1.00	65.00	90.57%	6.13	28.87
107001	西服女套装-西装领	白+黑-S	150.00	2.00	300.00	90.57%	28.30	271.70
108003	西服女套装-V领	白+黑-L	150.00	1.00	150.00	90.57%	14.15	135.85
112002	女衬衫-OL翻领	M	65.00	2.00	130.00	90.55%	12.28	117.72
107003	西服女套装-西装领	白+黑-L	150.00	3.00	450.00	90.57%	42.45	407.55
109002	西服女套装-立领	白+黑-M	150.00	1.00	150.00	90.57%	14.15	135.85
108002	西服女套装-V领	白+黑-M	150.00	2.00	300.00	90.57%	28.30	271.70
104001	文化衫	均码	15.00	6.00	90.00	90.57%	8.49	81.51
110003	女衬衫-雪纺花边领	L	65.00	1.00	65.00	90.57%	6.13	58.57
111001	女衬衫-拼接领	S	65.00	2.00	130.00	90.57%	12.26	117.74

付款方式	付款金额	单位
信用卡	1920.00	元

零售金额：2120.00　　总数量：28　　总扣额：200.00　　实收：1920.00　　舍零：0.00

收银员签章：　　盖收款章：

谢谢惠顾，欢迎再次光临！

教学票样

№ 0101-19120701

华问服装商品销售单 第二联 记账

金额单位：元

店名：分店1　　日期：2019/12/07　　时间：11:22:45

班次：　　单号：0101-19120701　　营业员：赵琳

商品编码	品名货号	规格	单价	数量	金额	扣率	扣额	实收金额
101004	劳保工作服套装	艳蓝-175	75.00	1.00	75.00	100.00%	0.00	75.00
110003	女衬衫-雪纺花边领	L	65.00	1.00	65.00	100.00%	0.00	65.00
110002	女衬衫-雪纺花边领	M	65.00	2.00	130.00	100.00%	0.00	130.00
104001	文化衫	均码	15.00	15.00	225.00	100.00%	0.00	225.00
103001	户外运动衫	迷彩-均码	15.00	6.00	90.00	100.00%	0.00	90.00
102004	劳保工作服套装	灰色-175	75.00	1.00	75.00	100.00%	0.00	75.00
110001	女衬衫-雪纺花边领	S	65.00	3.00	195.00	100.00%	0.00	195.00
101001	劳保工作服套装	艳蓝-160	70.00	1.00	70.00	100.00%	0.00	70.00
105001	加厚军大衣	均码	85.00	2.00	170.00	100.00%	0.00	170.00
108003	西服女套装-V领	白+黑-L	150.00	2.00	300.00	100.00%	0.00	300.00
112001	女衬衫-OL翻领	S	65.00	2.00	130.00	100.00%	0.00	130.00
107002	西服女套装-西装领	白+黑-M	150.00	2.00	300.00	100.00%	0.00	300.00
101003	劳保工作服套装	艳蓝-170	75.00	1.00	75.00	100.00%	0.00	75.00
102002	劳保工作服套装	灰色-165	70.00	2.00	140.00	100.00%	0.00	140.00
108002	西服女套装-V领	白+黑-M	150.00	1.00	150.00	100.00%	0.00	150.00
111002	女衬衫-拼接领	M	65.00	2.00	130.00	100.00%	0.00	130.00
112002	女衬衫-OL翻领	M	65.00	1.00	65.00	100.00%	0.00	65.00
108001	西服女套装-V领	白+黑-S	150.00	1.00	150.00	100.00%	0.00	150.00
107003	西服女套装-西装领	白+黑-L	150.00	1.00	150.00	100.00%	0.00	150.00

付款方式	付款金额	单位
信用卡	2685.00	元

零售金额：2685.00　总数量：47　总扣额：0.00　实收：2685.00　舍零：0.00

收银员签章：　　盖收款章：　　谢谢惠顾，欢迎再次光临！

教学票样

№ 0101-19120702

华问服装商品销售单

第二联 记账　　　　金额单位：元

店名：分店1　　日期：2019/12/07　　时间：13:12:05

班次：　　单号：0101-19120702　　营业员：赵琳

商品编码	品名货号	规格	单价	数量	金额	扣率	扣额	实收金额
104001	文化衫	均码	15.00	6.00	90.00	100.00%	0.00	90.00
101003	劳保工作服套装	艳蓝-170	75.00	1.00	75.00	100.00%	0.00	75.00
111001	女衬衫-拼接领	S	65.00	3.00	195.00	100.00%	0.00	195.00
112003	女衬衫-OL翻领	L	65.00	1.00	65.00	100.00%	0.00	65.00
103001	户外运动衫	迷彩-均码	15.00	10.00	150.00	100.00%	0.00	150.00
102002	劳保工作服套装	灰色-165	70.00	2.00	140.00	100.00%	0.00	140.00
108003	西服女套装-V领	白+黑-L	150.00	1.00	150.00	100.00%	0.00	150.00
108002	西服女套装-V领	白+黑-M	150.00	2.00	300.00	100.00%	0.00	300.00
107001	西服女套装-西装领	白+黑-S	150.00	1.00	150.00	100.00%	0.00	150.00
107002	西服女套装-西装领	白+黑-M	150.00	2.00	300.00	100.00%	0.00	300.00
110001	女衬衫-雪纺花边领	S	65.00	1.00	65.00	100.00%	0.00	65.00
109002	西服女套装-立领	白+黑-M	150.00	1.00	150.00	100.00%	0.00	150.00
111003	女衬衫-拼接领	L	65.00	4.00	260.00	100.00%	0.00	260.00

付款方式	付款金额	单位
现金	2090.00	元

零售金额：2090.00　总数量：35　总扣额：0.00　实收：2090.00　舍零：0.00

收银员签章：　　盖收款章：　　谢谢惠顾，欢迎再次光临！

教学票样

No 0101-19120801

华问服装商品销售单

第二联 记账

金额单位：元

店名：分店1　　日期：2019/12/08　　时间：09:10:41

班次：　　单号：0101-19120801　　营业员：赵琳

商品编码	品名货号	规格	单价	数量	金额	扣率	扣额	实收金额
102005	劳保工作服套装	灰色-180	75.00	3.00	225.00	100.00%	0.00	225.00
101002	劳保工作服套装	艳蓝-165	70.00	2.00	140.00	100.00%	0.00	140.00
103001	户外运动衫	迷彩-均码	15.00	8.00	120.00	100.00%	0.00	120.00
104001	文化衫	均码	15.00	15.00	225.00	100.00%	0.00	225.00
102004	劳保工作服套装	灰色-175	75.00	1.00	75.00	100.00%	0.00	75.00

付款方式	付款金额	单位
现金	785.00	元

零售金额：785.00　　总数量：29　　总扣额：0.00　　实收：785.00　　舍零：0.00

收银员签章：　　盖收款章：

谢谢惠顾，欢迎再次光临！

教学票样

No 0101-19120802

华问服装商品销售单

第二联 记账

金额单位：元

店名：分店1　　日期：2019/12/08　　时间：10:17:30

班次：　　单号：0101-19120802　　营业员：赵琳

商品编码	品名货号	规格	单价	数量	金额	扣率	扣额	实收金额
108003	西服女套装-V领	白+黑-L	150.00	1.00	150.00	92.00%	12.00	138.00
109002	西服女套装-立领	白+黑-M	150.00	2.00	300.00	92.00%	24.00	276.00
108001	西服女套装-V领	白+黑-S	150.00	3.00	450.00	92.00%	36.00	414.00
108002	西服女套装-V领	白+黑-M	150.00	2.00	300.00	92.00%	24.00	276.00
107002	西服女套装-西装领	白+黑-M	150.00	3.00	450.00	92.00%	36.00	414.00
110002	女衬衫-雪纺花边领	M	65.00	5.00	325.00	92.00%	26.00	299.00
111003	女衬衫-拼接领	L	65.00	1.00	65.00	92.00%	5.20	59.80
112001	女衬衫-OL翻领	S	65.00	3.00	195.00	92.00%	15.60	179.40
107003	西服女套装-西装领	白+黑-L	150.00	1.00	150.00	92.00%	12.00	138.00
107001	西服女套装-西装领	白+黑-S	150.00	1.00	150.00	92.00%	12.00	138.00
109003	西服女套装-立领	白+黑-L	150.00	2.00	300.00	92.00%	24.00	276.00
112003	女衬衫-OL翻领	L	65.00	3.00	195.00	92.00%	15.60	179.40
110001	女衬衫-雪纺花边领	S	65.00	3.00	195.00	92.00%	15.60	179.40
106002	西服男套装	黑色-M	200.00	1.00	200.00	92.00%	16.00	184.00
111002	女衬衫-拼接领	M	65.00	3.00	195.00	92.00%	15.60	179.40
110003	女衬衫-雪纺花边领	L	65.00	2.00	130.00	92.00%	10.40	119.60

付款方式	付款金额	单位
信用卡	3450.00	元

零售金额：3750.00　　总数量：36　　总扣额：300.00　　实收：3450.00　　舍零：0.00

收银员签章：　　盖收款章：　　谢谢惠顾，欢迎再次光临！

教学票样

No 0102-19120201

华问服装商品销售单 第二联 记账

金额单位：元

店名：分店1　　日期：2019/12/02　　时间：09:32:45

班次：　　单号：0102-19120201　　营业员：赵琳

商品编码	品名货号	规格	单价	数量	金额	扣率	扣额	实收金额
107003	西服女套装-西装领	白+黑-L	150.00	1.00	150.00	91.51%	12.73	137.27
101003	劳保工作服套装	艳蓝-170	75.00	2.00	150.00	91.51%	12.73	137.27
102003	劳保工作服套装	灰色-170	75.00	1.00	75.00	91.52%	6.36	68.64
104001	文化衫	均码	15.00	15.00	225.00	91.52%	19.09	205.91
111002	女衬衫-拼接领	M	65.00	1.00	65.00	91.51%	5.52	59.48
111003	女衬衫-拼接领	L	65.00	3.00	195.00	91.50%	16.57	178.43
103001	户外运动衫	迷彩-均码	15.00	18.00	270.00	91.51%	22.91	247.09
110002	女衬衫-雪纺花边领	M	65.00	3.00	195.00	91.51%	16.55	178.45
109001	西服女衬衫-立领	白+黑-S	150.00	2.00	300.00	91.51%	25.46	274.54
102001	劳保工作服套装	灰色-160	70.00	1.00	70.00	91.51%	5.94	64.06
108002	西服女套装-V领	白+黑-M	150.00	2.00	300.00	91.51%	25.46	274.54
109002	西服女套装-立领	白+黑-M	150.00	3.00	450.00	91.51%	38.19	411.81
108001	西服女套装-V领	白+黑-S	150.00	1.00	150.00	91.51%	12.73	137.27
107001	西服女套装-西装领	白+黑-S	150.00	2.00	300.00	91.51%	25.46	274.54
110001	女衬衫-雪纺花边领	S	65.00	2.00	130.00	91.52%	11.03	118.97
105001	加厚军大衣	均码	85.00	1.00	85.00	91.52%	7.21	77.79
102004	劳保工作服套装	灰色-175	75.00	1.00	75.00	91.52%	6.36	68.64
101001	劳保工作服套装	艳蓝-160	70.00	1.00	70.00	91.51%	5.94	64.06
107002	西服女套装-西装领	白+黑-M	150.00	1.00	150.00	91.51%	12.73	137.27
112002	女衬衫-OL翻领	M	65.00	2.00	130.00	91.52%	11.03	118.97

付款方式	付款金额	单位
现金	3235.00	元

零售金额：3535.00　　总数量：63　　总扣额：300.00　　实收：3235.00　　舍零：0.00

收银员签章：　　盖收款章：　　谢谢惠顾，欢迎再次光临！

教学票样

№ 0102-19120202

华问服装商品销售单

第二联 记账

金额单位：元

店名：分店1　　日期：2019/12/02　　时间：10:22:45

班次：　　单号：0102-19120202　　营业员：赵琳

商品编码	品名货号	规格	单价	数量	金额	扣率	扣额	实收金额
102002	劳保工作服套装	灰色-165	70.00	1.00	70.00	92.24%	5.43	64.57
107002	西服女套装-西装领	白+黑-M	150.00	1.00	150.00	92.25%	11.63	138.37
112001	女衬衫-OL翻领	S	65.00	1.00	65.00	92.25%	5.04	59.96
110001	女衬衫-雪纺花边领	S	65.00	3.00	195.00	92.25%	15.12	179.88
111002	女衬衫-拼接领	M	65.00	1.00	65.00	92.25%	5.04	59.96
107003	西服女套装-西装领	白+黑-L	150.00	2.00	300.00	92.25%	23.26	276.74
111003	女衬衫-拼接领	L	65.00	2.00	130.00	92.25%	10.08	119.92
102004	劳保工作服套装	灰色-175	75.00	1.00	75.00	92.25%	5.81	69.19
109003	西服女套装-立领	白+黑-L	150.00	1.00	150.00	92.25%	11.63	138.37
101002	劳保工作服套装	艳蓝-165	70.00	1.00	70.00	92.24%	5.43	64.57
110002	女衬衫-雪纺花边领	M	65.00	2.00	130.00	92.25%	10.08	119.92
101004	劳保工作服套装	艳蓝-175	75.00	2.00	150.00	92.25%	11.63	138.37
104001	文化衫	均码	15.00	15.00	225.00	92.25%	17.44	207.56
103001	户外运动衫	迷彩-均码	15.00	8.00	120.00	92.25%	9.30	110.70
111001	女衬衫-拼接领	S	65.00	1.00	65.00	92.25%	5.04	59.96
106002	西服男套装	黑色-M	200.00	1.00	200.00	92.25%	15.50	184.50
108002	西服女套装-V领	白+黑-M	150.00	1.00	150.00	92.25%	11.63	138.37
112003	女衬衫-OL翻领	L	65.00	1.00	65.00	92.28%	5.02	59.98
102003	劳保工作服套装	灰色-170	75.00	1.00	75.00	92.25%	5.81	69.19
110003	女衬衫-雪纺花边领	L	65.00	2.00	130.00	92.25%	10.08	119.92

付款方式	付款金额	单位
现金	2380.00	元

零售金额：2580.00　　总数量：48　　总扣额：200.00　　实收：2380.00　　舍零：0.00

收银员签章：　　盖收款章：　　谢谢惠顾，欢迎再次光临！

教学票样

№ 0102-19120301

华问服装商品销售单

第二联 记账　　金额单位：元

店名：分店1　　日期：2019/12/03　　时间：14:55:05

班次：　　单号：0102-19120301　　营业员：赵琳

商品编码	品名货号	规格	单价	数量	金额	扣率	扣额	实收金额
112001	女衬衫-OL翻领	S	65.00	2.00	130.00	100.00%	0.00	130.00
107002	西服女套装-西装领	白+黑-M	150.00	2.00	300.00	100.00%	0.00	300.00
101002	劳保工作服套装	艳蓝-165	70.00	2.00	140.00	100.00%	0.00	140.00
101001	劳保工作服套装	艳蓝-160	70.00	1.00	70.00	100.00%	0.00	70.00
107003	西服女套装-西装领	白+黑-L	150.00	3.00	450.00	100.00%	0.00	450.00
111001	女衬衫-拼接领	S	65.00	2.00	130.00	100.00%	0.00	130.00
102001	劳保工作服套装	灰色-160	70.00	1.00	70.00	100.00%	0.00	70.00
108003	西服女套装-V领	白+黑-L	150.00	1.00	150.00	100.00%	0.00	150.00
107001	西服女套装-西装领	白+黑-S	150.00	1.00	150.00	100.00%	0.00	150.00
104001	文化衫	均码	15.00	20.00	300.00	100.00%	0.00	300.00
102004	劳保工作服套装	灰色-175	75.00	1.00	75.00	100.00%	0.00	75.00
101004	劳保工作服套装	艳蓝-175	75.00	1.00	75.00	100.00%	0.00	75.00
101005	劳保工作服套装	艳蓝-180	75.00	1.00	75.00	100.00%	0.00	75.00
109001	西服女套装-立领	白+黑-S	150.00	1.00	150.00	100.00%	0.00	150.00
102005	劳保工作服套装	灰色-180	75.00	1.00	75.00	100.00%	0.00	75.00
102002	劳保工作服套装	灰色-165	70.00	2.00	140.00	100.00%	0.00	140.00
110001	女衬衫-雪纺花边领	S	65.00	3.00	195.00	100.00%	0.00	195.00
111003	女衬衫-拼接领	L	65.00	1.00	65.00	100.00%	0.00	65.00
109002	西服女套装-立领	白+黑-M	150.00	2.00	300.00	100.00%	0.00	300.00
103001	户外运动衫	迷彩-均码	15.00	10.00	150.00	100.00%	0.00	150.00
110002	女衬衫-雪纺花边领	M	65.00	3.00	195.00	100.00%	0.00	195.00
110003	女衬衫-雪纺花边领	L	65.00	1.00	65.00	100.00%	0.00	65.00
109003	西服女套装-立领	白+黑-L	150.00	2.00	300.00	100.00%	0.00	300.00
112003	女衬衫-OL翻领	L	65.00	1.00	65.00	100.00%	0.00	65.00

付款方式	付款金额	单位
信用卡	3815.00	元

零售金额：3815.00　　总数量：65　　总扣额：0.00　　实收：3815.00　　舍零：0.00

收银员签章：　　盖收款章：　　谢谢惠顾，欢迎再次光临！

教学票样

№ 0102-19120302

华问服装商品销售单

第二联 记账　　金额单位：元

店名：分店1　　日期：2019/12/03　　时间：15:40:00

班次：　　单号：0102-19120302　　营业员：赵琳

商品编码	品名货号	规格	单价	数量	金额	扣率	扣额	实收金额
105001	加厚军大衣	均码	85.00	1.00	85.00	100.00%	0.00	85.00
109001	西服女套装-立领	白+黑-S	150.00	2.00	300.00	100.00%	0.00	300.00
103001	户外运动衫	迷彩-均码	15.00	3.00	45.00	100.00%	0.00	45.00
102001	劳保工作服套装	灰色-160	70.00	1.00	70.00	100.00%	0.00	70.00
101003	劳保工作服套装	艳蓝-170	75.00	3.00	225.00	100.00%	0.00	225.00
101001	劳保工作服套装	艳蓝-160	70.00	1.00	70.00	100.00%	0.00	70.00
108001	西服女套装-V领	白+黑-S	150.00	1.00	150.00	100.00%	0.00	150.00
107002	西服女套装-西装领	白+黑-M	150.00	2.00	300.00	100.00%	0.00	300.00
108003	西服女套装-V领	白+黑-L	150.00	1.00	150.00	100.00%	0.00	150.00
109002	西服女套装-立领	白+黑-M	150.00	2.00	300.00	100.00%	0.00	300.00
104001	文化衫	均码	15.00	16.00	240.00	100.00%	0.00	240.00
112001	女衬衫-OL翻领	S	65.00	1.00	65.00	100.00%	0.00	65.00
110003	女衬衫-雪纺花边领	L	65.00	2.00	130.00	100.00%	0.00	130.00
110001	女衬衫-雪纺花边领	S	65.00	3.00	195.00	100.00%	0.00	195.00
111002	女衬衫-拼接领	M	65.00	1.00	65.00	100.00%	0.00	65.00
112003	女衬衫-OL翻领	L	65.00	2.00	130.00	100.00%	0.00	130.00
112002	女衬衫-OL翻领	M	65.00	2.00	130.00	100.00%	0.00	130.00
109003	西服女套装-立领	白+黑-L	150.00	3.00	450.00	100.00%	0.00	450.00
102003	劳保工作服套装	灰色-170	75.00	3.00	225.00	100.00%	0.00	225.00

付款方式	付款金额	单位
信用卡	3325.00	元

零售金额：3325.00　　总数量：50　　总扣额：0.00　　实收：3325.00　　舍零：0.00

收银员签章：　　盖收款章：　　谢谢惠顾，欢迎再次光临！

教学票样

No 0102-19120401

华问服装商品销售单 第二联 记账

金额单位：元

店名：分店1　　日期：2019/12/04　　时间：09:21:01

班次：　　单号：0102-19120401　　营业员：赵琳

商品编码	品名货号	规格	单价	数量	金额	扣率	扣额	实收金额
108001	西服女套装-V领	白+黑-S	150.00	1.00	150.00	100.00%	0.00	150.00
106001	西服男套装	黑色-S	200.00	1.00	200.00	100.00%	0.00	200.00
103001	户外运动衫	迷彩-均码	15.00	15.00	225.00	100.00%	0.00	225.00
110001	女衬衫-雪纺花边领	S	65.00	2.00	130.00	100.00%	0.00	130.00
101004	劳保工作服套装	艳蓝-175	75.00	3.00	225.00	100.00%	0.00	225.00
111001	女衬衫-拼接领	S	65.00	3.00	195.00	100.00%	0.00	195.00
105001	加厚军大衣	均码	65.00	1.00	85.00	100.00%	0.00	85.00
112002	女衬衫-OL翻领	M	65.00	2.00	130.00	100.00%	0.00	130.00
102005	劳保工作服套装	灰色-180	75.00	1.00	75.00	100.00%	0.00	75.00
102004	劳保工作服套装	灰色-175	75.00	3.00	225.00	100.00%	0.00	225.00
108003	西服女套装-V领	白+黑-L	150.00	1.00	150.00	100.00%	0.00	150.00
104001	文化衫	均码	15.00	16.00	240.00	100.00%	0.00	240.00
110002	女衬衫-雪纺花边领	M	65.00	4.00	260.00	100.00%	0.00	260.00

付款方式	付款金额	单位
信用卡	2290.00	元

零售金额：2290.00　　总数量：53　　总扣额：0.00　　实收：2290.00　　舍零：0.00

收银员签章：　　盖收款章：　　谢谢惠顾，欢迎再次光临！

教学票样

№ 0102-19120402

华问服装商品销售单

第二联 记账　　金额单位：元

店名：分店1　　日期：2019/12/04　　时间：14:15:01

班次：　　单号：0102-19120402　　营业员：赵琳

商品编码	品名货号	规格	单价	数量	金额	扣率	扣额	实收金额
101002	劳保工作服套装	艳蓝-165	70.00	1.00	70.00	100.00%	0.00	70.00
101003	劳保工作服套装	艳蓝-170	75.00	3.00	225.00	100.00%	0.00	225.00
104001	文化衫	均码	15.00	8.00	120.00	100.00%	0.00	120.00
102001	劳保工作服套装	灰色-160	70.00	1.00	70.00	100.00%	0.00	70.00
103001	户外运动衫	迷彩-均码	15.00	10.00	150.00	100.00%	0.00	150.00
102004	劳保工作服套装	灰色-175	75.00	2.00	150.00	100.00%	0.00	150.00

付款方式	付款金额	单位
现金	785.00	元

零售金额：785.00　　总数量：25　　总扣额：0.00　　实收：785.00　　舍零：0.00

收银员签章：　　盖收款章：　　谢谢惠顾，欢迎再次光临！

教学票样

№ 0102-19120403

华问服装商品销售单

第二联 记账

金额单位：元

店名：分店1　　日期：2019/12/04　　时间：15:09:12

班次：　　单号：0102-19120403　　营业员：赵琳

商品编码	品名货号	规格	单价	数量	金额	扣率	扣额	实收金额
112002	女衬衫-OL翻领	M	65.00	3.00	195.00	100.00%	0.00	195.00
110001	女衬衫-雪纺花边领	S	65.00	1.00	65.00	100.00%	0.00	65.00
110002	女衬衫-雪纺花边领	M	65.00	2.00	130.00	100.00%	0.00	130.00
107003	西服女套装-西装领	白+黑-L	150.00	1.00	150.00	100.00%	0.00	150.00
112003	女衬衫-OL翻领	L	65.00	1.00	65.00	100.00%	0.00	65.00
108002	西服女套装-V领	白+黑-M	150.00	1.00	150.00	100.00%	0.00	150.00
107001	西服女套装-西装领	白+黑-S	150.00	2.00	300.00	100.00%	0.00	300.00
111001	女衬衫-拼接领	S	65.00	1.00	65.00	100.00%	0.00	65.00
111003	女衬衫-拼接领	L	65.00	2.00	130.00	100.00%	0.00	130.00
109002	西服女套装-立领	白+黑-M	150.00	1.00	150.00	100.00%	0.00	150.00

付款方式	付款金额	单位
信用卡	1400.00	元

零售金额：1400.00　　总数量：15　　总扣额：0.00　　实收：1400.00　　舍零：0.00

收银员签章：　　盖收款章：　　谢谢惠顾，欢迎再次光临！

教学票样

No 0102-19120501

华问服装商品销售单

第二联 记账

金额单位：元

店名：分店1　　日期：2019/12/05　　时间：11:11:08

班次：　　单号：0102-19120501　　营业员：赵琳

商品编码	品名货号	规格	单价	数量	金额	扣率	扣额	实收金额
110001	女衬衫-雪纺花边领	S	65.00	1.00	65.00	100.00%	0.00	65.00
107001	西服女套装-西装领	白+黑-S	150.00	2.00	300.00	100.00%	0.00	300.00
110003	女衬衫-雪纺花边领	L	65.00	2.00	130.00	100.00%	0.00	130.00
102003	劳保工作服套装	灰色-170	75.00	5.00	375.00	100.00%	0.00	375.00
109002	西服女套装-立领	白+黑-M	150.00	3.00	450.00	100.00%	0.00	450.00
108002	西服女套装-V领	白+黑-M	150.00	2.00	300.00	100.00%	0.00	300.00
112003	女衬衫-OL翻领	L	65.00	1.00	65.00	100.00%	0.00	65.00
111002	女衬衫-拼接领	M	65.00	2.00	130.00	100.00%	0.00	130.00
103001	户外运动衫	迷彩-均码	15.00	5.00	75.00	100.00%	0.00	75.00
102001	劳保工作服套装	灰色-160	70.00	1.00	70.00	100.00%	0.00	70.00
101001	劳保工作服套装	艳蓝-160	70.00	1.00	70.00	100.00%	0.00	70.00
104001	文化衫	均码	15.00	8.00	120.00	100.00%	0.00	120.00

付款方式	付款金额	单位
信用卡	2150.00	元

零售金额：2150.00　　总数量：33　　总扣额：0.00　　实收：2150.00　　舍零：0.00

收银员签章：　　盖收款章：　　谢谢惠顾，欢迎再次光临！

教学票样

No 0102-19120502

华问服装商品销售单 第二联 记账

金额单位：元

店名：分店1　　日期：2019/12/05　　时间：13:01:08

班次：　　单号：0102-19120502　　营业员：赵琳

商品编码	品名货号	规格	单价	数量	金额	扣率	扣额	实收金额
102005	劳保工作服套装	灰色-180	75.00	1.00	75.00	100.00%	0.00	75.00
108002	西服女套装-V领	白+黑-M	150.00	2.00	300.00	100.00%	0.00	300.00
111002	女衬衫-拼接领	M	65.00	2.00	130.00	100.00%	0.00	130.00
109001	西服女套装-立领	白+黑-S	150.00	3.00	450.00	100.00%	0.00	450.00
106001	西服男套装	黑色-S	200.00	1.00	200.00	100.00%	0.00	200.00
109003	西服女套装-立领	白+黑-L	150.00	1.00	150.00	100.00%	0.00	150.00
110003	女衬衫-雪纺花边领	L	65.00	1.00	65.00	100.00%	0.00	65.00
101004	劳保工作服套装	艳蓝-175	75.00	2.00	150.00	100.00%	0.00	150.00
112001	女衬衫-OL翻领	S	65.00	1.00	65.00	100.00%	0.00	65.00
102003	劳保工作服套装	灰色-170	75.00	1.00	75.00	100.00%	0.00	75.00
107002	西服女套装-西装领	白+黑-M	150.00	2.00	300.00	100.00%	0.00	300.00
105001	加厚军大衣	均码	85.00	1.00	85.00	100.00%	0.00	85.00
101001	劳保工作服套装	艳蓝-160	70.00	1.00	70.00	100.00%	0.00	70.00

付款方式	付款金额	单位
现金	2115.00	元

零售金额：2115.00　　总数量：19　　总扣额：0.00　　实收：2115.00　　舍零：0.00

收银员签章：　　盖收款章：　　谢谢惠顾，欢迎再次光临！

教学票样

№ 0102-19120601

华问服装商品销售单

第二联 记账　　金额单位：元

店名：分店1　　日期：2019/12/06　　时间：14:15:45

班次：　　单号：0102-19120601　　营业员：赵琳

商品编码	品名货号	规格	单价	数量	金额	扣率	扣额	实收金额
108002	西服女套装-V领	白+黑-M	150.00	2.00	300.00	100.00%	0.00	300.00
112002	女衬衫-OL翻领	M	65.00	2.00	130.00	100.00%	0.00	130.00
102003	劳保工作服套装	灰色-170	75.00	1.00	75.00	100.00%	0.00	75.00
106002	西服男套装	黑色-M	200.00	1.00	200.00	100.00%	0.00	200.00
109003	西服女套装-立领	白+黑-L	150.00	1.00	150.00	100.00%	0.00	150.00
112003	女衬衫-OL翻领	L	65.00	1.00	65.00	100.00%	0.00	65.00
101004	劳保工作服套装	艳蓝-175	75.00	1.00	75.00	100.00%	0.00	75.00
105001	加厚军大衣	均码	85.00	1.00	85.00	100.00%	0.00	85.00
101001	劳保工作服套装	艳蓝-160	70.00	1.00	70.00	100.00%	0.00	70.00
111003	女衬衫-拼接领	L	65.00	1.00	65.00	100.00%	0.00	65.00
103001	户外运动衫	迷彩-均码	15.00	3.00	45.00	100.00%	0.00	45.00
107003	西服女套装-西装领	白+黑-L	150.00	1.00	150.00	100.00%	0.00	150.00
111001	女衬衫-拼接领	S	65.00	3.00	195.00	100.00%	0.00	195.00
110001	女衬衫-雪纺花边领	S	65.00	2.00	130.00	100.00%	0.00	130.00
109001	西服女套装-立领	白+黑-S	150.00	1.00	150.00	100.00%	0.00	150.00
110002	女衬衫-雪纺花边领	M	65.00	5.00	325.00	100.00%	0.00	325.00
104001	文化衫	均码	15.00	2.00	30.00	100.00%	0.00	30.00
107002	西服女套装-西装领	白+黑-M	150.00	1.00	150.00	100.00%	0.00	150.00

付款方式	付款金额	单位
现金	2390.00	元

零售金额：2390.00　　总数量：30　　总扣额：0.00　　实收：2390.00　　舍零：0.00

收银员签章：　　盖收款章：　　谢谢惠顾，欢迎再次光临！

教学票样

No 0102-19120602

华问服装商品销售单

第二联 记账　　　　金额单位：元

店名：分店1　　　　日期：2019/12/06　　　　时间：14:20:15

班次：　　　　单号：0102-19120602　　　　营业员：赵琳

商品编码	品名货号	规格	单价	数量	金额	扣率	扣额	实收金额
103001	户外运动衫	迷彩-均码	15.00	8.00	120.00	100.00%	0.00	120.00
101005	劳保工作服套装	艳蓝-180	75.00	2.00	150.00	100.00%	0.00	150.00
111002	女衬衫-拼接领	M	65.00	4.00	260.00	100.00%	0.00	260.00
102004	劳保工作服套装	灰色-175	75.00	2.00	150.00	100.00%	0.00	150.00
104001	文化衫	均码	15.00	5.00	75.00	100.00%	0.00	75.00
109001	西服女套装-立领	白+黑-S	150.00	1.00	150.00	100.00%	0.00	150.00
107001	西服女套装-西装领	白+黑-S	150.00	2.00	300.00	100.00%	0.00	300.00
101002	劳保工作服套装	艳蓝-165	70.00	1.00	70.00	100.00%	0.00	70.00
110003	女衬衫-雪纺花边领	L	65.00	3.00	195.00	100.00%	0.00	195.00
101003	劳保工作服套装	艳蓝-170	75.00	1.00	75.00	100.00%	0.00	75.00
109003	西服女套装-立领	白+黑-L	150.00	1.00	150.00	100.00%	0.00	150.00
112002	女衬衫-OL翻领	M	65.00	1.00	65.00	100.00%	0.00	65.00
102002	劳保工作服套装	灰色-165	70.00	1.00	70.00	100.00%	0.00	70.00
108001	西服女套装-V领	白+黑-S	150.00	2.00	300.00	100.00%	0.00	300.00

付款方式	付款金额	单位
现金	2130.00	元

零售金额：2130.00　　总数量：34　　总扣额：0.00　　实收：2130.00　　舍零：0.00

收银员签章：　　　　盖收款章：　　　　谢谢惠顾，欢迎再次光临！

教学票样

№ 0102-19120901

华问服装商品销售单

第二联 记账

金额单位：元

店名：分店1　　日期：2019/12/09　　时间：12:58:00

班次：　　单号：0102-19120901　　营业员：赵琳

商品编码	品名货号	规格	单价	数量	金额	扣率	扣额	实收金额
102005	劳保工作服套装	灰色-180	75.00	1.00	75.00	100.00%	0.00	75.00
104001	文化衫	均码	15.00	12.00	180.00	100.00%	0.00	180.00
102002	劳保工作服套装	灰色-165	70.00	1.00	70.00	100.00%	0.00	70.00
101002	劳保工作服套装	艳蓝-165	70.00	1.00	70.00	100.00%	0.00	70.00
101001	劳保工作服套装	艳蓝-160	70.00	1.00	70.00	100.00%	0.00	70.00
103001	户外运动衫	迷彩-均码	15.00	5.00	75.00	100.00%	0.00	75.00
102001	劳保工作服套装	灰色-160	70.00	1.00	70.00	100.00%	0.00	70.00

付款方式	付款金额	单位
现金	610.00	元

零售金额：610.00　　总数量：22　　总扣额：0.00　　实收：610.00　　舍零：0.00

收银员签章：　　盖收款章：　　谢谢惠顾，欢迎再次光临！

教学票样

No 0102-19120902

华问服装商品销售单

第二联 记账

金额单位：元

店名：分店1　　日期：2019/12/09　　时间：14:08:50

班次：　　单号：0102-19120902　　营业员：赵琳

商品编码	品名货号	规格	单价	数量	金额	扣率	扣额	实收金额
106002	西服男套装	黑色-M	200.00	2.00	400.00	90.85%	36.61	363.39
109002	西服女套装-立领	白+黑-M	150.00	2.00	300.00	90.85%	27.46	272.54
106004	西服男套装	黑色-XL	200.00	1.00	200.00	90.85%	18.31	181.69
105001	加厚军大衣	均码	85.00	1.00	85.00	90.85%	7.78	77.22
107003	西服女套装-西装领	白+黑-L	150.00	1.00	150.00	90.85%	13.73	136.27
108002	西服女套装-V领	白+黑-M	150.00	2.00	300.00	90.85%	27.46	272.54
107002	西服女套装-西装领	白+黑-M	150.00	1.00	150.00	90.85%	13.73	136.27
108003	西服女套装-V领	白+黑-L	150.00	1.00	150.00	90.85%	13.73	136.27
108001	西服女套装-V领	白+黑-S	150.00	2.00	300.00	90.85%	27.46	272.54
107001	西服女套装-西装领	白+黑-S	150.00	1.00	150.00	90.85%	13.73	136.27

付款方式	付款金额	单位
信用卡	1985.00	元

零售金额：2185.00　　总数量：14　　总扣额：200.00　　实收：1985.00　　舍零：0.00

收银员签章：　　盖收款章：　　谢谢惠顾，欢迎再次光临！

教学票样

№ 0102-19120903

华问服装商品销售单

第二联 记账

金额单位：元

店名：分店1　　日期：2019/12/09　　时间：14:30:30

班次：　　单号：0102-19120903　　营业员：赵琳

商品编码	品名货号	规格	单价	数量	金额	扣率	扣额	实收金额
110002	女衬衫-雪纺花边领	M	65.00	5.00	325.00	93.31%	21.74	303.26
112003	女衬衫-OL翻领	L	65.00	3.00	195.00	93.31%	13.04	181.96
112002	女衬衫-OL翻领	M	65.00	4.00	260.00	93.31%	17.39	242.61
110003	女衬衫-雪纺花边领	L	65.00	1.00	65.00	93.31%	4.35	60.65
110001	女衬衫-雪纺花边领	S	65.00	4.00	260.00	93.31%	17.39	242.61
111003	女衬衫-拼接领	L	65.00	1.00	65.00	93.31%	4.35	60.65
111001	女衬衫-拼接领	S	65.00	2.00	130.00	93.31%	8.70	121.30
111002	女衬衫-拼接领	M	65.00	3.00	195.00	93.31%	13.04	181.96

付款方式	付款金额	单位
信用卡	1395.00	元

零售金额：1495.00　总数量：23　总扣额：100.00　实收：1395.00　舍零：0.00

收银员签章：　　盖收款章：　　谢谢惠顾，欢迎再次光临！

教学票样

No 0102-19121001

华问服装商品销售单

第二联 记账

金额单位：元

店名：分店1　　日期：2019/12/10　　时间：10:31:15

班次：　　单号：0102-19121001　　营业员：赵琳

商品编码	品名货号	规格	单价	数量	金额	扣率	扣额	实收金额
101004	劳保工作服套装	艳蓝-175	75.00	1.00	75.00	100.00%	0.00	75.00
104001	文化衫	均码	15.00	6.00	90.00	100.00%	0.00	90.00
102004	劳保工作服套装	灰色-175	75.00	2.00	150.00	100.00%	0.00	150.00
101002	劳保工作服套装	艳蓝-165	70.00	1.00	70.00	100.00%	0.00	70.00
102002	劳保工作服套装	灰色-165	70.00	1.00	70.00	100.00%	0.00	70.00
103001	户外运动衫	迷彩-均码	15.00	5.00	75.00	100.00%	0.00	75.00
102003	劳保工作服套装	灰色-170	75.00	1.00	75.00	100.00%	0.00	75.00
101003	劳保工作服套装	艳蓝-170	75.00	1.00	75.00	100.00%	0.00	75.00

付款方式	付款金额	单位
现金	680.00	元

零售金额：680.00　　总数量：18　　总扣额：0.00　　实收：680.00　　舍零：0.00

收银员签章：　　盖收款章：　　谢谢惠顾，欢迎再次光临！

教学票样

No 0102-19121002

华问服装商品销售单

第二联 记账

金额单位：元

店名：分店1　　日期：2019/12/10　　时间：10:55:22

班次：　　单号：0102-19121002　　营业员：赵琳

商品编码	品名货号	规格	单价	数量	金额	扣率	扣额	实收金额
108003	西服女套装-V领	白+黑-L	150.00	1.00	150.00	100.00%	0.00	150.00
109003	西服女套装-立领	白+黑-L	150.00	1.00	150.00	100.00%	0.00	150.00
107003	西服女套装-西装领	白+黑-L	150.00	6.00	900.00	100.00%	0.00	900.00
106003	西服男套装	黑色-L	200.00	3.00	600.00	100.00%	0.00	600.00
111002	女衬衫-拼接领	M	65.00	2.00	130.00	100.00%	0.00	130.00
110001	女衬衫-雪纺花边领	S	65.00	5.00	325.00	100.00%	0.00	325.00
109001	西服女套装-立领	白+黑-S	150.00	4.00	600.00	100.00%	0.00	600.00
107001	西服女套装-西装领	白+黑-S	150.00	4.00	600.00	100.00%	0.00	600.00
108002	西服女套装-V领	白+黑-M	150.00	2.00	300.00	100.00%	0.00	300.00
110003	女衬衫-雪纺花边领	L	65.00	1.00	65.00	100.00%	0.00	65.00
111001	女衬衫-拼接领	S	65.00	5.00	325.00	100.00%	0.00	325.00
106001	西服男套装	黑色-S	200.00	2.00	400.00	100.00%	0.00	400.00
105001	加厚军大衣	均码	85.00	1.00	85.00	100.00%	0.00	85.00
112001	女衬衫-OL翻领	S	65.00	4.00	260.00	100.00%	0.00	260.00

付款方式	付款金额	单位
信用卡	4890.00	元

零售金额：4890.00　　总数量：41　　总扣额：0.00　　实收：4890.00　　舍零：0.00

收银员签章：　　盖收款章：　　谢谢惠顾，欢迎再次光临！

教学票样

№ 0102-19121101

华问服装商品销售单

第二联 记账

金额单位：元

店名：分店1　　日期：2019/12/11　　时间：09:22:33

班次：　　单号：0102-19121101　　营业员：赵琳

商品编码	品名货号	规格	单价	数量	金额	扣率	扣额	实收金额
111002	女衬衫-拼接领	M	65.00	2.00	130.00	100.00%	0.00	130.00
102003	劳保工作服套装	灰色-170	75.00	1.00	75.00	100.00%	0.00	75.00
110002	女衬衫-雪纺花边领	M	65.00	1.00	65.00	100.00%	0.00	65.00
108001	西服女套装-V领	白+黑-S	150.00	1.00	150.00	100.00%	0.00	150.00
103001	户外运动衫	迷彩-均码	15.00	5.00	75.00	100.00%	0.00	75.00
106005	西服男套装	黑色-XXL	200.00	1.00	200.00	100.00%	0.00	200.00
106002	西服男套装	黑色-M	200.00	1.00	200.00	100.00%	0.00	200.00
107003	西服女套装-西装领	白+黑-L	150.00	2.00	300.00	100.00%	0.00	300.00
109002	西服女套装-立领	白+黑-M	150.00	2.00	300.00	100.00%	0.00	300.00
107002	西服女套装-西装领	白+黑-M	150.00	1.00	150.00	100.00%	0.00	150.00
101002	劳保工作服套装	艳蓝-165	70.00	1.00	70.00	100.00%	0.00	70.00
110001	女衬衫-雪纺花边领	S	65.00	2.00	130.00	100.00%	0.00	130.00
108002	西服女套装-V领	白+黑-M	150.00	2.00	300.00	100.00%	0.00	300.00
104001	文化衫	均码	15.00	6.00	90.00	100.00%	0.00	90.00
111003	女衬衫-拼接领	L	65.00	2.00	130.00	100.00%	0.00	130.00
109001	西服女套装-立领	白+黑-S	150.00	2.00	300.00	100.00%	0.00	300.00
112001	女衬衫-OL翻领	S	65.00	1.00	65.00	100.00%	0.00	65.00
110003	女衬衫-雪纺花边领	L	65.00	1.00	65.00	100.00%	0.00	65.00
101004	劳保工作服套装	艳蓝-175	75.00	1.00	75.00	100.00%	0.00	75.00

付款方式	付款金额	单位
现金	2870.00	元

零售金额：2870.00　　总数量：35　　总扣额：0.00　　实收：2870.00　　舍零：0.00

收银员签章：　　盖收款章：　　谢谢惠顾，欢迎再次光临！

教学票样

№ 0102-19121102

华问服装商品销售单 第二联 记账

金额单位：元

店名：分店1　　日期：2019/12/11　　时间：09:55:13

班次：　　单号：0102-19121102　　营业员：赵琳

商品编码	品名货号	规格	单价	数量	金额	扣率	扣额	实收金额
112002	女衬衫-OL翻领	M	65.00	2.00	130.00	100.00%	0.00	130.00
109003	西服女套装-立领	白+黑-L	150.00	1.00	150.00	100.00%	0.00	150.00
111001	女衬衫-拼接领	S	65.00	1.00	65.00	100.00%	0.00	65.00
110003	女衬衫-雪纺花边领	L	65.00	2.00	130.00	100.00%	0.00	130.00
109001	西服女套装-立领	白+黑-S	150.00	1.00	150.00	100.00%	0.00	150.00
101004	劳保工作服套装	艳蓝-175	75.00	1.00	75.00	100.00%	0.00	75.00
102004	劳保工作服套装	灰色-175	75.00	1.00	75.00	100.00%	0.00	75.00
107001	西服女套装-西装领	白+黑-S	150.00	3.00	450.00	100.00%	0.00	450.00
103001	户外运动衫	迷彩-均码	15.00	2.00	30.00	100.00%	0.00	30.00
108002	西服女套装-V领	白+黑-M	150.00	2.00	300.00	100.00%	0.00	300.00
107002	西服女套装-西装领	白+黑-M	150.00	2.00	300.00	100.00%	0.00	300.00
109002	西服女套装-立领	白+黑-M	150.00	2.00	300.00	100.00%	0.00	300.00
106002	西服男套装	黑色-M	200.00	1.00	200.00	100.00%	0.00	200.00
101001	劳保工作服套装	艳蓝-160	70.00	1.00	70.00	100.00%	0.00	70.00
110002	女衬衫-雪纺花边领	M	65.00	3.00	195.00	100.00%	0.00	195.00
104001	文化衫	均码	15.00	6.00	90.00	100.00%	0.00	90.00
102002	劳保工作服套装	灰色-165	70.00	1.00	70.00	100.00%	0.00	70.00

付款方式	付款金额	单位
信用卡	2780.00	元

零售金额：2780.00　　总数量：32　　总扣额：0.00　　实收：2780.00　　舍零：0.00

收银员签章：　　盖收款章：　　谢谢惠顾，欢迎再次光临！

教学票样

No 0102-19121201

华问服装商品销售单

第二联 记账　　　　金额单位：元

店名：分店1　　日期：2019/12/12　　时间：14:50:12

班次：　　单号：0102-19121201　　营业员：赵琳

商品编码	品名货号	规格	单价	数量	金额	扣率	扣额	实收金额
110003	女衬衫-雪纺花边领	L	65.00	2.00	130.00	100.00%	0.00	130.00
104001	文化衫	均码	15.00	5.00	75.00	100.00%	0.00	75.00
102002	劳保工作服套装	灰色-165	70.00	1.00	70.00	100.00%	0.00	70.00
102005	劳保工作服套装	灰色-180	75.00	1.00	75.00	100.00%	0.00	75.00
106002	西服男套装	黑色-M	200.00	1.00	200.00	100.00%	0.00	200.00
112001	女衬衫-OL翻领	S	65.00	2.00	130.00	100.00%	0.00	130.00
111003	女衬衫-拼接领	L	65.00	1.00	65.00	100.00%	0.00	65.00
108001	西服女套装-V领	白+黑-S	150.00	1.00	150.00	100.00%	0.00	150.00
107002	西服女套装-西装领	白+黑-M	150.00	2.00	300.00	100.00%	0.00	300.00
103001	户外运动衫	迷彩-均码	15.00	3.00	45.00	100.00%	0.00	45.00
110001	女衬衫-雪纺花边领	S	65.00	1.00	65.00	100.00%	0.00	65.00
109001	西服女套装-立领	白+黑-S	10.00	2.00	300.00	100.00%	0.00	300.00
112003	女衬衫-OL翻领	L	65.00	1.00	65.00	100.00%	0.00	65.00
110002	女衬衫-雪纺花边领	M	65.00	2.00	130.00	100.00%	0.00	130.00
109003	西服女套装-立领	白+黑-L	150.00	3.00	450.00	100.00%	0.00	450.00
111002	女衬衫-拼接领	M	65.00	2.00	130.00	100.00%	0.00	130.00
106003	西服男套装	黑色-L	200.00	1.00	200.00	100.00%	0.00	200.00
101003	劳保工作服套装	艳蓝-170	75.00	1.00	75.00	100.00%	0.00	75.00

付款方式	付款金额	单位
信用卡	2655.00	元

零售金额：2655.00　总数量：32　总扣额：0.00　实收：2655.00　舍零：0.00

收银员签章：　　盖收款章：　　谢谢惠顾，欢迎再次光临！

教学票样

№ 0102-19121202

华问服装商品销售单

第二联 记账

金额单位：元

店名：分店1　　日期：2019/12/12　　时间：14:55:30

班次：　　单号：0102-19121202　　营业员：赵琳

商品编码	品名货号	规格	单价	数量	金额	扣率	扣额	实收金额
108001	西服女套装-V领	白+黑-S	150.00	2.00	300.00	100.00%	0.00	300.00
112002	女衬衫-OL翻领	M	65.00	2.00	130.00	100.00%	0.00	130.00
108003	西服女套装-V领	白+黑-L	150.00	1.00	150.00	100.00%	0.00	150.00
102003	劳保工作服套装	灰色-170	75.00	1.00	75.00	100.00%	0.00	75.00
111001	女衬衫-拼接领	S	65.00	1.00	65.00	100.00%	0.00	65.00
107002	西服女套装-西装领	白+黑-M	150.00	2.00	300.00	100.00%	0.00	300.00
110003	女衬衫-雪纺花边领	L	65.00	2.00	130.00	100.00%	0.00	130.00
110002	女衬衫-雪纺花边领	M	65.00	3.00	195.00	100.00%	0.00	195.00
106004	西服男套装	黑色-XL	200.00	1.00	200.00	100.00%	0.00	200.00
102005	劳保工作服套装	灰色-180	75.00	1.00	75.00	100.00%	0.00	75.00
103001	户外运动衫	迷彩-均码	15.00	1.00	15.00	100.00%	0.00	15.00
101003	劳保工作服套装	艳蓝-170	75.00	2.00	150.00	100.00%	0.00	150.00
109001	西服女套装-立领	白+黑-S	150.00	2.00	300.00	100.00%	0.00	300.00
106002	西服男套装	黑色-M	200.00	1.00	200.00	100.00%	0.00	200.00
101001	劳保工作服套装	艳蓝-160	70.00	1.00	70.00	100.00%	0.00	70.00
111002	女衬衫-拼接领	M	65.00	2.00	130.00	100.00%	0.00	130.00
109002	西服女套装-立领	白+黑-M	150.00	3.00	450.00	100.00%	0.00	450.00
104001	文化衫	均码	15.00	4.00	60.00	100.00%	0.00	60.00

付款方式	付款金额	单位
现金	2995.00	元

零售金额：2995.00　　总数量：32　　总扣额：0.00　　实收：2995.00　　舍零：0.00

收银员签章：　　盖收款章：　　谢谢惠顾，欢迎再次光临！

教学票样

No 0102-19121301

华问服装商品销售单

第二联 记账

金额单位：元

店名：分店1　　日期：2019/12/13　　时间：15:40:25

班次：　　单号：0102-19121301　　营业员：赵琳

商品编码	品名货号	规格	单价	数量	金额	扣率	扣额	实收金额
109001	西服女套装-立领	白+黑-S	150.00	1.00	150.00	100.00%	0.00	150.00
106004	西服男套装	黑色-XL	200.00	1.00	200.00	100.00%	0.00	200.00
108002	西服女套装-V领	白+黑-M	150.00	2.00	300.00	100.00%	0.00	300.00
111001	女衬衫-拼接领	S	65.00	1.00	65.00	100.00%	0.00	65.00
101001	劳保工作服套装	艳蓝-160	70.00	1.00	70.00	100.00%	0.00	70.00
102002	劳保工作服套装	灰色-165	70.00	1.00	70.00	100.00%	0.00	70.00
104001	文化衫	均码	15.00	3.00	45.00	100.00%	0.00	45.00
111003	女衬衫-拼接领	L	65.00	1.00	65.00	100.00%	0.00	65.00
112002	女衬衫-OL翻领	M	65.00	2.00	130.00	100.00%	0.00	130.00
103001	户外运动衫	迷彩-均码	15.00	2.00	30.00	100.00%	0.00	30.00
110003	女衬衫-雪纺花边领	L	65.00	2.00	130.00	100.00%	0.00	130.00
108001	西服女套装-V领	白+黑-S	150.00	1.00	150.00	100.00%	0.00	150.00
109003	西服女套装-立领	白+黑-L	150.00	1.00	150.00	100.00%	0.00	150.00
107001	西服女套装-西装领	白+黑-S	150.00	1.00	150.00	100.00%	0.00	150.00
110002	女衬衫-雪纺花边领	M	65.00	1.00	65.00	100.00%	0.00	65.00
106001	西服男套装	黑色-S	200.00	1.00	200.00	100.00%	0.00	200.00
101003	劳保工作服套装	艳蓝-170	75.00	1.00	75.00	100.00%	0.00	75.00
109002	西服女套装-立领	白+黑-M	150.00	2.00	300.00	100.00%	0.00	300.00
107002	西服女套装-西装领	白+黑-M	150.00	2.00	300.00	100.00%	0.00	300.00

付款方式	付款金额	单位
信用卡	2645.00	元

零售金额：2645.00　　总数量：27　　总扣额：0.00　　实收：2645.00　　舍零：0.00

收银员签章：　　盖收款章：　　谢谢惠顾，欢迎再次光临！

教学票样

No 0102-19121302

华问服装商品销售单

第二联 记账

金额单位：元

店名：分店1　　日期：2019/12/13　　时间：15:50:30

班次：　　单号：0102-19121302　　营业员：赵琳

商品编码	品名货号	规格	单价	数量	金额	扣率	扣额	实收金额
109003	西服女套装-立领	白+黑-L	150.00	1.00	150.00	100.00%	0.00	150.00
111001	女衬衫-拼接领	白+黑-S	65.00	1.00	65.00	100.00%	0.00	65.00
111003	女衬衫-拼接领	白+黑-L	65.00	1.00	65.00	100.00%	0.00	65.00
112002	女衬衫-OL翻领	白+黑-M	65.00	2.00	130.00	100.00%	0.00	130.00
101003	劳保工作服套装	艳蓝-170	75.00	1.00	75.00	100.00%	0.00	75.00
106004	西服男套装	黑色-XL	200.00	1.00	200.00	100.00%	0.00	200.00
109001	西服女套装-立领	白+黑-S	150.00	2.00	300.00	100.00%	0.00	300.00
102002	劳保工作服套装	灰色-165	70.00	1.00	70.00	100.00%	0.00	70.00
110002	女衬衫-雪纺花边领	白+黑-M	65.00	1.00	65.00	100.00%	0.00	65.00
108001	西服女套装-V领	白+黑-S	150.00	1.00	150.00	100.00%	0.00	150.00
106002	西服男套装	黑色-M	200.00	1.00	200.00	100.00%	0.00	200.00
107002	西服女套装-西装领	白+黑-M	150.00	2.00	300.00	100.00%	0.00	300.00
101004	劳保工作服套装	艳蓝-175	75.00	1.00	75.00	100.00%	0.00	75.00
112003	女衬衫-OL翻领	L	65.00	1.00	65.00	100.00%	0.00	65.00
111002	女衬衫-拼接领	M	65.00	2.00	130.00	100.00%	0.00	130.00
109002	西服女套装-立领	白+黑-M	150.00	1.00	150.00	100.00%	0.00	150.00
104001	文化衫	均码	15.00	7.00	105.00	100.00%	0.00	105.00
108003	西服女套装-V领	白+黑-L	150.00	1.00	150.00	100.00%	0.00	150.00
103001	户外运动衫	迷彩-均码	15.00	2.00	30.00	100.00%	0.00	30.00
110001	女衬衫-雪纺花边领	S	65.00	1.00	65.00	100.00%	0.00	65.00

付款方式	付款金额	单位
现金	2540.00	元

零售金额：2540.00　总数量：31　总扣额：0.00　实收：2540.00　舍零：0.00

收银员签章：　　盖收款章：　　谢谢惠顾，欢迎再次光临！

教学票样

№ 0102-19121401

华问服装商品销售单

第二联 记账

金额单位：元

店名：分店1　　日期：2019/12/14　　时间：10:01:58

班次：　　单号：0102-19121401　　营业员：赵琳

商品编码	品名货号	规格	单价	数量	金额	扣率	扣额	实收金额
107003	西服女套装-西装领	白+黑-L	150.00	2.00	300.00	100.00%	0.00	300.00
103001	户外运动衫	迷彩-均码	15.00	5.00	75.00	100.00%	0.00	75.00
107002	西服女套装-西装领	白+黑-M	150.00	1.00	150.00	100.00%	0.00	150.00
109002	西服女套装-立领	白+黑-M	150.00	3.00	450.00	100.00%	0.00	450.00
107001	西服女套装-西装领	白+黑-S	150.00	1.00	150.00	100.00%	0.00	150.00
111002	女衬衫-拼接领	M	65.00	2.00	130.00	100.00%	0.00	130.00
102005	劳保工作服套装	灰色-180	75.00	1.00	75.00	100.00%	0.00	75.00
110001	女衬衫-雪纺花边领	S	65.00	1.00	65.00	100.00%	0.00	65.00
111003	女衬衫-拼接领	L	65.00	1.00	65.00	100.00%	0.00	65.00
106002	西服男套装	黑色-M	200.00	1.00	200.00	100.00%	0.00	200.00
109003	西服女套装-立领	白+黑-L	150.00	1.00	150.00	100.00%	0.00	150.00
101003	劳保工作服套装	艳蓝-170	75.00	1.00	75.00	100.00%	0.00	75.00
110002	女衬衫-雪纺花边领	M	65.00	3.00	195.00	100.00%	0.00	195.00
108002	西服女套装-V领	白+黑-M	150.00	1.00	150.00	100.00%	0.00	150.00
110003	女衬衫-雪纺花边领	L	65.00	1.00	65.00	100.00%	0.00	65.00
109001	西服女套装-立领	白+黑-S	150.00	2.00	300.00	100.00%	0.00	300.00
112002	女衬衫-OL翻领	M	65.00	2.00	130.00	100.00%	0.00	130.00
101004	劳保工作服套装	艳蓝-175	75.00	1.00	75.00	100.00%	0.00	75.00
108003	西服女套装-V领	白+黑-L	150.00	1.00	150.00	100.00%	0.00	150.00

付款方式	付款金额	单位
信用卡	2950.00	元

零售金额：2950.00　　总数量：31　　总扣额：0.00　　实收：2950.00　　舍零：0.00

收银员签章：　　盖收款章：　　**谢谢惠顾，欢迎再次光临！**

教学票样

No 0102-19121402

华问服装商品销售单

第二联 记账

金额单位：元

店名：分店1　　日期：2019/12/14　　时间：10:42:14

班次：　　单号：0102-19121402　　营业员：赵琳

商品编码	品名货号	规格	单价	数量	金额	扣率	扣额	实收金额
104001	文化衫	均码	15.00	6.00	90.00	100.00%	0.00	90.00
101005	劳保工作服套装	艳蓝-180	75.00	1.00	75.00	100.00%	0.00	75.00
101004	劳保工作服套装	艳蓝-175	75.00	1.00	75.00	100.00%	0.00	75.00
102004	劳保工作服套装	灰色-175	75.00	1.00	75.00	100.00%	0.00	75.00
102003	劳保工作服套装	灰色-170	75.00	1.00	75.00	100.00%	0.00	75.00
103001	户外运动衫	迷彩-均码	15.00	2.00	30.00	100.00%	0.00	30.00
101003	劳保工作服套装	艳蓝-170	75.00	1.00	75.00	100.00%	0.00	75.00

付款方式	付款金额	单位
现金	495.00	元

零售金额：495.00　总数量：13　总扣额：0.00　实收：495.00　舍零：0.00

收银员签章：　　盖收款章：　　谢谢惠顾，欢迎再次光临！

教学票样

№ 0102-19121403

华问服装商品销售单

第二联 记账

金额单位：元

店名：分店1　　日期：2019/12/14　　时间：11:32:05

班次：　　单号：0102-19121403　　营业员：赵琳

商品编码	品名货号	规格	单价	数量	金额	扣率	扣额	实收金额
112002	女衬衫-OL翻领	M	65.00	1.00	65.00	100.00%	0.00	65.00
108002	西服女套装-V领	白+黑-M	150.00	2.00	300.00	100.00%	0.00	300.00
109001	西服女套装-立领	白+黑-S	150.00	2.00	300.00	100.00%	0.00	300.00
107003	西服女套装-西装领	白+黑-L	150.00	1.00	150.00	100.00%	0.00	150.00
109002	西服女套装-立领	白+黑-M	150.00	1.00	150.00	100.00%	0.00	150.00
107001	西服女套装-西装领	白+黑-S	150.00	1.00	150.00	100.00%	0.00	150.00
106003	西服男套装	黑色-L	200.00	1.00	200.00	100.00%	0.00	200.00
110002	女衬衫-雪纺花边领	M	65.00	2.00	130.00	100.00%	0.00	130.00
110003	女衬衫-雪纺花边领	L	65.00	1.00	65.00	100.00%	0.00	65.00
111002	女衬衫-拼接领	M	65.00	2.00	130.00	100.00%	0.00	130.00

付款方式	付款金额	单位
现金	1640.00	元

零售金额：1640.00　　总数量：14　　总扣额：0.00　　实收：1640.00　　舍零：0.00

收银员签章：　　盖收款章：

谢谢惠顾，欢迎再次光临！

教学票样

No 0102-19121501

华问服装商品销售单

第二联 记账

金额单位：元

店名：分店1　　日期：2019/12/15　　时间：13:18:01

班次：　　单号：0102-19121501　　营业员：赵琳

商品编码	品名货号	规格	单价	数量	金额	扣率	扣额	实收金额
109003	西服女套装-立领	白+黑-L	150.00	2.00	300.00	90.49%	28.53	271.47
102004	劳保工作服套装	灰色-175	75.00	1.00	75.00	90.49%	7.13	67.87
108003	西服女套装-V领	白+黑-L	150.00	1.00	150.00	90.49%	14.26	135.74
104001	文化衫	均码	15.00	12.00	180.00	90.49%	17.12	162.88
107001	西服女套装-西装领	白+黑-S	150.00	1.00	150.00	90.49%	14.26	135.74
107003	西服女套装-西装领	白+黑-L	150.00	2.00	300.00	90.49%	28.53	271.47
109001	西服女套装-立领	白+黑-S	150.00	1.00	150.00	90.49%	14.26	135.74
112003	女衬衫-OL翻领	L	65.00	1.00	65.00	90.49%	6.18	58.82
109002	西服女套装-立领	白+黑-M	150.00	2.00	300.00	90.49%	28.53	271.47
111003	女衬衫-拼接领	L	65.00	1.00	65.00	90.49%	6.18	58.82
103001	户外运动衫	迷彩-均码	15.00	7.00	105.00	90.50%	9.98	95.02
110002	女衬衫-雪纺花边领	M	65.00	1.00	65.00	90.49%	6.18	58.82
102005	劳保工作服套装	灰色-180	75.00	1.00	75.00	90.49%	7.13	67.87
102002	劳保工作服套装	灰色-165	70.00	2.00	140.00	90.49%	13.31	126.69
110003	女衬衫-雪纺花边领	L	65.00	1.00	65.00	90.49%	6.18	58.82
101004	劳保工作服套装	艳蓝-175	75.00	1.00	75.00	90.49%	7.13	67.87
102001	劳保工作服套装	灰色-160	70.00	1.00	70.00	90.49%	6.66	63.34
107002	西服女套装-西装领	白+黑-M	150.00	2.00	300.00	90.49%	28.53	271.47
110001	女衬衫-雪纺花边领	S	65.00	3.00	195.00	90.49%	18.54	176.46
101002	劳保工作服套装	艳蓝-165	70.00	1.00	70.00	90.49%	6.66	63.34
112001	女衬衫-OL翻领	S	65.00	2.00	130.00	90.49%	12.36	117.64
111001	女衬衫-拼接领	S	65.00	2.00	130.00	90.49%	12.36	117.64

付款方式	付款金额	单位
信用卡	2855.00	元

零售金额：3155.00　总数量：48　总扣额：300.00　实收：2855.00　舍零：0.00

收银员签章：　　盖收款章：　　谢谢惠顾，欢迎再次光临！

教学票样

No 0102-19121502

华问服装商品销售单

第二联 记账　　金额单位：元

店名：分店1　　日期：2019/12/15　　时间：14:58:22

班次：　　单号：0102-19121502　　营业员：赵琳

商品编码	品名货号	规格	单价	数量	金额	扣率	扣额	实收金额
102001	劳保工作服套装	灰色-160	70.00	1.00	70.00	90.86%	6.40	63.60
112001	女衬衫-OL翻领	S	65.00	1.00	65.00	90.85%	5.95	59.05
110001	女衬衫-雪纺花边领	S	65.00	3.00	195.00	90.85%	17.84	177.16
108001	西服女套装-V领	白+黑-S	150.00	1.00	150.00	90.85%	13.72	136.28
111002	女衬衫-拼接领	M	65.00	1.00	65.00	90.85%	5.95	59.05
108003	西服女套装-V领	白+黑-L	150.00	1.00	150.00	90.85%	13.72	136.28
109003	西服女套装-立领	白+黑-L	150.00	3.00	450.00	90.85%	41.16	408.84
112002	女衬衫-OL翻领	M	65.00	2.00	130.00	90.85%	11.89	118.11
105001	加厚军大衣	均码	85.00	1.00	85.00	90.86%	7.77	77.23
109002	西服女套装-立领	白+黑-M	150.00	2.00	300.00	90.85%	27.44	272.56
107002	西服女套装-西装领	白+黑-M	150.00	2.00	300.00	90.85%	27.44	272.56
101003	劳保工作服套装	艳蓝-170	75.00	3.00	225.00	90.85%	20.58	204.42
102003	劳保工作服套装	灰色-170	75.00	3.00	225.00	90.85%	20.58	204.42
112003	女衬衫-OL翻领	L	65.00	2.00	130.00	90.87%	11.87	118.13
104001	文化衫	均码	15.00	13.00	195.00	90.85%	17.84	177.16
103001	户外运动衫	迷彩-均码	15.00	3.00	45.00	90.84%	4.12	40.88
101001	劳保工作服套装	艳蓝-160	70.00	1.00	70.00	90.86%	6.40	63.60
109001	西服女套装-立领	白+黑-S	150.00	2.00	300.00	90.85%	27.44	272.56
110003	女衬衫-雪纺花边领	L	65.00	2.00	130.00	90.85%	11.89	118.11

付款方式	付款金额	单位
信用卡	2980.00	元

零售金额：3280.00　　总数量：47　　总扣额：300.00　　实收：2980.00　　舍零：0.00

收银员签章：　　盖收款章：　　谢谢惠顾，欢迎再次光临！

教学票样

№ 0102-19121601

华问服装商品销售单

第二联 记账　　金额单位：元

店名：分店1　　日期：2019/12/16　　时间：10:12:18

班次：　　单号：0102-19121601　　营业员：赵琳

商品编码	品名货号	规格	单价	数量	金额	扣率	扣额	实收金额
102003	劳保工作服套装	灰色-170	75.00	2.00	150.00	91.47%	12.80	137.20
107001	西服女套装-西装领	白+黑-S	150.00	1.00	150.00	91.47%	12.80	137.20
101004	劳保工作服套装	艳蓝-175	75.00	2.00	150.00	91.47%	12.80	137.20
101002	劳保工作服套装	艳蓝-165	70.00	1.00	70.00	91.47%	5.97	64.03
107003	西服女套装-西装领	白+黑-L	150.00	1.00	150.00	91.47%	12.80	137.20
108002	西服女套装-V领	白+黑-M	150.00	2.00	300.00	91.47%	25.60	274.40
110001	女衬衫-雪纺花边领	S	65.00	2.00	130.00	91.46%	11.10	118.90
112002	女衬衫-OL翻领	M	65.00	2.00	130.00	91.45%	11.12	118.88
104001	文化衫	均码	15.00	25.00	375.00	91.46%	32.01	342.99
110002	女衬衫-雪纺花边领	M	65.00	1.00	65.00	91.46%	5.55	59.45
108001	西服女套装-V领	白+黑-S	150.00	1.00	150.00	91.47%	12.80	137.20
111002	女衬衫-拼接领	M	65.00	1.00	65.00	91.46%	5.55	59.45
102002	劳保工作服套装	灰色-165	70.00	1.00	70.00	91.47%	5.97	64.03
109002	西服女套装-立领	白+黑-M	150.00	3.00	450.00	91.46%	38.41	411.59
102004	劳保工作服套装	灰色-175	75.00	2.00	150.00	91.47%	12.80	137.20
103001	户外运动衫	迷彩-均码	15.00	14.00	210.00	91.47%	17.92	192.08
109001	西服女套装-立领	白+黑-S	150.00	2.00	300.00	91.47%	25.60	274.40
107002	西服女套装-西装领	白+黑-M	150.00	1.00	150.00	91.47%	12.80	137.20
105001	加厚军大衣	均码	85.00	1.00	85.00	91.47%	7.25	77.75
101003	劳保工作服套装	艳蓝-170	75.00	2.00	150.00	91.47%	12.80	137.20
111003	女衬衫-拼接领	L	65.00	1.00	65.00	91.46%	5.55	59.45

付款方式	付款金额	单位
信用卡	3215.00	元

零售金额：3515.00　　总数量：68　　总扣额：300.00　　实收：3215.00　　舍零：0.00

收银员签章：　　盖收款章：　　谢谢惠顾，欢迎再次光临！

教学票样

No 0102-19121602

华问服装商品销售单

第二联 记账

金额单位：元

店名：分店1　　日期：2019/12/16　　时间：11:22:32

班次：　　单号：0102-19121602　　营业员：赵琳

商品编码	品名货号	规格	单价	数量	金额	扣率	扣额	实收金额
111003	女衬衫-拼接领	L	65.00	2.00	130.00	94.43%	7.24	122.76
106002	西服男套装	黑色-M	200.00	1.00	200.00	94.43%	11.14	188.86
108002	西服女套装-V领	白+黑-M	150.00	1.00	150.00	94.43%	8.36	141.64
107003	西服女套装-西装领	白+黑-L	150.00	2.00	300.00	94.43%	16.71	283.29
110003	女衬衫-雪纺花边领	L	65.00	2.00	130.00	94.43%	7.24	122.76
109003	西服女套装-立领	白+黑-L	150.00	1.00	150.00	94.43%	8.36	141.64
112003	女衬衫-OL翻领	L	65.00	1.00	65.00	94.42%	3.63	61.37
112001	女衬衫-OL翻领	S	65.00	1.00	65.00	94.43%	3.62	61.38
111001	女衬衫-拼接领	S	65.00	1.00	65.00	94.43%	3.62	61.38
110001	女衬衫-雪纺花边领	S	65.00	3.00	195.00	94.43%	10.86	184.14
111002	女衬衫-拼接领	M	65.00	1.00	65.00	94.43%	3.62	61.38
107002	西服女套装-西装领	白+黑-M	150.00	1.00	150.00	94.43%	8.36	141.64
110002	女衬衫-雪纺花边领	M	65.00	2.00	130.00	94.43%	7.24	122.76

付款方式	付款金额	单位
现金	1695.00	元

零售金额：1795.00　　总数量：19　　总扣额：100.00　　实收：1695.00　　舍零：0.00

收银员签章：　　盖收款章：　　谢谢惠顾，欢迎再次光临！

教学票样

No 0102-19121701

华问服装商品销售单

第二联 记账

金额单位：元

店名：分店1　　日期：2019/12/17　　时间：16:19:15

班次：　　单号：0102-19121701　　营业员：赵琳

商品编码	品名货号	规格	单价	数量	金额	扣率	扣额	实收金额
101001	劳保工作服套装	艳蓝-160	70.00	1.00	70.00	100.00%	0.00	70.00
103001	户外运动衫	迷彩-均码	15.00	3.00	45.00	100.00%	0.00	45.00
112003	女衬衫-OL翻领	L	65.00	1.00	65.00	100.00%	0.00	65.00
111001	女衬衫-拼接领	S	65.00	2.00	130.00	100.00%	0.00	130.00
110001	女衬衫-雪纺花边领	S	65.00	1.00	65.00	100.00%	0.00	65.00
107001	西服女套装-西装领	白+黑-S	150.00	1.00	150.00	100.00%	0.00	150.00
102002	劳保工作服套装	灰色-165	70.00	1.00	70.00	100.00%	0.00	70.00
107002	西服女套装-西装领	白+黑-M	150.00	2.00	300.00	100.00%	0.00	300.00
110002	女衬衫-雪纺花边领	M	65.00	2.00	130.00	100.00%	0.00	130.00
108003	西服女套装-V领	白+黑-L	150.00	1.00	150.00	100.00%	0.00	150.00
109002	西服女套装-立领	白+黑-M	150.00	2.00	300.00	100.00%	0.00	300.00
104001	文化衫	均码	15.00	8.00	120.00	100.00%	0.00	120.00
102001	劳保工作服套装	灰色-160	70.00	1.00	70.00	100.00%	0.00	70.00
112002	女衬衫-OL翻领	M	65.00	2.00	130.00	100.00%	0.00	130.00
106003	西服男套装	黑色-L	200.00	1.00	200.00	100.00%	0.00	200.00
102005	劳保工作服套装	灰色-180	75.00	1.00	75.00	100.00%	0.00	75.00
102004	劳保工作服套装	灰色-175	75.00	1.00	75.00	100.00%	0.00	75.00
108002	西服女套装-V领	白+黑-M	150.00	1.00	150.00	100.00%	0.00	150.00
111003	女衬衫-拼接领	L	65.00	1.00	65.00	100.00%	0.00	65.00
109003	西服女套装-立领	白+黑-L	150.00	2.00	300.00	100.00%	0.00	300.00
107003	西服女套装-西装领	白+黑-L	150.00	1.00	150.00	100.00%	0.00	150.00

付款方式	付款金额	单位
信用卡	2810.00	元

零售金额：2810.00　　总数量：36　　总扣额：0.00　　实收：2810.00　　舍零：0.00

收银员签章：　　盖收款章：

谢谢惠顾，欢迎再次光临！

教学票样

No 0102-19121702

华问服装商品销售单

第二联 记账

金额单位：元

店名：分店1　　日期：2019/12/17　　时间：16:30:20

班次：　　单号：0102-19121702　　营业员：赵琳

商品编码	品名货号	规格	单价	数量	金额	扣率	扣额	实收金额
109001	西服女套装-立领	白+黑-S	150.00	2.00	300.00	100.00%	0.00	300.00
110003	女衬衫-雪纺花边领	L	65.00	2.00	130.00	100.00%	0.00	130.00
109002	西服女套装-立领	白+黑-M	150.00	2.00	300.00	100.00%	0.00	300.00
105001	加厚军大衣	均码	85.00	1.00	85.00	100.00%	0.00	85.00
112003	女衬衫-OL翻领	L	65.00	1.00	65.00	100.00%	0.00	65.00
101003	劳保工作服套装	艳蓝-170	75.00	1.00	75.00	100.00%	0.00	75.00
112001	女衬衫-OL翻领	S	65.00	1.00	65.00	100.00%	0.00	65.00
104001	文化衫	均码	15.00	7.00	105.00	100.00%	0.00	105.00
107002	西服女套装-西装领	白+黑-M	150.00	2.00	300.00	100.00%	0.00	300.00
110001	女衬衫-雪纺花边领	S	65.00	1.00	65.00	100.00%	0.00	65.00
102001	劳保工作服套装	灰色-160	70.00	1.00	70.00	100.00%	0.00	70.00
103001	户外运动衫	迷彩-均码	15.00	5.00	75.00	100.00%	0.00	75.00
108001	西服女套装-V领	白+黑-S	150.00	1.00	150.00	100.00%	0.00	150.00
107003	西服女套装-西装领	白+黑-L	150.00	1.00	150.00	100.00%	0.00	150.00
108003	西服女套装-V领	白+黑-L	150.00	1.00	150.00	100.00%	0.00	150.00
102003	劳保工作服套装	灰色-170	75.00	3.00	225.00	100.00%	0.00	225.00
109003	西服女套装-立领	白+黑-L	150.00	1.00	150.00	100.00%	0.00	150.00
111002	女衬衫-拼接领	M	65.00	1.00	65.00	100.00%	0.00	65.00
101001	劳保工作服套装	艳蓝-160	70.00	1.00	70.00	100.00%	0.00	70.00
112002	女衬衫-OL翻领	M	65.00	2.00	130.00	100.00%	0.00	130.00

付款方式	付款金额	单位
信用卡	2725.00	元

零售金额：2725.00　　总数量：37　　总扣额：0.00　　实收：2725.00　　舍零：0.00

收银员签章：　　盖收款章：　　谢谢惠顾，欢迎再次光临！

教学票样

№ 0102-19121801

华问服装商品销售单

第二联 记账　　金额单位：元

店名：分店1　　日期：2019/12/18　　时间：17:05:15

班次：　　单号：0102-19121801　　营业员：赵琳

商品编码	品名货号	规格	单价	数量	金额	扣率	扣额	实收金额
109001	西服女套装-立领	白+黑-S	150.00	2.00	300.00	100.00%	0.00	300.00
110001	女衬衫-雪纺花边领	S	65.00	1.00	65.00	100.00%	0.00	65.00
101003	劳保工作服套装	艳蓝-170	75.00	1.00	75.00	100.00%	0.00	75.00
103001	户外运动衫	迷彩-均码	15.00	3.00	45.00	100.00%	0.00	45.00
101002	劳保工作服套装	艳蓝-165	70.00	1.00	70.00	100.00%	0.00	70.00
110003	女衬衫-雪纺花边领	L	65.00	1.00	65.00	100.00%	0.00	65.00
109002	西服女套装-立领	白+黑-M	150.00	1.00	150.00	100.00%	0.00	150.00
111002	女衬衫-拼接领	M	65.00	1.00	65.00	100.00%	0.00	65.00
112002	女衬衫-OL翻领	M	65.00	1.00	65.00	100.00%	0.00	65.00
108003	西服女套装-V领	白+黑-L	150.00	1.00	150.00	100.00%	0.00	150.00
107003	西服女套装-西装领	白+黑-L	150.00	1.00	150.00	100.00%	0.00	150.00
104001	文化衫	均码	15.00	9.00	135.00	100.00%	0.00	135.00
108002	西服女套装-V领	白+黑-M	150.00	2.00	300.00	100.00%	0.00	300.00
107002	西服女套装-西装领	白+黑-M	150.00	1.00	150.00	100.00%	0.00	150.00
110002	女衬衫-雪纺花边领	M	65.00	2.00	130.00	100.00%	0.00	130.00

付款方式	付款金额	单位
现金	1915.00	元

零售金额：1915.00　　总数量：28　　总扣额：0.00　　实收：1915.00　　舍零：0.00

收银员签章：　　盖收款章：　　谢谢惠顾，欢迎再次光临！

教学票样

№ 0102-19121802

华问服装商品销售单

第二联 记账

金额单位：元

店名：分店1　　日期：2019/12/18　　时间：17:20:10

班次：　　单号：0102-19121802　　营业员：赵琳

商品编码	品名货号	规格	单价	数量	金额	扣率	扣额	实收金额
109001	西服女套装-立领	白+黑-S	150.00	2.00	300.00	100.00%	0.00	300.00
101003	劳保工作服套装	艳蓝-170	75.00	1.00	75.00	100.00%	0.00	75.00
110003	女衬衫-雪纺花边领	L	65.00	2.00	130.00	100.00%	0.00	130.00
104001	文化衫	均码	15.00	5.00	75.00	100.00%	0.00	75.00
109003	西服女套装-立领	白+黑-L	150.00	3.00	450.00	100.00%	0.00	450.00
108001	西服女套装-V领	白+黑-S	150.00	1.00	150.00	100.00%	0.00	150.00
112001	女衬衫-OL翻领	S	65.00	1.00	65.00	100.00%	0.00	65.00
110001	女衬衫-雪纺花边领	S	65.00	1.00	65.00	100.00%	0.00	65.00
109002	西服女套装-立领	白+黑-M	150.00	1.00	150.00	100.00%	0.00	150.00
107002	西服女套装-西装领	白+黑-M	150.00	2.00	300.00	100.00%	0.00	300.00
108003	西服女套装-V领	白+黑-L	150.00	1.00	150.00	100.00%	0.00	150.00
105001	加厚军大衣	均码	85.00	1.00	85.00	100.00%	0.00	85.00
112002	女衬衫-OL翻领	M	65.00	2.00	130.00	100.00%	0.00	130.00
111002	女衬衫-拼接领	M	65.00	1.00	65.00	100.00%	0.00	65.00
102001	劳保工作服套装	灰色-160	70.00	1.00	70.00	100.00%	0.00	70.00
112003	女衬衫-OL翻领	L	65.00	1.00	65.00	100.00%	0.00	65.00
103001	户外运动衫	迷彩-均码	15.00	3.00	45.00	100.00%	0.00	45.00

付款方式	付款金额	单位
信用卡	2370.00	元

零售金额：2370.00　　总数量：29　　总扣额：0.00　　实收：2370.00　　舍零：0.00

收银员签章：　　盖收款章：　　谢谢惠顾，欢迎再次光临！

教学票样

No 0102-19121901

华问服装商品销售单 第二联 记账

金额单位：元

店名：分店1　　日期：2019/12/19　　时间：18:09:20

班次：　　单号：0102-19121901　　营业员：赵琳

商品编码	品名货号	规格	单价	数量	金额	扣率	扣额	实收金额
106001	西服男套装	黑色-S	200.00	1.00	200.00	100.00%	0.00	200.00
112002	女衬衫-OL翻领	M	65.00	3.00	195.00	100.00%	0.00	195.00
102004	劳保工作服套装	灰色-175	75.00	1.00	75.00	100.00%	0.00	75.00
101004	劳保工作服套装	艳蓝-175	75.00	1.00	75.00	100.00%	0.00	75.00
101005	劳保工作服套装	艳蓝-180	75.00	1.00	75.00	100.00%	0.00	75.00
104001	文化衫	均码	15.00	23.00	345.00	100.00%	0.00	345.00
105001	加厚军大衣	均码	85.00	2.00	170.00	100.00%	0.00	170.00
101001	劳保工作服套装	艳蓝-160	70.00	1.00	70.00	100.00%	0.00	70.00
111002	女衬衫-拼接领	M	65.00	2.00	130.00	100.00%	0.00	130.00
103001	户外运动衫	迷彩-均码	15.00	16.00	240.00	100.00%	0.00	240.00
108001	西服女套装-V领	白+黑-S	150.00	2.00	300.00	100.00%	0.00	300.00
102005	劳保工作服套装	灰色-180	75.00	1.00	75.00	100.00%	0.00	75.00
110001	女衬衫-雪纺花边领	S	65.00	2.00	130.00	100.00%	0.00	130.00
106002	西服男套装	黑色-M	200.00	1.00	200.00	100.00%	0.00	200.00
109001	西服女套装-立领	白+黑-S	150.00	2.00	300.00	100.00%	0.00	300.00
110002	女衬衫-雪纺花边领	M	65.00	1.00	65.00	100.00%	0.00	65.00
107002	西服女套装-西装领	白+黑-M	150.00	2.00	300.00	100.00%	0.00	300.00
109002	西服女套装-立领	白+黑-M	150.00	1.00	150.00	100.00%	0.00	150.00

付款方式	付款金额	单位
信用卡	3095.00	元

零售金额：3095.00　　总数量：63　　总扣额：0.00　　实收：3095.00　　舍零：0.00

收银员签章：　　盖收款章：　　谢谢惠顾，欢迎再次光临！

教学票样

№ 0102-19121902

华问服装商品销售单

第二联 记账

金额单位：元

店名：分店1　　日期：2019/12/19　　时间：18:15:40

班次：　　单号：0102-19121902　　营业员：赵琳

商品编码	品名货号	规格	单价	数量	金额	扣率	扣额	实收金额
111001	女衬衫-拼接领	S	65.00	2.00	130.00	100.00%	0.00	130.00
111003	女衬衫-拼接领	L	65.00	1.00	65.00	100.00%	0.00	65.00
110003	女衬衫-雪纺花边领	L	65.00	3.00	195.00	100.00%	0.00	195.00
110001	女衬衫-雪纺花边领	S	65.00	1.00	65.00	100.00%	0.00	65.00
107002	西服女套装-西装领	白+黑-M	150.00	1.00	150.00	100.00%	0.00	150.00
108002	西服女套装-V领	白+黑-M	150.00	1.00	150.00	100.00%	0.00	150.00
110002	女衬衫-雪纺花边领	M	65.00	2.00	130.00	100.00%	0.00	130.00
109003	西服女套装-立领	白+黑-L	150.00	2.00	300.00	100.00%	0.00	300.00
109002	西服女套装-立领	白+黑-M	150.00	2.00	300.00	100.00%	0.00	300.00

付款方式	付款金额	单位
现金	1485.00	元

零售金额：1485.00　总数量：15　总扣额：0.00　实收：1485.00　舍零：0.00

收银员签章：　　盖收款章：　　谢谢惠顾，欢迎再次光临！

教学票样

№ 0102-19122001

华问服装商品销售单

第二联 记账

金额单位：元

店名：分店1　　日期：2019/12/20　　时间：08:02:10

班次：　　单号：0102-19122001　　营业员：赵琳

商品编码	品名货号	规格	单价	数量	金额	扣率	扣额	实收金额
101005	劳保工作服套装	艳蓝-180	75.00	2.00	150.00	100.00%	0.00	150.00
101002	劳保工作服套装	艳蓝-165	70.00	1.00	70.00	100.00%	0.00	70.00
101003	劳保工作服套装	艳蓝-170	75.00	1.00	75.00	100.00%	0.00	75.00
104001	文化衫	均码	15.00	5.00	75.00	100.00%	0.00	75.00
103001	户外运动衫	迷彩-均码	15.00	5.00	75.00	100.00%	0.00	75.00
102002	劳保工作服套装	灰色-165	70.00	1.00	70.00	100.00%	0.00	70.00
107001	西服女套装-西装领	白+黑-S	150.00	2.00	300.00	100.00%	0.00	300.00
102004	劳保工作服套装	灰色-175	75.00	2.00	150.00	100.00%	0.00	150.00

付款方式	付款金额	单位
现金	965.00	元

零售金额：965.00　　总数量：19　　总扣额：0.00　　实收：965.00　　舍零：0.00

收银员签章：　　盖收款章：　　谢谢惠顾，欢迎再次光临！

教学票样

No 0102-19122002

华问服装商品销售单

第二联 记账

金额单位：元

店名：分店1 日期：2019/12/20 时间：08:15:12

班次： 单号：0102-18122002 营业员：赵琳

商品编码	品名货号	规格	单价	数量	金额	扣率	扣额	实收金额
112002	女衬衫-OL翻领	M	65.00	1.00	65.00	100.00%	0.00	65.00
111002	女衬衫-拼接领	M	65.00	4.00	260.00	100.00%	0.00	260.00
109001	西服女套装-立领	白+黑-S	150.00	1.00	150.00	100.00%	0.00	150.00
110003	女衬衫-雪纺花边领	L	65.00	3.00	195.00	100.00%	0.00	195.00
109003	西服女套装-立领	白+黑-L	150.00	1.00	150.00	100.00%	0.00	150.00
108001	西服女套装-V领	白+黑-S	150.00	2.00	300.00	100.00%	0.00	300.00

付款方式	付款金额	单位
现金	1120.00	元

零售金额：1120.00 总数量：12 总扣额：0.00 实收：1120.00 舍零：0.00

收银员签章： 盖收款章： 谢谢惠顾，欢迎再次光临！

教学票样

№ 0102-19122003

华问服装商品销售单

第二联 记账

金额单位：元

店名：分店1　　日期：2019/12/20　　时间：08:20:20

班次：　　单号：0102-19122003　　营业员：赵琳

商品编码	品名货号	规格	单价	数量	金额	扣率	扣额	实收金额
110003	女衬衫-雪纺花边领	L	65.00	1.00	65.00	100.00%	0.00	65.00
112003	女衬衫-OL翻领	L	65.00	1.00	65.00	100.00%	0.00	65.00
111003	女衬衫-拼接领	L	65.00	1.00	65.00	100.00%	0.00	65.00
108003	西服女套装-V领	白+黑-L	150.00	1.00	150.00	100.00%	0.00	150.00
108002	西服女套装-V领	白+黑-M	150.00	1.00	150.00	100.00%	0.00	150.00
109002	西服女套装-立领	白+黑-M	150.00	3.00	450.00	100.00%	0.00	450.00
112001	女衬衫-OL翻领	S	65.00	1.00	65.00	100.00%	0.00	65.00
110001	女衬衫-雪纺花边领	S	65.00	1.00	65.00	100.00%	0.00	65.00
110002	女衬衫-雪纺花边领	M	65.00	3.00	195.00	100.00%	0.00	195.00
107001	西服女套装-西装领	白+黑-S	150.00	1.00	150.00	100.00%	0.00	150.00
107003	西服女套装-西装领	白+黑-L	150.00	2.00	300.00	100.00%	0.00	300.00
111002	女衬衫-拼接领	M	65.00	2.00	130.00	100.00%	0.00	130.00
102005	劳保工作服套装	灰色-180	75.00	1.00	75.00	100.00%	0.00	75.00
101003	劳保工作服套装	艳蓝-170	75.00	1.00	75.00	100.00%	0.00	75.00
103001	户外运动衫	迷彩-均码	15.00	5.00	75.00	100.00%	0.00	75.00
112002	女衬衫-OL翻领	M	65.00	2.00	130.00	100.00%	0.00	130.00
109001	西服女套装-立领	白+黑-S	150.00	2.00	300.00	100.00%	0.00	300.00
109003	西服女套装-立领	白+黑-L	150.00	1.00	150.00	100.00%	0.00	150.00
107002	西服女套装-西装领	白+黑-M	150.00	1.00	150.00	100.00%	0.00	150.00

付款方式	付款金额	单位
信用卡	2805.00	元

零售金额：2805.00　　总数量：31　　总扣额：0.00　　实收：2805.00　　舍零：0.00

收银员签章：　　盖收款章：　　谢谢惠顾，欢迎再次光临！

教学票样

№ 0102-19122101

华问服装商品销售单

第二联 记账

金额单位：元

店名：分店1　　日期：2019/12/21　　时间：09:05:20

班次：　　单号：0102-19122101　　营业员：赵琳

商品编码	品名货号	规格	单价	数量	金额	扣率	扣额	实收金额
109001	西服女套装-立领	白+黑-S	150.00	2.00	300.00	100.00%	0.00	300.00
103001	户外运动衫	迷彩-均码	15.00	2.00	30.00	100.00%	0.00	30.00
108002	西服女套装-V领	白+黑-M	150.00	2.00	300.00	100.00%	0.00	300.00
110003	女衬衫-雪纺花边领	L	65.00	1.00	65.00	100.00%	0.00	65.00
107001	西服女套装-西装领	白+黑-S	150.00	1.00	150.00	100.00%	0.00	150.00
111003	女衬衫-拼接领	L	65.00	1.00	65.00	100.00%	0.00	65.00
107003	西服女套装-西装领	白+黑-L	150.00	1.00	150.00	100.00%	0.00	150.00
112003	女衬衫-OL翻领	L	65.00	1.00	65.00	100.00%	0.00	65.00
102003	劳保工作服套装	灰色-170	75.00	1.00	75.00	100.00%	0.00	75.00
109002	西服女套装-立领	白+黑-M	150.00	1.00	150.00	100.00%	0.00	150.00
102004	劳保工作服套装	灰色-175	75.00	1.00	75.00	100.00%	0.00	75.00
111002	女衬衫-拼接领	M	65.00	2.00	130.00	100.00%	0.00	130.00
101004	劳保工作服套装	艳蓝-175	75.00	1.00	75.00	100.00%	0.00	75.00
112002	女衬衫-OL翻领	M	65.00	1.00	65.00	100.00%	0.00	65.00
110002	女衬衫-雪纺花边领	M	65.00	2.00	130.00	100.00%	0.00	130.00
106003	西服男套装	黑色-L	200.00	1.00	200.00	100.00%	0.00	200.00
104001	文化衫	均码	15.00	6.00	90.00	100.00%	0.00	90.00

付款方式	付款金额	单位
信用卡	2115.00	元

零售金额：2115.00　　总数量：27　　总扣额：0.00　　实收：2115.00　　舍零：0.00

收银员签章：　　盖收款章：　　谢谢惠顾，欢迎再次光临！

教学票样

№ 0102-19122102

华问服装商品销售单

第二联 记账

金额单位：元

店名：分店1　　日期：2019/12/21　　时间：09:20:30

班次：　　单号：0102-19122102　　营业员：赵琳

商品编码	品名货号	规格	单价	数量	金额	扣率	扣额	实收金额
108001	西服女套装-V领	白+黑-S	150.00	1.00	150.00	100.00%	0.00	150.00
101005	劳保工作服套装	艳蓝-180	75.00	1.00	75.00	100.00%	0.00	75.00
107002	西服女套装-西装领	白+黑-M	150.00	1.00	150.00	100.00%	0.00	150.00
101002	劳保工作服套装	艳蓝-165	70.00	1.00	70.00	100.00%	0.00	70.00
102005	劳保工作服套装	灰色-180	75.00	1.00	75.00	100.00%	0.00	75.00
109001	西服女套装-立领	白+黑-S	150.00	1.00	150.00	100.00%	0.00	150.00
110003	女衬衫-雪纺花边领	L	65.00	2.00	130.00	100.00%	0.00	130.00
110001	女衬衫-雪纺花边领	S	65.00	1.00	65.00	100.00%	0.00	65.00
109003	西服女套装-立领	白+黑-L	150.00	2.00	300.00	100.00%	0.00	300.00
112001	女衬衫-OL翻领	S	65.00	1.00	65.00	100.00%	0.00	65.00
103001	户外运动衫	迷彩-均码	15.00	3.00	45.00	100.00%	0.00	45.00
111001	女衬衫-拼接领	S	65.00	1.00	65.00	100.00%	0.00	65.00
112003	女衬衫-OL翻领	L	65.00	1.00	65.00	100.00%	0.00	65.00
111003	女衬衫-拼接领	L	65.00	1.00	65.00	100.00%	0.00	65.00
108003	西服女套装-V领	白+黑-L	150.00	1.00	150.00	100.00%	0.00	150.00
106003	西服男套装	黑色-L	200.00	1.00	200.00	100.00%	0.00	200.00
104001	文化衫	均码	15.00	6.00	90.00	100.00%	0.00	90.00

付款方式	付款金额	单位
信用卡	1910.00	元

零售金额：1910.00　总数量：26　总扣额：0.00　实收：1910.00　舍零：0.00

收银员签章：　　盖收款章：　　谢谢惠顾，欢迎再次光临！

教学票样

No 0102-19122201

华问服装商品销售单

第二联 记账

金额单位：元

店名：分店1　　日期：2019/12/22　　时间：10:10:15

班次：　　单号：0102-19122201　　营业员：赵琳

商品编码	品名货号	规格	单价	数量	金额	扣率	扣额	实收金额
107002	西服女套装-西装领	白+黑-M	150.00	2.00	300.00	90.74%	27.78	272.22
104001	文化衫	均码	15.00	19.00	285.00	90.74%	26.39	258.61
105001	加厚军大衣	均码	85.00	1.00	85.00	90.74%	7.87	77.13
108001	西服女套装-V领	白+黑-S	150.00	1.00	150.00	90.74%	13.89	136.11
110001	女衬衫-雪纺花边领	S	65.00	1.00	65.00	90.74%	6.02	58.98
111002	女衬衫-拼接领	M	65.00	1.00	65.00	90.74%	6.02	58.98
102001	劳保工作服套装	灰色-160	70.00	2.00	140.00	90.74%	12.96	127.04
101001	劳保工作服套装	艳蓝-160	70.00	2.00	140.00	90.74%	12.96	127.04
110003	女衬衫-雪纺花边领	L	65.00	2.00	130.00	90.74%	12.04	117.96
108003	西服女套装-V领	白+黑-L	150.00	1.00	150.00	90.74%	13.89	136.11
112001	女衬衫-OL翻领	S	65.00	1.00	65.00	90.74%	6.02	58.98
102003	劳保工作服套装	灰色-170	75.00	5.00	375.00	90.74%	34.72	340.28
109001	西服女套装-立领	白+黑-S	150.00	1.00	150.00	90.74%	13.89	136.11
101003	劳保工作服套装	艳蓝-170	75.00	1.00	75.00	90.75%	6.94	68.06
109003	西服女套装-立领	白+黑-L	150.00	3.00	450.00	90.74%	41.67	408.33
112002	女衬衫-OL翻领	M	65.00	2.00	130.00	90.75%	12.03	117.97
103001	户外运动衫	迷彩-均码	15.00	8.00	120.00	90.74%	11.11	108.89
109002	西服女套装-立领	白+黑-M	150.00	2.00	300.00	90.74%	27.78	272.22
111003	女衬衫-拼接领	L	65.00	1.00	65.00	90.74%	6.02	58.98

付款方式	付款金额	单位
信用卡	2940.00	元

零售金额：3240.00　总数量：56　总扣额：300.00　实收：2940.00　舍零：0.00

收银员签章：　　盖收款章：　　谢谢惠顾，欢迎再次光临！

教学票样

No 0102-19122202

华问服装商品销售单

第二联 记账

金额单位：元

店名：分店1　　日期：2019/12/22　　时间：10:40:35

班次：　　单号：0102-19122202　　营业员：赵琳

商品编码	品名货号	规格	单价	数量	金额	扣率	扣额	实收金额
107001	西服女套装-西装领	白+黑-S	150.00	2.00	300.00	93.06%	20.83	279.17
108002	西服女套装-V领	白+黑-M	150.00	2.00	300.00	93.06%	20.83	279.17
112003	女衬衫-OL翻领	L	65.00	1.00	65.00	93.05%	4.52	60.48
111002	女衬衫-拼接领	M	65.00	2.00	130.00	93.05%	9.03	120.97
110001	女衬衫-雪纺花边领	S	65.00	1.00	65.00	93.06%	4.51	60.49
109002	西服女套装-立领	白+黑-M	150.00	3.00	450.00	93.06%	31.25	418.75
110003	女衬衫-雪纺花边领	L	65.00	2.00	130.00	93.05%	9.03	120.97

付款方式	付款金额	单位
现金	1340.00	元

零售金额：1440.00　总数量：13　总扣额：100.00　实收：1340.00　舍零：0.00

收银员签章：　　盖收款章：　　谢谢惠顾，欢迎再次光临！

教学票样

№ 0102-19122301

华问服装商品销售单

第二联 记账

金额单位：元

店名：分店1　　日期：2019/12/23　　时间：10:01:12

班次：　　单号：0102-19122301　　营业员：赵琳

商品编码	品名货号	规格	单价	数量	金额	扣率	扣额	实收金额
110001	女衬衫-雪纺花边领	S	65.00	3.00	195.00	100.00%	0.00	195.00
111001	女衬衫-拼接领	S	65.00	1.00	65.00	100.00%	0.00	65.00
111002	女衬衫-拼接领	M	65.00	1.00	65.00	100.00%	0.00	65.00
111003	女衬衫-拼接领	L	65.00	2.00	130.00	100.00%	0.00	130.00
109002	西服女套装-立领	白+黑-M	150.00	2.00	300.00	100.00%	0.00	300.00
110003	女衬衫-雪纺花边领	L	65.00	2.00	130.00	100.00%	0.00	130.00

付款方式	付款金额	单位
现金	885.00	元

零售金额：885.00　　总数量：11　　总扣额：0.00　　实收：885.00　　舍零：0.00

收银员签章：　　盖收款章：　　谢谢惠顾，欢迎再次光临！

教学票样

No 0102-19122302

华问服装商品销售单 第二联 记账

金额单位：元

店名：分店1　　日期：2019/12/23　　时间：10:32:51

班次：　　单号：0102-19122302　　营业员：赵琳

商品编码	品名货号	规格	单价	数量	金额	扣率	扣额	实收金额
102005	劳保工作服套装	灰色-180	75.00	1.00	75.00	90.89%	6.83	68.17
112002	女衬衫-OL翻领	M	65.00	2.00	130.00	90.89%	11.84	118.16
107003	西服女套装-西装领	白+黑-L	150.00	1.00	150.00	90.89%	13.66	136.34
109001	西服女套装-立领	白+黑-S	150.00	2.00	300.00	90.90%	27.31	272.69
102004	劳保工作服套装	灰色-175	75.00	1.00	75.00	90.89%	6.83	68.17
112001	女衬衫-OL翻领	S	65.00	1.00	65.00	90.89%	5.92	59.08
110001	女衬衫-雪纺花边领	S	65.00	1.00	65.00	90.89%	5.92	59.08
110003	女衬衫-雪纺花边领	L	65.00	1.00	65.00	90.89%	5.92	59.08
104001	文化衫	均码	15.00	1.00	15.00	90.87%	1.37	13.63
101004	劳保工作服套装	艳蓝-175	75.00	1.00	75.00	90.89%	6.83	68.17
111002	女衬衫-拼接领	M	65.00	2.00	130.00	90.89%	11.84	118.16
108002	西服女套装-V领	白+黑-M	150.00	3.00	450.00	90.90%	40.97	409.03
109003	西服女套装-立领	白+黑-L	150.00	1.00	150.00	90.89%	13.66	136.34
106005	西服男套装	黑色-XXL	200.00	1.00	200.00	90.91%	18.19	181.81
107001	西服女套装-西装领	白+黑-S	150.00	4.00	600.00	90.90%	54.63	545.37
102003	劳保工作服套装	灰色-170	75.00	1.00	75.00	90.89%	6.83	68.17
108001	西服女套装-V领	白+黑-S	150.00	1.00	150.00	90.89%	13.66	136.34
101001	劳保工作服套装	艳蓝-160	70.00	1.00	70.00	90.90%	6.37	63.63
107002	西服女套装-西装领	白+黑-M	150.00	2.00	300.00	90.90%	27.31	272.69
105001	加厚军大衣	均码	85.00	1.00	85.00	90.89%	7.74	77.26
102001	劳保工作服套装	灰色-160	70.00	1.00	70.00	90.90%	6.37	63.63

付款方式	付款金额	单位
信用卡	2995.00	元

零售金额：3295.00　总数量：30　总扣额：300.00　实收：2995.00　舍零：0.00

收银员签章：　　盖收款章：　　谢谢惠顾，欢迎再次光临！

教学票样

№ 0102-19122401

华问服装商品销售单

第二联 记账

金额单位：元

店名：分店1　　日期：2019/12/24　　时间：09:40:27

班次：　　单号：0102-19122401　　营业员：赵琳

商品编码	品名货号	规格	单价	数量	金额	扣率	扣额	实收金额
102002	劳保工作服套装	灰色-165	70.00	1.00	70.00	100.00%	0.00	70.00
108002	西服女套装-V领	白+黑-M	150.00	1.00	150.00	100.00%	0.00	150.00
102004	劳保工作服套装	灰色-175	75.00	1.00	75.00	100.00%	0.00	75.00
104001	文化衫	均码	15.00	15.00	225.00	100.00%	0.00	225.00
111003	女衬衫-拼接领	L	65.00	2.00	130.00	100.00%	0.00	130.00
107002	西服女套装-西装领	白+黑-M	150.00	1.00	150.00	100.00%	0.00	150.00
103001	户外运动衫	迷彩-均码	15.00	8.00	120.00	100.00%	0.00	120.00
110001	女衬衫-雪纺花边领	S	65.00	3.00	195.00	100.00%	0.00	195.00
109003	西服女套装-立领	白+黑-L	150.00	1.00	150.00	100.00%	0.00	150.00
112003	女衬衫-OL翻领	L	65.00	1.00	65.00	100.00%	0.00	65.00
101004	劳保工作服套装	艳蓝-175	75.00	2.00	150.00	100.00%	0.00	150.00
101002	劳保工作服套装	艳蓝-165	70.00	1.00	70.00	100.00%	0.00	70.00
102003	劳保工作服套装	灰色-170	75.00	1.00	75.00	100.00%	0.00	75.00
111001	女衬衫-拼接领	S	65.00	1.00	65.00	100.00%	0.00	65.00
110003	女衬衫-雪纺花边领	L	65.00	2.00	130.00	100.00%	0.00	130.00
106002	西服男套装	黑色-M	200.00	1.00	200.00	100.00%	0.00	200.00
110002	女衬衫-雪纺花边领	M	65.00	2.00	130.00	100.00%	0.00	130.00
107003	西服女套装-西装领	白+黑-L	150.00	2.00	300.00	100.00%	0.00	300.00
112002	女衬衫-OL翻领	M	65.00	1.00	65.00	100.00%	0.00	65.00
111002	女衬衫-拼接领	M	65.00	1.00	65.00	100.00%	0.00	65.00
112001	女衬衫-OL翻领	S	65.00	1.00	65.00	100.00%	0.00	65.00

付款方式	付款金额	单位
信用卡	2645.00	元

零售金额：2645.00　总数量：49　总扣额：0.00　实收：2645.00　舍零：0.00

收银员签章：　　盖收款章：　　谢谢惠顾，欢迎再次光临！

教学票样

No 0102-19122402

华问服装商品销售单

第二联 记账

金额单位：元

店名：分店1　　日期：2019/12/24　　时间：09:58:25

班次：　　单号：0102-19122402　　营业员：赵琳

商品编码	品名货号	规格	单价	数量	金额	扣率	扣额	实收金额
112002	女衬衫-OL翻领	M	65.00	3.00	195.00	100.00%	0.00	195.00
102004	劳保工作服套装	灰色-175	75.00	2.00	150.00	100.00%	0.00	150.00
111002	女衬衫-拼接领	M	65.00	1.00	65.00	100.00%	0.00	65.00
104001	文化衫	均码	15.00	6.00	90.00	100.00%	0.00	90.00
106004	西服男套装	黑色-XL	200.00	1.00	200.00	100.00%	0.00	200.00
108002	西服女套装-V领	白+黑-M	150.00	1.00	150.00	100.00%	0.00	150.00
107003	西服女套装-西装领	白+黑-L	150.00	1.00	150.00	100.00%	0.00	150.00
110001	女衬衫-雪纺花边领	S	65.00	1.00	65.00	100.00%	0.00	65.00
103001	户外运动衫	迷彩-均码	15.00	8.00	120.00	100.00%	0.00	120.00
101002	劳保工作服套装	艳蓝-165	70.00	1.00	70.00	100.00%	0.00	70.00
112003	女衬衫-OL翻领	L	65.00	1.00	65.00	100.00%	0.00	65.00
109002	西服女套装-立领	白+黑-M	150.00	1.00	150.00	100.00%	0.00	150.00
110002	女衬衫-雪纺花边领	M	65.00	2.00	130.00	100.00%	0.00	130.00
106003	西服男套装	黑色-L	200.00	2.00	400.00	100.00%	0.00	400.00
111003	女衬衫-拼接领	L	65.00	2.00	130.00	100.00%	0.00	130.00
107001	西服女套装-西装领	白+黑-S	150.00	2.00	300.00	100.00%	0.00	300.00
111001	女衬衫-拼接领	S	65.00	1.00	65.00	100.00%	0.00	65.00
102001	劳保工作服套装	灰色-160	70.00	1.00	70.00	100.00%	0.00	70.00

付款方式	付款金额	单位
信用卡	2565.00	元

零售金额：2565.00　　总数量：37　　总扣额：0.00　　实收：2565.00　　舍零：0.00

收银员签章：　　盖收款章：　　谢谢惠顾，欢迎再次光临！

教学票样

№ 0102-19122501

华问服装商品销售单

第二联 记账

金额单位：元

店名：分店1　　日期：2019/12/25　　时间：09:55:22

班次：　　单号：0102-19122501　　营业员：赵琳

商品编码	品名货号	规格	单价	数量	金额	扣率	扣额	实收金额
102001	劳保工作服套装	灰色-160	70.00	1.00	70.00	100.00%	0.00	70.00
110003	女衬衫-雪纺花边领	L	65.00	2.00	130.00	100.00%	0.00	130.00
112003	女衬衫-OL翻领	L	65.00	1.00	65.00	100.00%	0.00	65.00
104001	文化衫	均码	15.00	8.00	120.00	100.00%	0.00	120.00
103001	户外运动衫	迷彩-均码	15.00	5.00	75.00	100.00%	0.00	75.00
101001	劳保工作服套装	艳蓝-160	70.00	1.00	70.00	100.00%	0.00	70.00
102003	劳保工作服套装	灰色-170	75.00	5.00	375.00	100.00%	0.00	375.00
111002	女衬衫-拼接领	M	65.00	2.00	130.00	100.00%	0.00	130.00
112001	女衬衫-OL翻领	S	65.00	1.00	65.00	100.00%	0.00	65.00
108002	西服女套装-V领	白+黑-M	150.00	2.00	300.00	100.00%	0.00	300.00
109002	西服女套装-立领	白+黑-M	150.00	3.00	450.00	100.00%	0.00	450.00
110001	女衬衫-雪纺花边领	S	65.00	1.00	65.00	100.00%	0.00	65.00
107001	西服女套装-西装领	白+黑-S	150.00	2.00	300.00	100.00%	0.00	300.00

付款方式	付款金额	单位
信用卡	2215.00	元

零售金额：2215.00　　总数量：34　　总扣额：0.00　　实收：2215.00　　舍零：0.00

收银员签章：　　盖收款章：　　谢谢惠顾，欢迎再次光临！

教学票样

№ 0102-19122502

华问服装商品销售单

第二联 记账

金额单位：元

店名：分店1　　日期：2019/12/25　　时间：10:18:05

班次：　　单号：0102-19122502　　营业员：赵琳

商品编码	品名货号	规格	单价	数量	金额	扣率	扣额	实收金额
108002	西服女套装-V领	白+黑-M	150.00	2.00	300.00	100.00%	0.00	300.00
111002	女衬衫-拼接领	M	65.00	2.00	130.00	100.00%	0.00	130.00
109003	西服女套装-立领	白+黑-L	150.00	1.00	150.00	100.00%	0.00	150.00
102003	劳保工作服套装	灰色-170	75.00	1.00	75.00	100.00%	0.00	75.00
107002	西服女套装-西装领	白+黑-M	150.00	2.00	300.00	100.00%	0.00	300.00
102005	劳保工作服套装	灰色-180	75.00	1.00	75.00	100.00%	0.00	75.00
112001	女衬衫-OL翻领	S	65.00	1.00	65.00	100.00%	0.00	65.00
110003	女衬衫-雪纺花边领	L	65.00	1.00	65.00	100.00%	0.00	65.00
101001	劳保工作服套装	艳蓝-160	70.00	1.00	70.00	100.00%	0.00	70.00
105001	加厚军大衣	均码	85.00	1.00	85.00	100.00%	0.00	85.00
106001	西服男套装	黑色-S	200.00	1.00	200.00	100.00%	0.00	200.00
109001	西服女套装-立领	白+黑-S	150.00	3.00	450.00	100.00%	0.00	450.00

付款方式	付款金额	单位
信用卡	1965.00	元

零售金额：1965.00　总数量：17　总扣额：0.00　实收：1965.00　舍零：0.00

收银员签章：　　盖收款章：　　谢谢惠顾，欢迎再次光临！

教学票样

№ 0102-19122601

华问服装商品销售单

第二联 记账

金额单位：元

店名：分店1　　日期：2019/12/26　　时间：09:40:10

班次：　　单号：0102-19122601　　营业员：赵琳

商品编码	品名货号	规格	单价	数量	金额	扣率	扣额	实收金额
108001	西服女套装-V领	白+黑-S	150.00	1.00	150.00	100.00%	0.00	150.00
101003	劳保工作服套装	艳蓝-170	75.00	1.00	75.00	100.00%	0.00	75.00
102002	劳保工作服套装	灰色-165	70.00	1.00	70.00	100.00%	0.00	70.00
104001	文化衫	均码	15.00	11.00	165.00	100.00%	0.00	165.00
103001	户外运动衫	迷彩-均码	15.00	1.00	15.00	100.00%	0.00	15.00
107002	西服女套装-西装领	白+黑-M	150.00	2.00	300.00	100.00%	0.00	300.00
102004	劳保工作服套装	灰色-175	75.00	1.00	75.00	100.00%	0.00	75.00
106004	西服男套装	黑色-XL	200.00	1.00	200.00	100.00%	0.00	200.00

付款方式	付款金额	单位
现金	1050.00	元

零售金额：1050.00　总数量：19　总扣额：0.00　实收：1050.00　舍零：0.00

收银员签章：　　盖收款章：　　谢谢惠顾，欢迎再次光临！

教学票样

No 0102-19122602

华问服装商品销售单

第二联 记账

金额单位：元

店名：分店1　　日期：2019/12/26　　时间：10:18:28

班次：　　单号：0102-19122602　　营业员：赵琳

商品编码	品名货号	规格	单价	数量	金额	扣率	扣额	实收金额
112001	女衬衫-OL翻领	S	65.00	2.00	130.00	100.00%	0.00	130.00
111002	女衬衫-拼接领	M	65.00	2.00	130.00	100.00%	0.00	130.00
112002	女衬衫-OL翻领	M	65.00	2.00	130.00	100.00%	0.00	130.00
108002	西服女套装-V领	白+黑-M	150.00	2.00	300.00	100.00%	0.00	300.00
112003	女衬衫-OL翻领	L	65.00	1.00	65.00	100.00%	0.00	65.00
109003	西服女套装-立领	白+黑-L	150.00	1.00	150.00	100.00%	0.00	150.00
110001	女衬衫-雪纺花边领	S	65.00	2.00	130.00	100.00%	0.00	130.00

付款方式	付款金额	单位
现金	1035.00	元

零售金额：1035.00　　总数量：12　　总扣额：0.00　　实收：1035.00　　舍零：0.00

收银员签章：　　盖收款章：　　谢谢惠顾，欢迎再次光临！

教学票样

No 0102-19122603

华问服装商品销售单　第二联　记账

金额单位：元

店名：分店1　　日期：2019/12/26　　时间：11:22:11

班次：　　单号：0102-19122603　　营业员：赵琳

商品编码	品名货号	规格	单价	数量	金额	扣率	扣额	实收金额
109002	西服女套装-立领	白+黑-M	150.00	1.00	150.00	100.00%	0.00	150.00
104001	文化衫	均码	15.00	9.00	135.00	100.00%	0.00	135.00
109003	西服女套装-立领	白+黑-L	150.00	3.00	450.00	100.00%	0.00	450.00
106001	西服男套装	黑色-S	200.00	1.00	200.00	100.00%	0.00	200.00
101005	劳保工作服套装	艳蓝-180	75.00	1.00	75.00	100.00%	0.00	75.00
110003	女衬衫-雪纺花边领	L	65.00	2.00	130.00	100.00%	0.00	130.00
108001	西服女套装-V领	白+黑-S	150.00	1.00	150.00	100.00%	0.00	150.00
103001	户外运动衫	迷彩-均码	15.00	5.00	75.00	100.00%	0.00	75.00
111001	女衬衫-拼接领	S	65.00	1.00	65.00	100.00%	0.00	65.00
105001	加厚军大衣	均码	85.00	1.00	85.00	100.00%	0.00	85.00
102003	劳保工作服套装	灰色-170	75.00	1.00	75.00	100.00%	0.00	75.00
107003	西服女套装-西装领	白+黑-L	150.00	1.00	150.00	100.00%	0.00	150.00
101004	劳保工作服套装	艳蓝-175	75.00	1.00	75.00	100.00%	0.00	75.00
111002	女衬衫-拼接领	M	65.00	2.00	130.00	100.00%	0.00	130.00
107002	西服女套装-西装领	白+黑-M	150.00	2.00	300.00	100.00%	0.00	300.00
112002	女衬衫-OL翻领	M	65.00	2.00	130.00	100.00%	0.00	130.00
112003	女衬衫-OL翻领	L	65.00	2.00	130.00	100.00%	0.00	130.00
110002	女衬衫-雪纺花边领	M	65.00	2.00	130.00	100.00%	0.00	130.00
108003	西服女套装-V领	白+黑-L	150.00	1.00	150.00	100.00%	0.00	150.00

付款方式	付款金额	单位
信用卡	2785.00	元

零售金额：2785.00　总数量：39　总扣额：0.00　实收：2785.00　舍零：0.00

收银员签章：　　盖收款章：　　谢谢惠顾，欢迎再次光临！

教学票样

No 0102-19122701

华问服装商品销售单　第二联　记账

金额单位：元

店名：分店1　　日期：2019/12/27　　时间：09:30:01

班次：　　单号：0102-19122701　　营业员：赵琳

商品编码	品名货号	规格	单价	数量	金额	扣率	扣额	实收金额
107001	西服女套装-西装领	白+黑-S	150.00	1.00	150.00	100.00%	0.00	150.00
104001	文化衫	均码	15.00	21.00	315.00	100.00%	0.00	315.00
112001	女衬衫-OL翻领	S	65.00	1.00	65.00	100.00%	0.00	65.00
109003	西服女套装-立领	白+黑-L	150.00	1.00	150.00	100.00%	0.00	150.00
102002	劳保工作服套装	灰色-165	70.00	1.00	70.00	100.00%	0.00	70.00
102003	劳保工作服套装	灰色-170	75.00	1.00	75.00	100.00%	0.00	75.00
103001	户外运动衫	迷彩-均码	15.00	6.00	90.00	100.00%	0.00	90.00
101004	劳保工作服套装	艳蓝-175	75.00	1.00	75.00	100.00%	0.00	75.00
108003	西服女套装-V领	白+黑-L	150.00	1.00	150.00	100.00%	0.00	150.00
108002	西服女套装-V领	白+黑-M	150.00	1.00	150.00	100.00%	0.00	150.00
111002	女衬衫-拼接领	M	65.00	2.00	130.00	100.00%	0.00	130.00
112003	女衬衫-OL翻领	L	65.00	1.00	65.00	100.00%	0.00	65.00
110001	女衬衫-雪纺花边领	S	65.00	1.00	65.00	100.00%	0.00	65.00
102004	劳保工作服套装	灰色-175	75.00	1.00	75.00	100.00%	0.00	75.00
109002	西服女套装-立领	白+黑-M	150.00	2.00	300.00	100.00%	0.00	300.00
101002	劳保工作服套装	艳蓝-165	70.00	2.00	140.00	100.00%	0.00	140.00
109001	西服女套装-立领	白+黑-S	150.00	1.00	150.00	100.00%	0.00	150.00
107003	西服女套装-西装领	白+黑-L	150.00	2.00	300.00	100.00%	0.00	300.00
105001	加厚军大衣	均码	85.00	1.00	85.00	100.00%	0.00	85.00
110003	女衬衫-雪纺花边领	L	65.00	1.00	65.00	100.00%	0.00	65.00
106004	西服男套装	黑色-XL	200.00	1.00	200.00	100.00%	0.00	200.00
110002	女衬衫-雪纺花边领	M	65.00	2.00	130.00	100.00%	0.00	130.00
106003	西服男套装	黑色-L	200.00	2.00	400.00	100.00%	0.00	400.00

付款方式	付款金额	单位
信用卡	3395.00	元

零售金额：3395.00　总数量：54　总扣额：0.00　实收：3395.00　舍零：0.00

收银员签章：　　盖收款章：　　谢谢惠顾，欢迎再次光临！

教学票样

No 0102-19122702

华问服装商品销售单

第二联 记账

金额单位：元

店名：分店1　　日期：2019/12/27　　时间：10:10:01

班次：　　单号：0102-19122702　　营业员：赵琳

商品编码	品名货号	规格	单价	数量	金额	扣率	扣额	实收金额
109003	西服女套装-立领	白+黑-L	150.00	1.00	150.00	100.00%	0.00	150.00
109001	西服女套装-立领	白+黑-S	150.00	1.00	150.00	100.00%	0.00	150.00
107001	西服女套装-西装领	白+黑-S	150.00	1.00	150.00	100.00%	0.00	150.00
111001	女衬衫-拼接领	S	65.00	3.00	195.00	100.00%	0.00	195.00
108002	西服女套装-V领	白+黑-M	150.00	1.00	150.00	100.00%	0.00	150.00
107002	西服女套装-西装领	白+黑-M	150.00	1.00	150.00	100.00%	0.00	150.00
110002	女衬衫-雪纺花边领	M	65.00	2.00	130.00	100.00%	0.00	130.00
107003	西服女套装-西装领	白+黑-L	150.00	2.00	300.00	100.00%	0.00	300.00
111003	女衬衫-拼接领	L	65.00	1.00	65.00	100.00%	0.00	65.00
111002	女衬衫-拼接领	M	65.00	1.00	65.00	100.00%	0.00	65.00

付款方式	付款金额	单位
现金	1505.00	元

零售金额：1505.00　　总数量：14　　总扣额：0.00　　实收：1505.00　　舍零：0.00

收银员签章：　　盖收款章：　　谢谢惠顾，欢迎再次光临！

教学票样

№ 0102-19122801

华问服装商品销售单

第二联 记账

金额单位：元

店名：分店1　　日期：2019/12/28　　时间：09:16:28

班次：　　单号：0102-19122801　　营业员：赵琳

商品编码	品名货号	规格	单价	数量	金额	扣率	扣额	实收金额
111003	女衬衫-拼接领	L	65.00	1.00	65.00	100.00%	0.00	65.00
109003	西服女套装-立领	白+黑-L	150.00	1.00	150.00	100.00%	0.00	150.00
111001	女衬衫-拼接领	S	65.00	1.00	65.00	100.00%	0.00	65.00
109001	西服女套装-立领	白+黑-S	150.00	1.00	150.00	100.00%	0.00	150.00
106001	西服男套装	黑色-S	200.00	1.00	200.00	100.00%	0.00	200.00
112003	女衬衫-OL翻领	L	65.00	1.00	65.00	100.00%	0.00	65.00
102002	劳保工作服套装	灰色-165	70.00	1.00	70.00	100.00%	0.00	70.00
107002	西服女套装-西装领	白+黑-M	150.00	2.00	300.00	100.00%	0.00	300.00
111002	女衬衫-拼接领	M	65.00	1.00	65.00	100.00%	0.00	65.00
106004	西服男套装	黑色-XL	200.00	1.00	200.00	100.00%	0.00	200.00
110002	女衬衫-雪纺花边领	M	65.00	1.00	65.00	100.00%	0.00	65.00
104001	文化衫	均码	15.00	5.00	75.00	100.00%	0.00	75.00
107001	西服女套装-西装领	白+黑-S	150.00	1.00	150.00	100.00%	0.00	150.00
101003	劳保工作服套装	艳蓝-170	75.00	1.00	75.00	100.00%	0.00	75.00
103001	户外运动衫	迷彩-均码	15.00	1.00	15.00	100.00%	0.00	15.00
109002	西服女套装-立领	白+黑-M	150.00	2.00	300.00	100.00%	0.00	300.00
108001	西服女套装-V领	白+黑-S	150.00	1.00	150.00	100.00%	0.00	150.00
108002	西服女套装-V领	白+黑-M	150.00	2.00	300.00	100.00%	0.00	300.00
110003	女衬衫-雪纺花边领	L	65.00	2.00	130.00	100.00%	0.00	130.00
112002	女衬衫-OL翻领	M	65.00	1.00	65.00	100.00%	0.00	65.00

付款方式	付款金额	单位
信用卡	2655.00	元

零售金额：2655.00　　总数量：28　　总扣额：0.00　　实收：2655.00　　舍零：0.00

收银员签章：　　盖收款章：　　谢谢惠顾，欢迎再次光临！

教学票样

No 0102-19122802

华问服装商品销售单 第二联 记账

金额单位：元

店名：分店1 日期：2019/12/28 时间：10:40:00

班次： 单号：0102-19122802 营业员：赵琳

商品编码	品名货号	规格	单价	数量	金额	扣率	扣额	实收金额
111003	女衬衫-拼接领	L	65.00	1.00	65.00	100.00%	0.00	65.00
108001	西服女套装-V领	白+黑-S	150.00	1.00	150.00	100.00%	0.00	150.00
102002	劳保工作服套装	灰色-165	70.00	1.00	70.00	100.00%	0.00	70.00
111002	女衬衫-拼接领	M	65.00	2.00	130.00	100.00%	0.00	130.00
110002	女衬衫-雪纺花边领	M	65.00	1.00	65.00	100.00%	0.00	65.00
104001	文化衫	均码	15.00	7.00	105.00	100.00%	0.00	105.00
111001	女衬衫-拼接领	S	65.00	1.00	65.00	100.00%	0.00	65.00
112003	女衬衫-OL翻领	L	65.00	1.00	65.00	100.00%	0.00	65.00
109001	西服女套装-立领	白+黑-S	150.00	2.00	300.00	100.00%	0.00	300.00
106004	西服男套装	黑色-XL	200.00	1.00	200.00	100.00%	0.00	200.00
106002	西服男套装	黑色-M	200.00	1.00	200.00	100.00%	0.00	200.00
109002	西服女套装-立领	白+黑-M	150.00	1.00	150.00	100.00%	0.00	150.00
103001	户外运动衫	迷彩-均码	15.00	2.00	30.00	100.00%	0.00	30.00
108003	西服女套装-V领	白+黑-L	150.00	1.00	150.00	100.00%	0.00	150.00
110001	女衬衫-雪纺花边领	S	65.00	1.00	65.00	100.00%	0.00	65.00
101001	劳保工作服套装	艳蓝-160	70.00	1.00	70.00	100.00%	0.00	70.00

付款方式	付款金额	单位
信用卡	1880.00	元

零售金额：1880.00 总数量：25 总扣额：0.00 实收：1880.00 舍零：0.00

收银员签章： 盖收款章： 谢谢惠顾，欢迎再次光临！

教学票样

No 0102-19122901

华问服装商品销售单

第二联 记账

金额单位：元

店名：分店1　　日期：2019/12/29　　时间：09:37:10

班次：　　单号：0102-19122901　　营业员：赵琳

商品编码	品名货号	规格	单价	数量	金额	扣率	扣额	实收金额
110001	女衬衫-雪纺花边领	S	65.00	1.00	65.00	90.08%	6.45	58.55
101001	劳保工作服套装	艳蓝-160	70.00	1.00	70.00	90.09%	6.94	63.06
111001	女衬衫-拼接领	S	65.00	2.00	130.00	90.08%	12.89	117.11
107002	西服女套装-西装领	白+黑-M	150.00	1.00	150.00	90.08%	14.88	135.12
108003	西服女套装-V领	白+黑-L	150.00	1.00	150.00	90.08%	14.88	135.12
112002	女衬衫-OL翻领	M	65.00	3.00	195.00	90.08%	19.34	175.66
112003	女衬衫-OL翻领	L	65.00	2.00	130.00	90.08%	12.89	117.11
101002	劳保工作服套装	艳蓝-165	70.00	2.00	140.00	90.09%	13.88	126.12
111003	女衬衫-拼接领	L	65.00	1.00	65.00	90.08%	6.45	58.55
110002	女衬衫-雪纺花边领	M	65.00	3.00	195.00	90.08%	19.34	175.66
109002	西服女套装-立领	白+黑-M	150.00	3.00	450.00	90.08%	44.63	405.37
104001	文化衫	均码	15.00	8.00	120.00	90.08%	11.90	108.10
102002	劳保工作服套装	灰色-165	70.00	2.00	140.00	90.09%	13.88	126.12
102004	劳保工作服套装	灰色-175	75.00	1.00	75.00	90.08%	7.44	67.56
108002	西服女套装-V领	白+黑-M	150.00	2.00	300.00	90.08%	29.75	270.25
103001	户外运动衫	迷彩-均码	15.00	5.00	75.00	90.08%	7.44	67.56
107003	西服女套装-西装领	白+黑-L	150.00	2.00	300.00	90.08%	29.75	270.25
106003	西服男套装	黑色-L	200.00	1.00	200.00	90.09%	19.83	180.17
101005	劳保工作服套装	艳蓝-180	75.00	1.00	75.00	90.08%	7.44	67.56

付款方式	付款金额	单位
信用卡	2725.00	元

零售金额：3025.00　　总数量：42　　总扣额：300.00　　实收：2725.00　　舍零：0.00

收银员签章：　　盖收款章：　　谢谢惠顾，欢迎再次光临！

教学票样

No 0102-19122902

华问服装商品销售单

第二联 记账

金额单位：元

店名：分店1　　日期：2019/12/29　　时间：10:22:22

班次：　　单号：0102-19122902　　营业员：赵琳

商品编码	品名货号	规格	单价	数量	金额	扣率	扣额	实收金额
101003	劳保工作服套装	艳蓝-170	75.00	1.00	75.00	91.60%	6.30	68.70
109002	西服女套装-立领	白+黑-M	150.00	2.00	300.00	91.60%	25.21	274.79
109003	西服女套装-立领	白+黑-L	150.00	1.00	150.00	91.59%	12.61	137.39
102001	劳保工作服套装	灰色-160	70.00	1.00	70.00	91.60%	5.88	64.12
108002	西服女套装-V领	白+黑-M	150.00	2.00	300.00	91.60%	25.21	274.79
110003	女衬衫-雪纺花边领	L	65.00	2.00	130.00	91.60%	10.92	119.08
111002	女衬衫-拼接领	M	65.00	1.00	65.00	91.60%	5.46	59.54
104001	文化衫	均码	15.00	15.00	225.00	91.60%	18.91	206.09
105001	加厚军大衣	均码	85.00	1.00	85.00	91.60%	7.14	77.86
102003	劳保工作服套装	灰色-170	75.00	3.00	225.00	91.60%	18.91	206.09
107002	西服女套装-西装领	白+黑-M	150.00	2.00	300.00	91.60%	25.21	274.79
112002	女衬衫-OL翻领	M	65.00	3.00	195.00	91.59%	16.39	178.61
112001	女衬衫-OL翻领	S	65.00	1.00	65.00	91.60%	5.46	59.54
110001	女衬衫-雪纺花边领	S	65.00	3.00	195.00	91.59%	16.39	178.61

付款方式	付款金额	单位
信用卡	2180.00	元

零售金额：2380.00　　总数量：38　　总扣额：200.00　　实收：2180.00　　舍零：0.00

收银员签章：　　盖收款章：　　谢谢惠顾，欢迎再次光临！

教学票样

No 0102-19123001

华问服装商品销售单 第二联 记账

金额单位：元

店名：分店1　　日期：2019/12/30　　时间：09:41:08

班次：　　单号：0102-19123001　　营业员：赵琳

商品编码	品名货号	规格	单价	数量	金额	扣率	扣额	实收金额
103001	户外运动衫	迷彩-均码	15.00	3.00	45.00	94.07%	2.67	42.33
102001	劳保工作服套装	灰色-160	70.00	1.00	70.00	94.07%	4.15	65.85
111002	女衬衫-拼接领	M	65.00	1.00	65.00	94.06%	3.86	61.14
106004	西服男套装	黑色-XL	200.00	1.00	200.00	94.07%	11.87	188.13
108003	西服女套装-V领	白+黑-L	150.00	1.00	150.00	94.07%	8.90	141.10
109002	西服女套装-立领	白+黑-M	150.00	1.00	150.00	94.07%	8.90	141.10
107002	西服女套装-西装领	白+黑-M	150.00	1.00	150.00	94.07%	8.90	141.10
110003	女衬衫-雪纺花边领	L	65.00	1.00	65.00	94.06%	3.86	61.14
104001	文化衫	均码	15.00	5.00	75.00	94.07%	4.45	70.55
108002	西服女套装-V领	白+黑-M	150.00	1.00	150.00	94.07%	8.90	141.10
110002	女衬衫-雪纺花边领	M	65.00	2.00	130.00	94.06%	7.72	122.28
108001	西服女套装-V领	白+黑-S	150.00	2.00	300.00	94.07%	17.80	282.20
101002	劳保工作服套装	艳蓝-165	70.00	1.00	70.00	94.07%	4.15	65.85
112001	女衬衫-OL翻领	S	65.00	1.00	65.00	94.05%	3.87	61.13

付款方式	付款金额	单位
现金	1585.00	元

零售金额：1685.00　总数量：22　总扣额：100.00　实收：1585.00　舍零：0.00

收银员签章：　　盖收款章：

谢谢惠顾，欢迎再次光临！

教学票样

№ 0102-19123002

华问服装商品销售单

第二联　记账　　　　金额单位：元

店名：分店1　　日期：2019/12/30　　时间：10:28:18

班次：　　单号：0102-19123002　　营业员：赵琳

商品编码	品名货号	规格	单价	数量	金额	扣率	扣额	实收金额
102003	劳保工作服套装	灰色-170	75.00	1.00	75.00	90.69%	6.98	68.02
102002	劳保工作服套装	灰色-165	70.00	1.00	70.00	90.70%	6.51	63.49
108002	西服女套装-V领	白+黑-M	150.00	1.00	150.00	90.70%	13.95	136.05
110003	女衬衫-雪纺花边领	L	65.00	1.00	65.00	90.69%	6.05	58.95
107002	西服女套装-西装领	白+黑-M	150.00	2.00	300.00	90.70%	27.91	272.09
106002	西服男套装	黑色-M	200.00	1.00	200.00	90.70%	18.60	181.40
110002	女衬衫-雪纺花边领	M	65.00	2.00	130.00	90.70%	12.09	117.91
104001	文化衫	均码	15.00	10.00	150.00	90.70%	13.95	136.05
106005	西服男套装	黑色-XXL	200.00	1.00	200.00	90.70%	18.60	181.40
103001	户外运动衫	迷彩-均码	15.00	5.00	75.00	90.69%	6.98	68.02
109002	西服女套装-立领	白+黑-M	150.00	1.00	150.00	90.70%	13.95	136.05
109003	西服女套装-立领	白+黑-L	150.00	2.00	300.00	90.70%	27.91	272.09
101002	劳保工作服套装	艳蓝-165	70.00	1.00	70.00	90.70%	6.51	63.49
108001	西服女套装-V领	白+黑-S	150.00	1.00	150.00	90.70%	13.95	136.05
112003	女衬衫-OL翻领	L	65.00	1.00	65.00	90.68%	6.06	58.94

付款方式	付款金额	单位
信用卡	1950.00	元

零售金额：2150.00　总数量：31　总扣额：200.00　实收：1950.00　舍零：0.00

收银员签章：　　盖收款章：　　谢谢惠顾，欢迎再次光临！

教学票样

No 0102-19123101

华问服装商品销售单

第二联 记账

金额单位：元

店名：分店1　　日期：2019/12/31　　时间：13:40:08

班次：　　单号：0102-19123101　　营业员：赵琳

商品编码	品名货号	规格	单价	数量	金额	扣率	扣额	实收金额
108003	西服女套装-V领	白+黑-L	150.00	1.00	150.00	100.00%	0.00	150.00
103001	户外运动衫	迷彩-均码	15.00	11.00	165.00	100.00%	0.00	165.00
102002	劳保工作服套装	灰色-165	70.00	1.00	70.00	100.00%	0.00	70.00
101002	劳保工作服套装	艳蓝-165	70.00	2.00	140.00	100.00%	0.00	140.00
111003	女衬衫-拼接领	L	65.00	1.00	65.00	100.00%	0.00	65.00
106002	西服男套装	黑色-M	200.00	1.00	200.00	100.00%	0.00	200.00
101004	劳保工作服套装	艳蓝-175	75.00	1.00	75.00	100.00%	0.00	75.00
110001	女衬衫-雪纺花边领	S	65.00	2.00	130.00	100.00%	0.00	130.00
101003	劳保工作服套装	艳蓝-170	75.00	1.00	75.00	100.00%	0.00	75.00
112002	女衬衫-OL翻领	M	65.00	2.00	130.00	100.00%	0.00	130.00
109001	西服女套装-立领	白+黑-S	150.00	1.00	150.00	100.00%	0.00	150.00
105001	加厚军大衣	均码	85.00	1.00	85.00	100.00%	0.00	85.00
110002	女衬衫-雪纺花边领	M	65.00	5.00	325.00	100.00%	0.00	325.00
108002	西服女套装-V领	白+黑-M	150.00	2.00	300.00	100.00%	0.00	300.00
104001	文化衫	均码	15.00	7.00	105.00	100.00%	0.00	105.00
101005	劳保工作服套装	艳蓝-180	75.00	2.00	150.00	100.00%	0.00	150.00
112003	女衬衫-OL翻领	L	65.00	1.00	65.00	100.00%	0.00	65.00
107002	西服女套装-西装领	白+黑-M	150.00	1.00	150.00	100.00%	0.00	150.00
111001	女衬衫-拼接领	S	65.00	3.00	195.00	100.00%	0.00	195.00
102003	劳保工作服套装	灰色-170	75.00	1.00	75.00	100.00%	0.00	75.00
107003	西服女套装-西装领	白+黑-L	150.00	1.00	150.00	100.00%	0.00	150.00
102004	劳保工作服套装	灰色-175	75.00	2.00	150.00	100.00%	0.00	150.00

付款方式	付款金额	单位
信用卡	3100.00	元

零售金额：3100.00　总数量：50　总扣额：0.00　实收：3100.00　舍零：0.00

收银员签章：　　盖收款章：　　谢谢惠顾，欢迎再次光临！

教学票样

No 0102-19123102

华问服装商品销售单

第二联 记账

金额单位：元

店名：分店1　　日期：2019/12/31　　时间：15:21:01

班次：　　单号：0102-19123102　　营业员：赵琳

商品编码	品名货号	规格	单价	数量	金额	扣率	扣额	实收金额
108001	西服女套装-V领	白+黑-S	150.00	2.00	300.00	100.00%	0.00	300.00
109003	西服女套装-立领	白+黑-L	150.00	1.00	150.00	100.00%	0.00	150.00
111002	女衬衫-拼接领	M	65.00	4.00	260.00	100.00%	0.00	260.00
112002	女衬衫-OL翻领	M	65.00	1.00	65.00	100.00%	0.00	65.00
107001	西服女套装-西装领	白+黑-S	150.00	2.00	300.00	100.00%	0.00	300.00
109001	西服女套装-立领	白+黑-S	150.00	1.00	150.00	100.00%	0.00	150.00
110003	女衬衫-雪纺花边领	L	65.00	3.00	195.00	100.00%	0.00	195.00

付款方式	付款金额	单位
现金	1420.00	元

零售金额：1420.00　总数量：14　总扣额：0.00　实收：1420.00　舍零：0.00

收银员签章：　　盖收款章：　　谢谢惠顾，欢迎再次光临！

教学票样

№ 0201-19120101

华问服装商品销售单

第二联 记账

金额单位：元

店名：分店2　　日期：2019/12/01　　时间：10:20:20

班次：VIP卡：0000002　　单号：0201-19120101　　营业员：罗莹

商品编码	品名货号	规格	单价	数量	金额	扣率	扣额	实收金额
112003	女衬衫-OL翻领	L	65.00	1.00	65.00	90.29%	6.31	58.69
109002	西服女套装-立领	白+黑-M	150.00	1.00	150.00	90.27%	14.60	135.40
110001	女衬衫-雪纺花边领	S	65.00	2.00	130.00	90.27%	12.65	117.35
110003	女衬衫-雪纺花边领	L	65.00	3.00	195.00	90.27%	18.98	176.02
108003	西服女套装-V领	白+黑-L	150.00	2.00	300.00	90.27%	29.20	270.80
107001	西服女套装-西装领	白+黑-S	150.00	3.00	450.00	90.27%	43.80	406.20
108002	西服女套装-V领	白+黑-M	150.00	1.00	150.00	90.27%	14.60	135.40
111003	女衬衫-拼接领	L	65.00	1.00	65.00	90.26%	6.33	58.67
101002	劳保工作服套装	艳蓝-165	70.00	1.00	70.00	90.27%	6.81	63.19
103001	户外运动衫	迷彩-均码	15.00	3.00	45.00	90.27%	4.38	40.62
102002	劳保工作服套装	灰色-165	70.00	1.00	70.00	90.27%	6.81	63.19
107003	西服女套装-西装领	白+黑-L	150.00	1.00	150.00	90.27%	14.60	135.40
104001	文化衫	均码	15.00	5.00	75.00	90.27%	7.30	67.70
101004	劳保工作服套装	艳蓝-175	75.00	1.00	75.00	90.27%	7.30	67.70
112002	女衬衫-OL翻领	M	65.00	1.00	65.00	90.26%	6.33	58.67

付款方式	付款金额	单位
现金	1855.00	元

零售金额：2055.00　总数量：27　总扣额：200.00　实收：1855.00　舍零：0.00

收银员签章：　　盖收款章：　　谢谢惠顾，欢迎再次光临！

教学票样

No 0201-19120102

华问服装商品销售单

第二联 记账

金额单位：元

店名：分店2　　日期：2019/12/01　　时间：10:39:18

班次：　　单号：0201-19120102　　营业员：罗莹

商品编码	品名货号	规格	单价	数量	金额	扣率	扣额	实收金额
111002	女衬衫-拼接领	M	65.00	3.00	195.00	92.83%	13.98	181.02
109002	西服女套装-立领	白+黑-M	150.00	2.00	300.00	92.83%	21.51	278.49
107002	西服女套装-西装领	白+黑-M	150.00	1.00	150.00	92.83%	10.75	139.25
106004	西服男套装	黑色-XL	200.00	1.00	200.00	92.83%	14.34	185.66
109001	西服女套装-立领	白+黑-S	150.00	1.00	150.00	92.83%	10.75	139.25
108002	西服女套装-V领	白+黑-M	150.00	3.00	450.00	92.83%	32.26	417.74
111001	女衬衫-拼接领	S	65.00	1.00	65.00	92.83%	4.66	60.34
111003	女衬衫-拼接领	L	65.00	2.00	130.00	92.83%	9.32	120.68
110002	女衬衫-雪纺花边领	M	65.00	3.00	195.00	92.83%	13.98	181.02
108003	西服女套装-V领	白+黑-L	150.00	1.00	150.00	92.83%	10.75	139.25
107003	西服女套装-西装领	白+黑-L	150.00	1.00	150.00	92.83%	10.75	139.25
112002	女衬衫-OL翻领	M	65.00	5.00	325.00	92.83%	23.29	301.71
107001	西服女套装-西装领	白+黑-S	150.00	2.00	300.00	92.83%	21.51	278.49
104001	文化衫	均码	15.00	2.00	30.00	92.83%	2.15	27.85

付款方式	付款金额	单位
信用卡	2590.00	元

零售金额：2790.00　　总数量：28　　总扣额：200.00　　实收：2590.00　　舍零：0.00

收银员签章：　　盖收款章：　　谢谢惠顾，欢迎再次光临！

教学票样

No 0201-19120201

华问服装商品销售单

第二联 记账

金额单位：元

店名：分店2　　日期：2019/12/02　　时间：10:55:40

班次：　　单号：0201-19120201　　营业员：罗莹

商品编码	品名货号	规格	单价	数量	金额	扣率	扣额	实收金额
112003	女衬衫-OL翻领	L	65.00	1.00	65.00	94.91%	3.31	61.69
104001	文化衫	均码	15.00	6.00	90.00	94.91%	4.58	85.42
107001	西服女套装-西装领	白+黑-S	150.00	2.00	300.00	94.91%	15.27	284.73
102001	劳保工作服套装	灰色-160	70.00	1.00	70.00	94.91%	3.56	66.44
103001	户外运动衫	迷彩-均码	15.00	8.00	120.00	94.91%	6.11	113.89
112002	女衬衫-OL翻领	M	65.00	3.00	195.00	94.91%	9.92	185.08
111003	女衬衫-拼接领	L	65.00	2.00	130.00	94.91%	6.62	123.38
102004	劳保工作服套装	灰色-175	75.00	2.00	150.00	94.91%	7.63	142.37
110002	女衬衫-雪纺花边领	M	65.00	2.00	130.00	94.91%	6.62	123.38
101002	劳保工作服套装	艳蓝-165	70.00	1.00	70.00	94.91%	3.56	66.44
107003	西服女套装-西装领	白+黑-L	150.00	1.00	150.00	94.91%	7.63	142.37
108002	西服女套装-V领	白+黑-M	150.00	1.00	150.00	94.91%	7.63	142.37
111002	女衬衫-拼接领	M	65.00	1.00	65.00	94.91%	3.31	61.69
110001	女衬衫-雪纺花边领	S	65.00	1.00	65.00	94.91%	3.31	61.69
111001	女衬衫-拼接领	S	65.00	1.00	65.00	94.91%	3.31	61.69
109002	西服女套装-立领	白+黑-M	150.00	1.00	150.00	94.91%	7.63	142.37

付款方式	付款金额	单位
现金	1865.00	元

零售金额：1965.00　　总数量：34　　总扣额：100.00　　实收：1865.00　　舍零：0.00

收银员签章：　　盖收款章：　　谢谢惠顾，欢迎再次光临！

教学票样

No 0201-19120202

华问服装商品销售单

第二联 记账

金额单位：元

店名：分店2　　日期：2019/12/02　　时间：11:05:05

班次：　　单号：0201-19120202　　营业员：罗莹

商品编码	品名货号	规格	单价	数量	金额	扣率	扣额	实收金额
112001	女衬衫-OL翻领	S	65.00	1.00	65.00	91.55%	5.49	59.51
101003	劳保工作服套装	艳蓝-170	75.00	1.00	75.00	91.56%	6.33	68.67
109002	西服女套装-立领	白+黑-M	150.00	1.00	150.00	91.56%	12.66	137.64
112002	女衬衫-OL翻领	M	65.00	2.00	130.00	91.56%	10.97	119.03
111002	女衬衫-拼接领	M	65.00	1.00	65.00	91.55%	5.49	59.51
102001	劳保工作服套装	灰色-160	70.00	1.00	70.00	91.56%	5.91	64.09
104001	文化衫	均码	15.00	5.00	75.00	91.56%	6.33	68.67
109001	西服女套装-立领	白+黑-S	150.00	2.00	300.00	91.56%	25.32	274.68
110001	女衬衫-雪纺花边领	S	65.00	1.00	65.00	91.55%	5.49	59.51
107002	西服女套装-西装领	白+黑-M	150.00	2.00	300.00	91.56%	25.32	274.68
103001	户外运动衫	迷彩-均码	15.00	3.00	45.00	91.56%	3.80	41.20
110003	女衬衫-雪纺花边领	L	65.00	2.00	130.00	91.55%	10.97	119.03
105001	加厚军大衣	均码	85.00	1.00	85.00	91.56%	7.17	77.83
112003	女衬衣-OL翻领	L	65.00	1.00	65.00	91.60%	5.46	59.54
109003	西服女套装-立领	白+黑-L	150.00	3.00	450.00	91.56%	37.97	412.03
108001	西服女套装-V领	白+黑-S	150.00	1.00	150.00	91.56%	12.66	137.34
108003	西服女套装-V领	白+黑-L	150.00	1.00	150.00	91.56%	12.66	137.34

付款方式	付款金额	单位
信用卡	2170.00	元

零售金额：2370.00　　总数量：29　　总扣额：200.00　　实收：2170.00　　舍零：0.00

收银员签章：　　盖收款章：　　谢谢惠顾，欢迎再次光临！

教学票样

No 0201-19120301

华问服装商品销售单

第二联 记账

金额单位：元

店名：分店2　　日期：2019/12/03　　时间：16:10:22

班次：　　单号：0201-19120301　　营业员：罗莹

商品编码	品名货号	规格	单价	数量	金额	扣率	扣额	实收金额
111003	女衬衫-拼接领	L	65.00	1.00	65.00	100.00%	0.00	65.00
104001	文化衫	均码	15.00	6.00	90.00	100.00%	0.00	90.00
105001	加厚军大衣	均码	85.00	2.00	170.00	100.00%	0.00	170.00
108001	西服女套装-V领	白+黑-S	150.00	1.00	150.00	100.00%	0.00	150.00
111001	女衬衫-拼接领	S	65.00	2.00	130.00	100.00%	0.00	130.00
101003	劳保工作服套装	艳蓝-170	75.00	2.00	150.00	100.00%	0.00	150.00
101002	劳保工作服套装	艳蓝-165	70.00	1.00	70.00	100.00%	0.00	70.00
101005	劳保工作服套装	艳蓝-180	75.00	1.00	75.00	100.00%	0.00	75.00
112003	女衬衫-OL翻领	L	65.00	1.00	65.00	100.00%	0.00	65.00
107002	西服女套装-西装领	白+黑-M	150.00	1.00	150.00	100.00%	0.00	150.00
110001	女衬衫-雪纺花边领	S	65.00	1.00	65.00	100.00%	0.00	65.00
103001	户外运动衫	迷彩-均码	15.00	3.00	45.00	100.00%	0.00	45.00
108003	西服女套装-V领	白+黑-L	150.00	1.00	150.00	100.00%	0.00	150.00
110003	女衬衫-雪纺花边领	L	65.00	2.00	130.00	100.00%	0.00	130.00
109003	西服女套装-立领	白+黑-L	150.00	2.00	300.00	100.00%	0.00	300.00
112001	女衬衫-OL翻领	S	65.00	1.00	65.00	100.00%	0.00	65.00
109001	西服女套装-立领	白+黑-S	150.00	1.00	150.00	100.00%	0.00	150.00

付款方式	付款金额	单位
信用卡	2020.00	元

零售金额：2020.00　总数量：29　总扣额：0.00　实收：2020.00　舍零：0.00

收银员签章：　　盖收款章：

谢谢惠顾，欢迎再次光临！

教学票样

№ 0201-19120302

华问服装商品销售单

第二联 记账

金额单位：元

店名：分店2　　日期：2019/12/03　　时间：16:30:22

班次：　　单号：0201-19120302　　营业员：罗莹

商品编码	品名货号	规格	单价	数量	金额	扣率	扣额	实收金额
105001	加厚军大衣	均码	85.00	1.00	85.00	100.00%	0.00	85.00
102003	劳保工作服套装	灰色-170	75.00	1.00	75.00	100.00%	0.00	75.00
102005	劳保工作服套装	灰色-180	75.00	1.00	75.00	100.00%	0.00	75.00
101001	劳保工作服套装	艳蓝-160	70.00	1.00	70.00	100.00%	0.00	70.00
101004	劳保工作服套装	艳蓝-175	75.00	1.00	75.00	100.00%	0.00	75.00

付款方式	付款金额	单位
现金	380.00	元

零售金额：380.00　　总数量：5　　总扣额：0.00　　实收：380.00　　舍零：0.00

收银员签章：　　盖收款章：　　谢谢惠顾，欢迎再次光临！

教学票样

№ 0201-19120303

华问服装商品销售单

第二联 记账

金额单位：元

店名：分店2　　日期：2019/12/03　　时间：17:16:55

班次：　　单号：0201-19120303　　营业员：罗莹

商品编码	品名货号	规格	单价	数量	金额	扣率	扣额	实收金额
109003	西服女套装-立领	白+黑-L	150.00	1.00	150.00	100.00%	0.00	150.00
108002	西服女套装-V领	白+黑-M	150.00	2.00	300.00	100.00%	0.00	300.00
111002	女衬衫-拼接领	M	65.00	2.00	130.00	100.00%	0.00	130.00
107002	西服女套装-西装领	白+黑-M	150.00	2.00	300.00	100.00%	0.00	300.00
110003	女衬衫-雪纺花边领	L	65.00	1.00	65.00	100.00%	0.00	65.00
108001	西服女套装-V领	白+黑-S	150.00	1.00	150.00	100.00%	0.00	150.00
109001	西服女套装-立领	白+黑-S	150.00	2.00	300.00	100.00%	0.00	300.00
110001	女衬衫-雪纺花边领	S	65.00	1.00	65.00	100.00%	0.00	65.00
112002	女衬衫-OL翻领	M	65.00	1.00	65.00	100.00%	0.00	65.00
112001	女衬衫-OL翻领	S	65.00	1.00	65.00	100.00%	0.00	65.00

付款方式	付款金额	单位
信用卡	1590.00	元

零售金额：1590.00　　总数量：14　　总扣额：0.00　　实收：1590.00　　舍零：0.00

收银员签章：　　盖收款章：　　谢谢惠顾，欢迎再次光临！

教学票样

№ 0201-19120401

华问服装商品销售单

第二联 记账

金额单位：元

店名：分店2　　日期：2019/12/04　　时间：16:22:35

班次：　　单号：0201-19120401　　营业员：罗莹

商品编码	品名货号	规格	单价	数量	金额	扣率	扣额	实收金额
104001	文化衫	均码	15.00	8.00	120.00	100.00%	0.00	120.00
107001	西服女套装-西装领	白+黑-S	150.00	1.00	150.00	100.00%	0.00	150.00
109002	西服女套装-立领	白+黑-M	150.00	1.00	150.00	100.00%	0.00	150.00
112003	女衬衫-OL翻领	L	65.00	1.00	65.00	100.00%	0.00	65.00
111002	女衬衫-拼接领	M	65.00	3.00	195.00	100.00%	0.00	195.00
111003	女衬衫-拼接领	L	65.00	1.00	65.00	100.00%	0.00	65.00
111001	女衬衫-拼接领	S	65.00	1.00	65.00	100.00%	0.00	65.00
102004	劳保工作服套装	灰色-175	75.00	1.00	75.00	100.00%	0.00	75.00
101004	劳保工作服套装	艳蓝-175	75.00	1.00	75.00	100.00%	0.00	75.00
108002	西服女套装-V领	白+黑-M	150.00	2.00	300.00	100.00%	0.00	300.00
107003	西服女套装-西装领	白+黑-L	150.00	1.00	150.00	100.00%	0.00	150.00
112002	女衬衫-OL翻领	M	65.00	2.00	130.00	100.00%	0.00	130.00
103001	户外运动衫	迷彩-均码	15.00	5.00	75.00	100.00%	0.00	75.00
110003	女衬衫-雪纺花边领	L	65.00	3.00	195.00	100.00%	0.00	195.00
110001	女衬衫-雪纺花边领	S	65.00	1.00	65.00	100.00%	0.00	65.00

付款方式	付款金额	单位
现金	1875.00	元

零售金额：1875.00　　总数量：32　　总扣额：0.00　　实收：1875.00　　舍零：0.00

收银员签章：　　盖收款章：　　谢谢惠顾，欢迎再次光临！

教学票样

No 0201-19120402

华问服装商品销售单

第二联 记账

金额单位：元

店名：分店2　　日期：2019/12/04　　时间：16:58:35

班次：　　单号：0201-19120402　　营业员：罗莹

商品编码	品名货号	规格	单价	数量	金额	扣率	扣额	实收金额
102003	劳保工作服套装	灰色-170	75.00	1.00	75.00	100.00%	0.00	75.00
103001	户外运动衫	迷彩-均码	15.00	6.00	90.00	100.00%	0.00	90.00
104001	文化衫	均码	15.00	10.00	150.00	100.00%	0.00	150.00
101002	劳保工作服套装	艳蓝-165	70.00	1.00	70.00	100.00%	0.00	70.00

付款方式	付款金额	单位
现金	385.00	元

零售金额：385.00　　总数量：18　　总扣额：0.00　　实收：385.00　　舍零：0.00

收银员签章：　　盖收款章：　　谢谢惠顾，欢迎再次光临！

教学票样

№ 0201-19120403

华问服装商品销售单

第二联 记账

金额单位：元

店名：分店2　　日期：2019/12/04　　时间：17:28:15

班次：　　单号：0201-19120403　　营业员：罗莹

商品编码	品名货号	规格	单价	数量	金额	扣率	扣额	实收金额
108003	西服女套装-V领	白+黑-L	150.00	1.00	150.00	100.00%	0.00	150.00
108001	西服女套装-V领	白+黑-S	150.00	1.00	150.00	100.00%	0.00	150.00
110003	女衬衫-雪纺花边领	L	65.00	1.00	65.00	100.00%	0.00	65.00
112003	女衬衫-OL翻领	L	65.00	3.00	195.00	100.00%	0.00	195.00
109002	西服女套装-立领	白+黑-M	150.00	1.00	150.00	100.00%	0.00	150.00
107002	西服女套装-西装领	白+黑-M	150.00	2.00	300.00	100.00%	0.00	300.00
110002	女衬衫-雪纺花边领	M	65.00	1.00	65.00	100.00%	0.00	65.00
111001	女衬衫-拼接领	S	65.00	2.00	130.00	100.00%	0.00	130.00
110001	女衬衫-雪纺花边领	S	65.00	3.00	195.00	100.00%	0.00	195.00
112001	女衬衫-OL翻领	S	65.00	1.00	65.00	100.00%	0.00	65.00
111002	女衬衫-拼接领	M	65.00	1.00	65.00	100.00%	0.00	65.00

付款方式	付款金额	单位
信用卡	1530.00	元

零售金额：1530.00　　总数量：17　　总扣额：0.00　　实收：1530.00　　舍零：0.00

收银员签章：　　盖收款章：　　谢谢惠顾，欢迎再次光临！

教学票样

№ 0201-19120501

华问服装商品销售单

第二联 记账

金额单位：元

店名：分店2　　日期：2019/12/05　　时间：10:15:45

班次：　　单号：0201-19120501　　营业员：罗莹

商品编码	品名货号	规格	单价	数量	金额	扣率	扣额	实收金额
107001	西服女套装-西装领	白+黑-S	150.00	2.00	300.00	100.00%	0.00	300.00
102004	劳保工作服套装	灰色-175	75.00	2.00	150.00	100.00%	0.00	150.00
102002	劳保工作服套装	灰色-165	70.00	1.00	70.00	100.00%	0.00	70.00
109001	西服女套装-立领	白+黑-S	150.00	1.00	150.00	100.00%	0.00	150.00
110001	女衬衫-雪纺花边领	S	65.00	2.00	130.00	100.00%	0.00	130.00
109003	西服女套装-立领	白+黑-L	150.00	1.00	150.00	100.00%	0.00	150.00
104001	文化衫	均码	15.00	5.00	75.00	100.00%	0.00	75.00
107002	西服女套装-西装领	白+黑-M	150.00	1.00	150.00	100.00%	0.00	150.00
103001	户外运动衫	迷彩-均码	15.00	8.00	120.00	100.00%	0.00	120.00
110002	女衬衫-雪纺花边领	M	65.00	1.00	65.00	100.00%	0.00	65.00
111002	女衬衫-拼接领	M	65.00	4.00	260.00	100.00%	0.00	260.00
108001	西服女套装-V领	白+黑-S	150.00	1.00	150.00	100.00%	0.00	150.00
112002	女衬衫-OL翻领	M	65.00	1.00	65.00	100.00%	0.00	65.00
108002	西服女套装-V领	白+黑-M	150.00	1.00	150.00	100.00%	0.00	150.00
110003	女衬衫-雪纺花边领	L	65.00	3.00	195.00	100.00%	0.00	195.00

付款方式	付款金额	单位
现金	1000.00	元
信用卡	1180.00	元

零售金额：2180.00　　总数量：34　　总扣额：0.00　　实收：2180.00　　舍零：0.00

收银员签章：　　盖收款章：

谢谢惠顾，欢迎再次光临！

教学票样

No 0201-19120502

华问服装商品销售单

第二联 记账

金额单位：元

店名：分店2　　日期：2019/12/05　　时间：10:30:45

班次：　　单号：0201-19120502　　营业员：罗莹

商品编码	品名货号	规格	单价	数量	金额	扣率	扣额	实收金额
104001	文化衫	均码	15.00	2.00	30.00	100.00%	0.00	30.00
103001	户外运动衫	迷彩-均码	15.00	3.00	45.00	100.00%	0.00	45.00
109001	西服女套装-立领	白+黑-S	150.00	1.00	150.00	100.00%	0.00	150.00
110001	女衬衫-雪纺花边领	S	65.00	2.00	130.00	100.00%	0.00	130.00
101004	劳保工作服套装	艳蓝-175	75.00	1.00	75.00	100.00%	0.00	75.00
109003	西服女套装-立领	白+黑-L	150.00	1.00	150.00	100.00%	0.00	150.00
110002	女衬衫-雪纺花边领	M	65.00	5.00	325.00	100.00%	0.00	325.00
111003	女衬衫-拼接领	L	65.00	1.00	65.00	100.00%	0.00	65.00
105001	加厚军大衣	均码	85.00	1.00	85.00	100.00%	0.00	85.00
107002	西服女套装-西装领	白+黑-M	150.00	1.00	150.00	100.00%	0.00	150.00
108003	西服女套装-V领	白+黑-L	150.00	1.00	150.00	100.00%	0.00	150.00
107003	西服女套装-西装领	白+黑-L	150.00	1.00	150.00	100.00%	0.00	150.00
108002	西服女套装-V领	白+黑-M	150.00	2.00	300.00	100.00%	0.00	300.00
111001	女衬衫-拼接领	S	65.00	3.00	195.00	100.00%	0.00	195.00
112002	女衬衫-OL翻领	M	65.00	2.00	130.00	100.00%	0.00	130.00
102003	劳保工作服套装	灰色-170	75.00	1.00	75.00	100.00%	0.00	75.00
101002	劳保工作服套装	艳蓝-165	70.00	1.00	70.00	100.00%	0.00	70.00
112003	女衬衫-OL翻领	L	65.00	1.00	65.00	100.00%	0.00	65.00

付款方式	付款金额	单位
信用卡	2340.00	元

零售金额：2340.00　总数量：30　总扣额：0.00　实收：2340.00　舍零：0.00

收银员签章：　　盖收款章：　　谢谢惠顾，欢迎再次光临！

教学票样

No 0201-19120601

华问服装商品销售单

第二联 记账

金额单位：元

店名：分店2　　日期：2019/12/06　　时间：18:12:15

班次：　　单号：0201-19120601　　营业员：罗莹

商品编码	品名货号	规格	单价	数量	金额	扣率	扣额	实收金额
107002	西服女套装-西装领	白+黑-M	150.00	2.00	300.00	100.00%	0.00	300.00
108003	西服女套装-V领	白+黑-L	150.00	2.00	300.00	100.00%	0.00	300.00
111003	女衬衫-拼接领	L	65.00	1.00	65.00	100.00%	0.00	65.00
101003	劳保工作服套装	艳蓝-170	75.00	1.00	75.00	100.00%	0.00	75.00
111001	女衬衫-拼接领	S	65.00	1.00	65.00	100.00%	0.00	65.00
109002	西服女套装-立领	白+黑-M	150.00	2.00	300.00	100.00%	0.00	300.00
102002	劳保工作服套装	灰色-165	70.00	2.00	140.00	100.00%	0.00	140.00
108002	西服女套装-V领	白+黑-M	150.00	1.00	150.00	100.00%	0.00	150.00
110002	女衬衫-雪纺花边领	M	65.00	2.00	130.00	100.00%	0.00	130.00
109003	西服女套装-立领	白+黑-L	150.00	1.00	150.00	100.00%	0.00	160.00
101004	劳保工作服套装	艳蓝-175	75.00	1.00	75.00	100.00%	0.00	75.00
108001	西服女套装-V领	白+黑-S	150.00	1.00	150.00	100.00%	0.00	150.00
105001	加厚军大衣	均码	85.00	2.00	170.00	100.00%	0.00	170.00
102004	劳保工作服套装	灰色-175	75.00	1.00	75.00	100.00%	0.00	75.00
103001	户外运动衫	迷彩-均码	15.00	5.00	75.00	100.00%	0.00	75.00
104001	文化衫	均码	15.00	14.00	210.00	100.00%	0.00	210.00
112002	女衬衫-OL翻领	M	65.00	2.00	130.00	100.00%	0.00	130.00
107003	西服女套装-西装领	白+黑-L	150.00	1.00	150.00	100.00%	0.00	150.00

付款方式	付款金额	单位
现金	2710.00	元

零售金额：2710.00　　总数量：42　　总扣额：0.00　　实收：2710.00　　舍零：0.00

收银员签章：　　盖收款章：　　谢谢惠顾，欢迎再次光临！

教学票样

No 0201-19120602

华问服装商品销售单

第二联 记账

金额单位：元

店名：分店2　　日期：2019/12/06　　时间：19:02:18

班次：　　单号：0201-19120602　　营业员：罗莹

商品编码	品名货号	规格	单价	数量	金额	扣率	扣额	实收金额
112002	女衬衫-OL翻领	M	65.00	3.00	195.00	100.00%	0.00	195.00
103001	户外运动衫	迷彩-均码	15.00	6.00	90.00	100.00%	0.00	90.00
102004	劳保工作服套装	灰色-175	75.00	1.00	75.00	100.00%	0.00	75.00
109003	西服女套装-立领	白+黑-L	150.00	2.00	300.00	100.00%	0.00	300.00
110001	女衬衫-雪纺花边领	S	65.00	1.00	65.00	100.00%	0.00	65.00
107002	西服女套装-西装领	白+黑-M	150.00	2.00	300.00	100.00%	0.00	300.00
107003	西服女套装-西装领	白+黑-L	150.00	1.00	150.00	100.00%	0.00	150.00
111002	女衬衫-拼接领	M	65.00	3.00	195.00	100.00%	0.00	195.00
101002	劳保工作服套装	艳蓝-165	70.00	1.00	70.00	100.00%	0.00	70.00
110003	女衬衫-雪纺花边领	L	65.00	2.00	130.00	100.00%	0.00	130.00
108001	西服女套装-V领	白+黑-S	150.00	1.00	150.00	100.00%	0.00	150.00
104001	文化衫	均码	15.00	8.00	120.00	100.00%	0.00	120.00
108002	西服女套装-V领	白+黑-M	150.00	1.00	150.00	100.00%	0.00	150.00
108003	西服女套装-V领	白+黑-L	150.00	2.00	300.00	100.00%	0.00	300.00
101004	劳保工作服套装	艳蓝-175	75.00	1.00	75.00	100.00%	0.00	75.00
109002	西服女套装-立领	白+黑-M	150.00	2.00	300.00	100.00%	0.00	300.00

付款方式	付款金额	单位
信用卡	2665.00	元

零售金额：2665.00　　总数量：37　　总扣额：0.00　　实收：2665.00　　舍零：0.00

收银员签章：　　盖收款章：　　谢谢惠顾，欢迎再次光临！

教学票样

No 0201-19120701

华问服装商品销售单

第二联 记账

金额单位：元

店名：分店2　　日期：2019/12/07　　时间：15:08:33

班次：　　单号：0201-19120701　　营业员：罗莹

商品编码	品名货号	规格	单价	数量	金额	扣率	扣额	实收金额
110002	女衬衫-雪纺花边领	M	65.00	2.00	130.00	100.00%	0.00	130.00
107001	西服女套装-西装领	白+黑-S	150.00	1.00	150.00	100.00%	0.00	150.00
112002	女衬衫-OL翻领	M	65.00	1.00	65.00	100.00%	0.00	65.00
108002	西服女套装-V领	白+黑-M	150.00	3.00	450.00	100.00%	0.00	450.00
104001	文化衫	均码	15.00	3.00	45.00	100.00%	0.00	45.00
111001	女衬衫-拼接领	S	65.00	2.00	130.00	100.00%	0.00	130.00
102005	劳保工作服套装	灰色-180	75.00	1.00	75.00	100.00%	0.00	75.00
110003	女衬衫-雪纺花边领	L	65.00	1.00	65.00	100.00%	0.00	65.00
109002	西服女套装-立领	白+黑-M	150.00	1.00	150.00	100.00%	0.00	150.00
101001	劳保工作服套装	艳蓝-160	70.00	2.00	140.00	100.00%	0.00	140.00
103001	户外运动衫	迷彩-均码	15.00	6.00	90.00	100.00%	0.00	90.00
111002	女衬衫-拼接领	M	65.00	1.00	65.00	100.00%	0.00	65.00
106002	西服男套装	黑色-M	200.00	1.00	200.00	100.00%	0.00	200.00
110001	女衬衫-雪纺花边领	S	65.00	1.00	65.00	100.00%	0.00	65.00
108001	西服女套装-V领	白+黑-S	150.00	1.00	150.00	100.00%	0.00	150.00
108003	西服女套装-V领	白+黑-L	150.00	1.00	150.00	100.00%	0.00	150.00
112001	女衬衫-OL翻领	S	65.00	1.00	65.00	100.00%	0.00	65.00
112003	女衬衫-OL翻领	L	65.00	1.00	65.00	100.00%	0.00	65.00

付款方式	付款金额	单位
信用卡	2250.00	元

零售金额：2250.00　　总数量：30　　总扣额：0.00　　实收：2250.00　　舍零：0.00

收银员签章：　　盖收款章：　　谢谢惠顾，欢迎再次光临！

教学票样

№ 0201-19120702

华问服装商品销售单

第二联 记账　　　　金额单位：元

店名：分店2　　日期：2019/12/07　　时间：19:28:13

班次：　　单号：0201-19120702　　营业员：罗莹

商品编码	品名货号	规格	单价	数量	金额	扣率	扣额	实收金额
111001	女衬衫-拼接领	S	65.00	2.00	130.00	100.00%	0.00	130.00
108002	西服女套装-V领	白+黑-M	150.00	1.00	150.00	100.00%	0.00	150.00
101003	劳保工作服套装	艳蓝-170	75.00	1.00	75.00	100.00%	0.00	75.00
108003	西服女套装-V领	白+黑-L	150.00	2.00	300.00	100.00%	0.00	300.00
111003	女衬衫-拼接领	L	65.00	2.00	130.00	100.00%	0.00	130.00
109003	西服女套装-立领	白+黑-L	150.00	1.00	150.00	100.00%	0.00	150.00
109001	西服女套装-立领	白+黑-S	150.00	1.00	150.00	100.00%	0.00	150.00
110002	女衬衫-雪纺花边领	M	65.00	1.00	65.00	100.00%	0.00	65.00
112002	女衬衫-OL翻领	M	65.00	1.00	65.00	100.00%	0.00	65.00
109002	西服女套装-立领	白+黑-M	150.00	1.00	150.00	100.00%	0.00	150.00
110003	女衬衫-雪纺花边领	L	65.00	1.00	65.00	100.00%	0.00	65.00
105001	加厚军大衣	均码	85.00	1.00	85.00	100.00%	0.00	85.00
107003	西服女套装-西装领	白+黑-L	150.00	1.00	150.00	100.00%	0.00	150.00
104001	文化衫	均码	15.00	10.00	150.00	100.00%	0.00	150.00
102004	劳保工作服套装	灰色-175	75.00	1.00	75.00	100.00%	0.00	75.00
107002	西服女套装-西装领	白+黑-M	150.00	2.00	300.00	100.00%	0.00	300.00
101004	劳保工作服套装	艳蓝-175	75.00	1.00	75.00	100.00%	0.00	75.00
103001	户外运动衫	迷彩-均码	15.00	5.00	75.00	100.00%	0.00	75.00
108001	西服女套装-V领	白+黑-S	150.00	2.00	300.00	100.00%	0.00	300.00

付款方式	付款金额	单位
信用卡	2640.00	元

零售金额：2640.00　　总数量：37　　总扣额：0.00　　实收：2640.00　　舍零：0.00

收银员签章：　　盖收款章：　　谢谢惠顾，欢迎再次光临！

教学票样

No 0201-19120901

华问服装商品销售单

第二联 记账

金额单位：元

店名：分店2　　日期：2019/12/09　　时间：14:50:40

班次：　　单号：0201-19120901　　营业员：罗莹

商品编码	品名货号	规格	单价	数量	金额	扣率	扣额	实收金额
107002	西服女套装-西装领	白+黑-M	150.00	2.00	300.00	92.70%	21.90	278.10
102003	劳保工作服套装	灰色-170	75.00	1.00	75.00	92.71%	5.47	69.53
108002	西服女套装-V领	白+黑-M	150.00	1.00	150.00	92.70%	10.95	139.05
111003	女衬衫-拼接领	L	65.00	1.00	65.00	92.71%	4.74	60.26
111002	女衬衫-拼接领	M	65.00	2.00	130.00	92.70%	9.49	120.51
109003	西服女套装-立领	白+黑-L	150.00	1.00	150.00	92.70%	10.95	139.05
106004	西服男套装	黑色-XL	200.00	1.00	200.00	92.70%	14.60	185.40
109002	西服女套装-立领	白+黑-M	150.00	3.00	450.00	92.70%	32.85	417.15
109001	西服女套装-立领	白+黑-S	150.00	2.00	300.00	92.70%	21.90	278.10
103001	户外运动衫	迷彩-均码	15.00	3.00	45.00	92.71%	3.28	41.72
111001	女衬衫-拼接领	S	65.00	1.00	65.00	92.71%	4.74	60.26
108001	西服女套装-V领	白+黑-S	150.00	2.00	300.00	92.70%	21.90	278.10
101002	劳保工作服套装	艳蓝-165	70.00	1.00	70.00	92.70%	5.11	64.89
102005	劳保工作服套装	灰色-180	75.00	1.00	75.00	92.71%	5.47	69.53
112003	女衬衫-OL翻领	L	65.00	2.00	130.00	92.68%	9.51	120.49
104001	文化衫	均码	15.00	7.00	105.00	92.70%	7.66	97.34
112002	女衬衫-OL翻领	M	65.00	1.00	65.00	92.71%	4.74	60.26
110002	女衬衫-雪纺花边领	M	65.00	1.00	65.00	92.71%	4.74	60.26

付款方式	付款金额	单位
信用卡	2540.00	元

零售金额：2740.00　总数量：33　总扣额：200.00　实收：2540.00　舍零：0.00

收银员签章：　　盖收款章：　　谢谢惠顾，欢迎再次光临！

教学票样

No 0201-19120902

华问服装商品销售单 第二联 记账

金额单位：元

店名：分店2　　日期：2019/12/09　　时间：15:05:10

班次：　　单号：0201-19120902　　营业员：罗莹

商品编码	品名货号	规格	单价	数量	金额	扣率	扣额	实收金额
112002	女衬衫-OL翻领	M	65.00	1.00	65.00	90.83%	5.96	59.04
112003	女衬衫-OL翻领	L	65.00	1.00	65.00	90.80%	5.98	59.02
110003	女衬衫-雪纺花边领	L	65.00	1.00	65.00	90.83%	5.96	59.04
110001	女衬衫-雪纺花边领	S	65.00	1.00	65.00	90.83%	5.96	59.04
108002	西服女套装-V领	白+黑-M	150.00	3.00	450.00	90.83%	41.28	408.72
111001	女衬衫-拼接领	S	65.00	2.00	130.00	90.82%	11.93	118.07
108003	西服女套装-V领	白+黑-L	150.00	1.00	150.00	90.83%	13.76	136.24
111002	女衬衫-拼接领	M	65.00	1.00	65.00	90.83%	5.96	59.04
103001	户外运动衫	迷彩-均码	15.00	3.00	45.00	90.82%	4.13	40.87
108001	西服女套装-V领	白+黑-S	150.00	1.00	150.00	90.83%	13.76	136.24
102005	劳保工作服套装	灰色-180	75.00	1.00	75.00	90.83%	6.88	68.12
112001	女衬衫-OL翻领	S	65.00	1.00	65.00	90.83%	5.96	59.04
110002	女衬衫-雪纺花边领	M	65.00	2.00	130.00	90.82%	11.93	118.07
104001	文化衫	均码	15.00	6.00	90.00	90.82%	8.26	81.74
101001	劳保工作服套装	艳蓝-160	70.00	1.00	70.00	90.83%	6.42	63.58
109002	西服女套装-立领	白+黑-M	150.00	1.00	150.00	90.83%	13.76	136.24
107001	西服女套装-西装领	白+黑-S	150.00	1.00	150.00	90.83%	13.76	136.24
106002	西服男套装	黑色-M	200.00	1.00	200.00	90.83%	18.35	181.65

付款方式	付款金额	单位
现金	1980.00	元

零售金额：2180.00　总数量：29　总扣额：200.00　实收：1980.00　舍零：0.00

收银员签章：　　盖收款章：　　谢谢惠顾，欢迎再次光临！

教学票样

№ 0201-19121001

华问服装商品销售单

第二联 记账

金额单位：元

店名：分店2　　日期：2019/12/10　　时间：14:16:02

班次：　　单号：0201-19121001　　营业员：罗莹

商品编码	品名货号	规格	单价	数量	金额	扣率	扣额	实收金额
103001	户外运动衫	迷彩-均码	15.00	6.00	90.00	100.00%	0.00	90.00
102005	劳保工作服套装	灰色-180	75.00	2.00	150.00	100.00%	0.00	150.00
102002	劳保工作服套装	灰色-165	70.00	3.00	210.00	100.00%	0.00	210.00
101001	劳保工作服套装	艳蓝-160	70.00	1.00	70.00	100.00%	0.00	70.00
101005	劳保工作服套装	艳蓝-180	75.00	3.00	225.00	100.00%	0.00	225.00
105001	加厚军大衣	均码	85.00	2.00	170.00	100.00%	0.00	170.00
101003	劳保工作服套装	艳蓝-170	75.00	2.00	150.00	100.00%	0.00	150.00
101004	劳保工作服套装	艳蓝-175	75.00	1.00	75.00	100.00%	0.00	75.00
104001	文化衫	均码	15.00	16.00	240.00	100.00%	0.00	240.00

付款方式	付款金额	单位
现金	1380.00	元

零售金额：1380.00　总数量：36　总扣额：0.00　实收：1380.00　舍零：0.00

收银员签章：　　盖收款章：　　谢谢惠顾，欢迎再次光临！

教学票样

No 0201-19121002

华问服装商品销售单

第二联 记账

金额单位：元

店名：分店2　　日期：2019/12/10　　时间：15:21:15

班次：　　单号：0201-19121002　　营业员：罗莹

商品编码	品名货号	规格	单价	数量	金额	扣率	扣额	实收金额
106002	西服男套装	黑色-M	200.00	2.00	400.00	100.00%	0.00	400.00
112002	女衬衫-OL翻领	M	65.00	1.00	65.00	100.00%	0.00	65.00
111001	女衬衫-拼接领	S	65.00	3.00	195.00	100.00%	0.00	195.00
107003	西服女套装-西装领	白+黑-L	150.00	3.00	450.00	100.00%	0.00	450.00
109001	西服女套装-立领	白+黑-S	150.00	1.00	150.00	100.00%	0.00	150.00
107002	西服女套装-西装领	白+黑-M	150.00	2.00	300.00	100.00%	0.00	300.00
109003	西服女套装-立领	白+黑-L	150.00	2.00	300.00	100.00%	0.00	300.00
106004	西服男套装	黑色-XL	200.00	3.00	600.00	100.00%	0.00	600.00
112001	女衬衫-OL翻领	S	65.00	4.00	260.00	100.00%	0.00	260.00
110003	女衬衫-雪纺花边领	L	65.00	2.00	130.00	100.00%	0.00	130.00
108002	西服女套装-V领	白+黑-M	150.00	1.00	150.00	100.00%	0.00	150.00
107001	西服女套装-西装领	白+黑-S	150.00	1.00	150.00	100.00%	0.00	150.00
109002	西服女套装-立领	白+黑-M	150.00	2.00	300.00	100.00%	0.00	300.00
111003	女衬衫-拼接领	L	65.00	4.00	260.00	100.00%	0.00	260.00
106003	西服男套装	黑色-L	200.00	1.00	200.00	100.00%	0.00	200.00
110001	女衬衫-雪纺花边领	S	65.00	4.00	260.00	100.00%	0.00	260.00
108003	西服女套装-V领	白+黑-L	150.00	1.00	150.00	100.00%	0.00	150.00

付款方式	付款金额	单位
信用卡	4320.00	元

零售金额：4320.00　　总数量：37　　总扣额：0.00　　实收：4320.00　　舍零：0.00

收银员签章：　　盖收款章：

谢谢惠顾，欢迎再次光临！

教学票样

№ 0201-19121101

华问服装商品销售单

第二联 记账

金额单位：元

店名：分店2　　日期：2019/12/11　　时间：10:18:22

班次：　　单号：0201-19121101　　营业员：罗莹

商品编码	品名货号	规格	单价	数量	金额	扣率	扣额	实收金额
110003	女衬衫-雪纺花边领	L	65.00	4.00	260.00	100.00%	0.00	260.00
109003	西服女套装-立领	白+黑-L	150.00	3.00	450.00	100.00%	0.00	450.00
106002	西服男套装	黑色-M	200.00	2.00	400.00	100.00%	0.00	400.00
107002	西服女套装-西装领	白+黑-M	150.00	2.00	300.00	100.00%	0.00	300.00
112003	女衬衫-OL翻领	L	65.00	1.00	65.00	100.00%	0.00	65.00
111002	女衬衫-拼接领	M	65.00	2.00	130.00	100.00%	0.00	130.00
108001	西服女套装-V领	白+黑-S	150.00	1.00	150.00	100.00%	0.00	150.00
110001	女衬衫-雪纺花边领	S	65.00	1.00	65.00	100.00%	0.00	65.00
112001	女衬衫-OL翻领	S	65.00	2.00	130.00	100.00%	0.00	130.00
109001	西服女套装-立领	白+黑-S	150.00	2.00	300.00	100.00%	0.00	300.00

付款方式	付款金额	单位
信用卡	2250.00	元

零售金额：2250.00　总数量：20　总扣额：0.00　实收：2250.00　舍零：0.00

收银员签章：　　盖收款章：

谢谢惠顾，欢迎再次光临！

教学票样

№ 0201-19121102

华问服装商品销售单 第二联 记账

金额单位：元

店名：分店2　　日期：2019/12/11　　时间：14:11:10

班次：　　单号：0201-19121102　　营业员：罗莹

商品编码	品名货号	规格	单价	数量	金额	扣率	扣额	实收金额
112002	女衬衫-OL翻领	M	65.00	4.00	260.00	100.00%	0.00	260.00
110003	女衬衫-雪纺花边领	L	65.00	2.00	130.00	100.00%	0.00	130.00
101004	劳保工作服套装	艳蓝-175	75.00	2.00	150.00	100.00%	0.00	150.00
108003	西服女套装-V领	白+黑-L	150.00	2.00	300.00	100.00%	0.00	300.00
102004	劳保工作服套装	灰色-175	75.00	1.00	75.00	100.00%	0.00	75.00
106001	西服男套装	黑色-S	200.00	1.00	200.00	100.00%	0.00	200.00
101002	劳保工作服套装	艳蓝-165	70.00	1.00	70.00	100.00%	0.00	70.00
103001	户外运动衫	迷彩-均码	15.00	3.00	45.00	100.00%	0.00	45.00
106005	西服男套装	黑色-XXL	200.00	1.00	200.00	100.00%	0.00	200.00
101003	劳保工作服套装	艳蓝-170	75.00	1.00	75.00	100.00%	0.00	75.00
102005	劳保工作服套装	灰色-180	75.00	1.00	75.00	100.00%	0.00	75.00
106003	西服男套装	黑色-L	200.00	1.00	200.00	100.00%	0.00	200.00
111002	女衬衫-拼接领	M	65.00	5.00	325.00	100.00%	0.00	325.00
110001	女衬衫-雪纺花边领	S	65.00	3.00	195.00	100.00%	0.00	195.00
107002	西服女套装-西装领	白+黑-M	150.00	1.00	150.00	100.00%	0.00	150.00
102002	劳保工作服套装	灰色-165	70.00	2.00	140.00	100.00%	0.00	140.00
108001	西服女套装-V领	白+黑-S	150.00	1.00	150.00	100.00%	0.00	150.00
104001	文化衫	均码	15.00	15.00	225.00	100.00%	0.00	225.00
105001	加厚军大衣	均码	85.00	2.00	170.00	100.00%	0.00	170.00
109002	西服女套装-立领	白+黑-M	150.00	2.00	300.00	100.00%	0.00	300.00

付款方式	付款金额	单位
信用卡	3435.00	元

零售金额：3435.00　总数量：51　总扣额：0.00　实收：3435.00　舍零：0.00

收银员签章：　　盖收款章：

谢谢惠顾，欢迎再次光临！

教学票样

No 0201-19121201

华问服装商品销售单 第二联 记账

金额单位：元

店名：分店2　　日期：2019/12/12　　时间：15:08:16

班次：　　单号：0201-19121201　　营业员：罗莹

商品编码	品名货号	规格	单价	数量	金额	扣率	扣额	实收金额
110003	女衬衫-雪纺花边领	L	65.00	1.00	65.00	100.00%	0.00	65.00
107002	西服女套装-西装领	白+黑-M	150.00	1.00	150.00	100.00%	0.00	150.00
111001	女衬衫-拼接领	S	65.00	1.00	65.00	100.00%	0.00	65.00
106005	西服男套装	黑色-XXL	200.00	1.00	200.00	100.00%	0.00	200.00
106002	西服男套装	黑色-M	200.00	1.00	200.00	100.00%	0.00	200.00
112001	女衬衫-OL翻领	S	65.00	1.00	65.00	100.00%	0.00	65.00
108002	西服女套装-V领	白+黑-M	150.00	2.00	300.00	100.00%	0.00	300.00
111003	女衬衫-拼接领	L	65.00	2.00	130.00	100.00%	0.00	130.00
104001	文化衫	均码	15.00	3.00	45.00	100.00%	0.00	45.00
101004	劳保工作服套装	艳蓝-175	75.00	1.00	75.00	100.00%	0.00	75.00
102003	劳保工作服套装	灰色-170	75.00	1.00	75.00	100.00%	0.00	75.00
112003	女衬衫-OL翻领	L	65.00	1.00	65.00	100.00%	0.00	65.00
111002	女衬衫-拼接领	M	65.00	2.00	130.00	100.00%	0.00	130.00
110001	女衬衫-雪纺花边领	S	65.00	3.00	195.00	100.00%	0.00	195.00
107003	西服女套装-西装领	白+黑-L	150.00	1.00	150.00	100.00%	0.00	150.00
110002	女衬衫-雪纺花边领	M	65.00	1.00	65.00	100.00%	0.00	65.00
109001	西服女套装-立领	白+黑-S	150.00	2.00	300.00	100.00%	0.00	300.00
108001	西服女套装-V领	白+黑-S	150.00	1.00	150.00	100.00%	0.00	150.00
101002	劳保工作服套装	艳蓝-165	70.00	1.00	70.00	100.00%	0.00	70.00
103001	户外运动衫	迷彩-均码	15.00	1.00	15.00	100.00%	0.00	15.00
109002	西服女套装-立领	白+黑-M	150.00	2.00	300.00	100.00%	0.00	300.00

付款方式	付款金额	单位
信用卡	2810.00	元

零售金额：2810.00　　总数量：30　　总扣额：0.00　　实收：2810.00　　舍零：0.00

收银员签章：　　盖收款章：　　谢谢惠顾，欢迎再次光临！

教学票样

No 0201-19121202

华问服装商品销售单

第二联 记账

金额单位：元

店名：分店2　　日期：2019/12/12　　时间：15:22:20

班次：　　单号：0201-19121202　　营业员：罗莹

商品编码	品名货号	规格	单价	数量	金额	扣率	扣额	实收金额
101002	劳保工作服套装	艳蓝-165	70.00	2.00	140.00	100.00%	0.00	140.00
110001	女衬衫-雪纺花边领	S	65.00	1.00	65.00	100.00%	0.00	65.00
108003	西服女套装-V领	白+黑-L	150.00	1.00	150.00	100.00%	0.00	150.00
102002	劳保工作服套装	灰色-165	70.00	1.00	70.00	100.00%	0.00	70.00
110003	女衬衫-雪纺花边领	L	65.00	2.00	130.00	100.00%	0.00	130.00
106004	西服男套装	黑色-XL	200.00	1.00	200.00	100.00%	0.00	200.00
109001	西服女套装-立领	白+黑-S	150.00	2.00	300.00	100.00%	0.00	300.00
111002	女衬衫-拼接领	M	65.00	2.00	130.00	100.00%	0.00	130.00
101003	劳保工作服套装	艳蓝-170	75.00	1.00	75.00	100.00%	0.00	75.00
103001	户外运动衫	迷彩-均码	15.00	3.00	45.00	100.00%	0.00	45.00
112001	女衬衫-OL翻领	S	65.00	2.00	130.00	100.00%	0.00	130.00
111001	女衬衫-拼接领	S	65.00	1.00	65.00	100.00%	0.00	65.00
108001	西服女套装-V领	白+黑-S	150.00	1.00	150.00	100.00%	0.00	150.00
106002	西服男套装	黑色-M	200.00	1.00	200.00	100.00%	0.00	200.00
107002	西服女套装-西装领	白+黑-M	150.00	2.00	300.00	100.00%	0.00	300.00
109003	西服女套装-立领	白+黑-L	150.00	3.00	450.00	100.00%	0.00	450.00
112003	女衬衫-OL翻领	L	65.00	1.00	65.00	100.00%	0.00	65.00
104001	文化衫	均码	15.00	5.00	75.00	100.00%	0.00	75.00
111003	女衬衫-拼接领	L	65.00	1.00	65.00	100.00%	0.00	65.00

付款方式	付款金额	单位
现金	2805.00	元

零售金额：2805.00　总数量：33　总扣额：0.00　实收：2805.00　舍零：0.00

收银员签章：　　盖收款章：　　谢谢惠顾，欢迎再次光临！

教学票样

№ 0201-19121301

华问服装商品销售单

第二联 记账

金额单位：元

店名：分店2　　日期：2019/12/13　　时间：15:58:09

班次：　　单号：0201-19121301　　营业员：罗莹

商品编码	品名货号	规格	单价	数量	金额	扣率	扣额	实收金额
103001	户外运动衫	迷彩-均码	15.00	3.00	45.00	100.00%	0.00	45.00
102005	劳保工作服套装	灰色-180	75.00	1.00	75.00	100.00%	0.00	75.00
111002	女衬衫-拼接领	M	65.00	2.00	130.00	100.00%	0.00	130.00
110001	女衬衫-雪纺花边领	S	65.00	1.00	65.00	100.00%	0.00	65.00
101003	劳保工作服套装	艳蓝-170	75.00	2.00	150.00	100.00%	0.00	150.00
107003	西服女套装-西装领	白+黑-L	150.00	2.00	300.00	100.00%	0.00	300.00
107002	西服女套装-西装领	白+黑-M	150.00	1.00	150.00	100.00%	0.00	150.00
108003	西服女套装-V领	白+黑-L	150.00	1.00	150.00	100.00%	0.00	150.00
109003	西服女套装-立领	白+黑-L	150.00	1.00	150.00	100.00%	0.00	150.00
110002	女衬衫-雪纺花边领	M	65.00	3.00	195.00	100.00%	0.00	195.00
110003	女衬衫-雪纺花边领	L	65.00	1.00	65.00	100.00%	0.00	65.00
109001	西服女套装-立领	白+黑-S	150.00	2.00	300.00	100.00%	0.00	300.00
106004	西服男套装	黑色-XL	200.00	1.00	200.00	100.00%	0.00	200.00
104001	文化衫	均码	15.00	5.00	75.00	100.00%	0.00	75.00
112002	女衬衫-OL翻领	M	65.00	2.00	130.00	100.00%	0.00	130.00
102003	劳保工作服套装	灰色-170	75.00	1.00	75.00	100.00%	0.00	75.00
107001	西服女套装-西装领	白+黑-S	150.00	1.00	150.00	100.00%	0.00	150.00
109002	西服女套装-立领	白+黑-M	150.00	3.00	450.00	100.00%	0.00	450.00

付款方式	付款金额	单位
信用卡	2855.00	元

零售金额：2855.00　总数量：33　总扣额：0.00　实收：2855.00　舍零：0.00

收银员签章：　　盖收款章：　　谢谢惠顾，欢迎再次光临！

教学票样

No 0201-19121302

华问服装商品销售单

第二联 记账

金额单位：元

店名：分店2　　日期：2019/12/13　　时间：16:05:15

班次：　　单号：0201-19121302　　营业员：罗莹

商品编码	品名货号	规格	单价	数量	金额	扣率	扣额	实收金额
101004	劳保工作服套装	艳蓝-175	75.00	1.00	75.00	100.00%	0.00	75.00
101003	劳保工作服套装	艳蓝-170	75.00	1.00	75.00	100.00%	0.00	75.00
104001	文化衫	均码	15.00	6.00	90.00	100.00%	0.00	90.00
102003	劳保工作服套装	灰色-170	75.00	1.00	75.00	100.00%	0.00	75.00
107001	西服女套装-西装领	白+黑-S	150.00	1.00	150.00	100.00%	0.00	150.00
101005	劳保工作服套装	艳蓝-180	75.00	1.00	75.00	100.00%	0.00	75.00
103001	户外运动衫	迷彩-均码	15.00	2.00	30.00	100.00%	0.00	30.00
106003	西服男套装	黑色-L	200.00	1.00	200.00	100.00%	0.00	200.00
102004	劳保工作服套装	灰色-175	75.00	1.00	75.00	100.00%	0.00	75.00
107003	西服女套装-西装领	白+黑-L	150.00	1.00	150.00	100.00%	0.00	150.00

付款方式	付款金额	单位
现金	995.00	元

零售金额：995.00　　总数量：16　　总扣额：0.00　　实收：995.00　　舍零：0.00

收银员签章：　　盖收款章：　　谢谢惠顾，欢迎再次光临！

教学票样

No 0201-19121303

华问服装商品销售单 第二联 记账

金额单位：元

店名：分店2　　日期：2019/12/13　　时间：16:10:15

班次：　　单号：0201-19121303　　营业员：罗莹

商品编码	品名货号	规格	单价	数量	金额	扣率	扣额	实收金额
109001	西服女套装-立领	白+黑-S	150.00	2.00	300.00	100.00%	0.00	300.00
108002	西服女套装-V领	白+黑-M	150.00	2.00	300.00	100.00%	0.00	300.00
110003	女衬衫-雪纺花边领	L	65.00	1.00	65.00	100.00%	0.00	65.00
112002	女衬衫-OL翻领	M	65.00	1.00	65.00	100.00%	0.00	65.00
109002	西服女套装-立领	白+黑-M	150.00	1.00	150.00	100.00%	0.00	150.00
111002	女衬衫-拼接领	M	65.00	2.00	130.00	100.00%	0.00	130.00
110002	女衬衫-雪纺花边领	M	65.00	2.00	130.00	100.00%	0.00	130.00

付款方式	付款金额	单位
现金	1140.00	元

零售金额：1140.00　总数量：11　总扣额：0.00　实收：1140.00　舍零：0.00

收银员签章：　　盖收款章：　　谢谢惠顾，欢迎再次光临！

教学票样

No 0201-19121401

华问服装商品销售单

第二联 记账

金额单位：元

店名：分店2　　日期：2019/12/14　　时间：14:12:06

班次：　　单号：0201-19121401　　营业员：罗莹

商品编码	品名货号	规格	单价	数量	金额	扣率	扣额	实收金额
107002	西服女套装-西装领	白+黑-M	150.00	2.00	300.00	100.00%	0.00	300.00
112002	女衬衫-OL翻领	M	65.00	2.00	130.00	100.00%	0.00	130.00
107003	西服女套装-西装领	白+黑-L	150.00	1.00	150.00	100.00%	0.00	150.00
108001	西服女套装-V领	白+黑-S	150.00	1.00	150.00	100.00%	0.00	150.00
111001	女衬衫-拼接领	S	65.00	1.00	65.00	100.00%	0.00	65.00
111002	女衬衫-拼接领	M	65.00	2.00	130.00	100.00%	0.00	130.00
104001	文化衫	均码	15.00	9.00	135.00	100.00%	0.00	135.00
108003	西服女套装-V领	白+黑-L	150.00	1.00	150.00	100.00%	0.00	150.00
105001	加厚军大衣	均码	85.00	1.00	85.00	100.00%	0.00	85.00
101004	劳保工作服套装	艳蓝-175	75.00	1.00	75.00	100.00%	0.00	75.00
109002	西服女套装-立领	白+黑-M	150.00	1.00	150.00	100.00%	0.00	150.00
109003	西服女套装-立领	白+黑-L	150.00	3.00	450.00	100.00%	0.00	450.00
110003	女衬衫-雪纺花边领	L	65.00	2.00	130.00	100.00%	0.00	130.00
106001	西服男套装	黑色-S	200.00	1.00	200.00	100.00%	0.00	200.00
112003	女衬衫-OL翻领	L	65.00	2.00	130.00	100.00%	0.00	130.00
110002	女衬衫-雪纺花边领	M	65.00	2.00	130.00	100.00%	0.00	130.00
102003	劳保工作服套装	灰色-170	75.00	1.00	75.00	100.00%	0.00	75.00
103001	户外运动衫	迷彩-均码	15.00	5.00	75.00	100.00%	0.00	75.00
101005	劳保工作服套装	艳蓝-180	75.00	1.00	75.00	100.00%	0.00	75.00

付款方式	付款金额	单位
信用卡	2785.00	元

零售金额：2785.00　　总数量：39　　总扣额：0.00　　实收：2785.00　　舍零：0.00

收银员签章：　　盖收款章：　　谢谢惠顾，欢迎再次光临！

教学票样

No 0201-19121402

华问服装商品销售单

第二联 记账

金额单位：元

店名：分店2　　日期：2019/12/14　　时间：15:21:08

班次：　　单号：0201-19121402　　营业员：罗莹

商品编码	品名货号	规格	单价	数量	金额	扣率	扣额	实收金额
107002	西服女套装-西装领	白+黑-M	150.00	3.00	450.00	100.00%	0.00	450.00
108003	西服女套装-V领	白+黑-L	150.00	1.00	150.00	100.00%	0.00	150.00
110001	女衬衫-雪纺花边领	S	65.00	1.00	65.00	100.00%	0.00	65.00
104001	文化衫	均码	15.00	5.00	75.00	100.00%	0.00	75.00
112003	女衬衫-OL翻领	L	65.00	3.00	195.00	100.00%	0.00	195.00
111001	女衬衫-拼接领	S	65.00	1.00	65.00	100.00%	0.00	65.00
110002	女衬衫-雪纺花边领	M	65.00	3.00	195.00	100.00%	0.00	195.00
112001	女衬衫-OL翻领	S	65.00	2.00	130.00	100.00%	0.00	130.00
102005	劳保工作服套装	灰色-180	75.00	1.00	75.00	100.00%	0.00	75.00
101004	劳保工作服套装	艳蓝-175	75.00	1.00	75.00	100.00%	0.00	75.00
107001	西服女套装-西装领	白+黑-S	150.00	1.00	150.00	100.00%	0.00	150.00
108001	西服女套装-V领	白+黑-S	150.00	1.00	150.00	100.00%	0.00	150.00
101001	劳保工作服套装	艳蓝-160	70.00	1.00	70.00	100.00%	0.00	70.00
102002	劳保工作服套装	灰色-165	70.00	1.00	70.00	100.00%	0.00	70.00
106001	西服男套装	黑色-S	200.00	1.00	200.00	100.00%	0.00	200.00

付款方式	付款金额	单位
信用卡	2115.00	元

零售金额：2115.00　　总数量：26　　总扣额：0.00　　实收：2115.00　　舍零：0.00

收银员签章：　　盖收款章：　　谢谢惠顾，欢迎再次光临！

教学票样

№ 0201-19121501

华问服装商品销售单

第二联 记账

金额单位：元

店名：分店2　　日期：2019/12/15　　时间：10:18:12

班次：　　单号：0201-19121501　　营业员：罗莹

商品编码	品名货号	规格	单价	数量	金额	扣率	扣额	实收金额
109003	西服女套装-立领	白+黑-L	150.00	2.00	300.00	90.10%	29.70	270.30
108003	西服女套装-V领	白+黑-L	150.00	1.00	150.00	90.10%	14.85	135.15
109001	西服女套装-立领	白+黑-S	150.00	1.00	150.00	90.11%	14.83	135.17
110003	女衬衫-雪纺花边领	L	65.00	2.00	130.00	90.10%	12.87	117.13
112001	女衬衫-OL翻领	S	65.00	1.00	65.00	90.09%	6.44	58.56
101005	劳保工作服套装	艳蓝-180	75.00	1.00	75.00	90.09%	7.43	67.57
110001	女衬衫-雪纺花边领	S	65.00	1.00	65.00	90.09%	6.44	58.56
101002	劳保工作服套装	艳蓝-165	70.00	1.00	70.00	90.10%	6.93	63.07
103001	户外运动衫	迷彩-均码	15.00	3.00	45.00	90.09%	4.46	40.54
101003	劳保工作服套装	艳蓝-170	75.00	2.00	150.00	90.10%	14.85	135.15
111001	女衬衫-拼接领	S	65.00	1.00	65.00	90.09%	6.44	58.56
105001	加厚军大衣	均码	85.00	2.00	170.00	90.10%	16.83	153.17
104001	文化衫	均码	15.00	6.00	90.00	90.10%	8.91	81.09
112002	女衬衫-OL翻领	M	65.00	1.00	65.00	90.09%	6.44	58.56
107002	西服女套装-西装领	白+黑-M	150.00	1.00	150.00	90.10%	14.85	135.15
111003	女衬衫-拼接领	L	65.00	1.00	65.00	90.09%	6.44	58.56
108001	西服女套装-V领	白+黑-S	150.00	1.00	150.00	90.10%	14.85	135.15
112003	女衬衫-OL翻领	L	65.00	1.00	65.00	90.09%	6.44	58.56

付款方式	付款金额	单位
现金	1820.00	元

零售金额：2020.00　总数量：29　总扣额：200.00　实收：1820.00　舍零：0.00

收银员签章：　　盖收款章：　　谢谢惠顾，欢迎再次光临！

教学票样

No 0201-19121502

华问服装商品销售单

第二联 记账

金额单位：元

店名：分店2　　日期：2019/12/15　　时间：13:49:08

班次：　　单号：0201-19121502　　营业员：罗莹

商品编码	品名货号	规格	单价	数量	金额	扣率	扣额	实收金额
108002	西服女套装-V领	白+黑-M	150.00	2.00	300.00	94.51%	16.48	283.52
112002	女衬衫-OL翻领	M	65.00	1.00	65.00	94.48%	3.59	61.41
101001	劳保工作服套装	艳蓝-160	70.00	1.00	70.00	94.50%	3.85	66.15
107002	西服女套装-西装领	白+黑-M	150.00	1.00	150.00	94.51%	8.24	141.76
111001	女衬衫-拼接领	S	65.00	1.00	65.00	94.51%	3.57	61.43
101004	劳保工作服套装	艳蓝-175	75.00	1.00	75.00	94.51%	4.12	70.88
111002	女衬衫-拼接领	M	65.00	1.00	65.00	94.51%	3.57	61.43
109001	西服女套装-立领	白+黑-S	150.00	2.00	300.00	94.51%	16.48	283.52
102003	劳保工作服套装	灰色-170	75.00	1.00	75.00	94.51%	4.12	70.88
105001	加厚军大衣	均码	85.00	1.00	85.00	94.51%	4.67	80.33
108001	西服女套装-V领	白+黑-S	150.00	1.00	150.00	94.51%	8.24	141.76
112001	女衬衫-OL翻领	S	65.00	1.00	65.00	94.51%	3.57	61.43
102005	劳保工作服套装	灰色-180	75.00	1.00	75.00	94.51%	4.12	70.88
109003	西服女套装-立领	白+黑-L	150.00	1.00	150.00	94.51%	8.24	141.76
110001	女衬衫-雪纺花边领	S	65.00	1.00	65.00	94.51%	3.57	61.43
110003	女衬衫-雪纺花边领	L	65.00	1.00	65.00	94.51%	3.57	61.43

付款方式	付款金额	单位
信用卡	1720.00	元

零售金额：1820.00　　总数量：18　　总扣额：100.00　　实收：1720.00　　舍零：0.00

收银员签章：　　盖收款章：　　谢谢惠顾，欢迎再次光临！

教学票样

No 0201-19121601

华问服装商品销售单

第二联 记账

金额单位：元

店名：分店2　　日期：2019/12/16　　时间：13:41:03

班次：　　单号：0201-19121601　　营业员：罗莹

商品编码	品名货号	规格	单价	数量	金额	扣率	扣额	实收金额
102001	劳保工作服套装	灰色-160	70.00	1.00	70.00	90.20%	6.86	63.14
111003	女衬衫-拼接领	L	65.00	2.00	130.00	90.19%	12.75	117.25
112003	女衬衫-OL翻领	L	65.00	1.00	65.00	90.20%	6.37	58.63
103001	户外运动衫	迷彩-均码	15.00	8.00	120.00	90.20%	11.76	108.24
109002	西服女套装-立领	白+黑-M	150.00	1.00	150.00	90.19%	14.71	135.29
108002	西服女套装-V领	白+黑-M	150.00	1.00	150.00	90.19%	14.71	135.29
102004	劳保工作服套装	灰色-175	75.00	2.00	150.00	90.19%	14.71	135.29
107003	西服女套装-西装领	白+黑-L	150.00	1.00	150.00	90.19%	14.71	135.29
111001	女衬衫-拼接领	S	65.00	1.00	65.00	90.20%	6.37	58.63
110001	女衬衫-雪纺花边领	S	65.00	1.00	65.00	90.20%	6.37	58.63
101002	劳保工作服套装	艳蓝-165	70.00	1.00	70.00	90.20%	6.86	63.14
112002	女衬衫-OL翻领	M	65.00	3.00	195.00	90.19%	19.12	175.88
101003	劳保工作服套装	艳蓝-170	75.00	1.00	75.00	90.20%	7.35	67.65
110002	女衬衫-雪纺花边领	M	65.00	2.00	130.00	90.19%	12.75	117.25
107001	西服女套装-西装领	白+黑-S	150.00	2.00	300.00	90.20%	29.41	270.59
104001	文化衫	均码	15.00	6.00	90.00	90.20%	8.82	81.18
111002	女衬衫-拼接领	M	65.00	1.00	65.00	90.20%	6.37	58.63

付款方式	付款金额	单位
信用卡	1840.00	元

零售金额：2040.00　总数量：35　总扣额：200.00　实收：1840.00　舍零：0.00

收银员签章：　　盖收款章：　　谢谢惠顾，欢迎再次光临！

教学票样

No 0201-19121602

华问服装商品销售单

第二联 记账

金额单位：元

店名：分店2　　日期：2019/12/16　　时间：14:18:27

班次：　　单号：0201-19121602　　营业员：罗莹

商品编码	品名货号	规格	单价	数量	金额	扣率	扣额	实收金额
112003	女衬衫-OL翻领	L	65.00	1.00	65.00	91.26%	5.68	59.32
112002	女衬衫-OL翻领	M	65.00	2.00	130.00	91.28%	11.33	118.67
105001	加厚军大衣	均码	85.00	1.00	85.00	91.28%	7.41	77.59
109003	西服女套装-立领	白+黑-L	150.00	3.00	450.00	91.28%	39.22	410.78
111002	女衬衫-拼接领	M	65.00	1.00	65.00	91.29%	5.66	59.34
104001	文化衫	均码	15.00	5.00	75.00	91.28%	6.54	68.46
112001	女衬衫-OL翻领	S	65.00	1.00	65.00	91.29%	5.66	59.34
110003	女衬衫-雪纺花边领	L	65.00	2.00	130.00	91.28%	11.33	118.67
107002	西服女套装-西装领	白+黑-M	150.00	2.00	300.00	91.29%	26.14	273.86
108001	西服女套装-V领	白+黑-S	150.00	1.00	150.00	91.29%	13.07	136.93
103001	户外运动衫	迷彩-均码	15.00	3.00	45.00	91.29%	3.92	41.08
109001	西服女套装-立领	白+黑-S	150.00	2.00	300.00	91.29%	26.14	273.86
109002	西服女套装-立领	白+黑-M	150.00	1.00	150.00	91.29%	13.07	136.93
108003	西服女套装-V领	白+黑-L	150.00	1.00	150.00	91.29%	13.07	136.93
110001	女衬衫-雪纺花边领	S	65.00	1.00	65.00	91.29%	5.66	59.34
102001	劳保工作服套装	灰色-160	70.00	1.00	70.00	91.29%	6.10	63.90

付款方式	付款金额	单位
信用卡	2095.00	元

零售金额：2295.00　　总数量：28　　总扣额：200.00　　实收：2095.00　　舍零：0.00

收银员签章：　　盖收款章：　　谢谢惠顾，欢迎再次光临！

教学票样

No 0201-19121701

华问服装商品销售单

第二联 记账

金额单位：元

店名：分店2　　日期：2019/12/17　　时间：16:45:30

班次：　　单号：0201-19121701　　营业员：罗莹

商品编码	品名货号	规格	单价	数量	金额	扣率	扣额	实收金额
106003	西服男套装	黑色-L	200.00	1.00	200.00	100.00%	0.00	200.00
112001	女衬衫-OL翻领	S	65.00	1.00	65.00	100.00%	0.00	65.00
101003	劳保工作服套装	艳蓝-170	75.00	1.00	75.00	100.00%	0.00	75.00
107003	西服女套装-西装领	白+黑-L	150.00	2.00	300.00	100.00%	0.00	300.00
109003	西服女套装-立领	白+黑-L	150.00	1.00	150.00	100.00%	0.00	150.00
111003	女衬衫-拼接领	L	65.00	1.00	65.00	100.00%	0.00	65.00
103001	户外运动衫	迷彩-均码	15.00	3.00	45.00	100.00%	0.00	45.00
102003	劳保工作服套装	灰色-170	75.00	1.00	75.00	100.00%	0.00	75.00
104001	文化衫	均码	15.00	7.00	105.00	100.00%	0.00	105.00
108001	西服女套装-V领	白+黑-S	150.00	1.00	150.00	100.00%	0.00	150.00
110002	女衬衫-雪纺花边领	M	65.00	1.00	65.00	100.00%	0.00	65.00
110003	女衬衫-雪纺花边领	L	65.00	1.00	65.00	100.00%	0.00	65.00
111001	女衬衫-拼接领	S	65.00	2.00	130.00	100.00%	0.00	130.00
109001	西服女套装-立领	白+黑-S	150.00	1.00	150.00	100.00%	0.00	150.00
108003	西服女套装-V领	白+黑-L	150.00	1.00	150.00	100.00%	0.00	150.00

付款方式	付款金额	单位
现金	1790.00	元

零售金额：1790.00　　总数量：25　　总扣额：0.00　　实收：1790.00　　舍零：0.00

收银员签章：　　盖收款章：　　谢谢惠顾，欢迎再次光临！

教学票样

No 0201-19121702

华问服装商品销售单

第二联 记账

金额单位：元

店名：分店2　　日期：2019/12/17　　时间：16:58:10

班次：　　单号：0201-19121702　　营业员：罗莹

商品编码	品名货号	规格	单价	数量	金额	扣率	扣额	实收金额
102002	劳保工作服套装	灰色-165	70.00	1.00	70.00	100.00%	0.00	70.00
108002	西服女套装-V领	白+黑-M	150.00	1.00	150.00	100.00%	0.00	150.00
101004	劳保工作服套装	艳蓝-175	75.00	1.00	75.00	100.00%	0.00	75.00
110002	女衬衫-雪纺花边领	M	65.00	1.00	65.00	100.00%	0.00	65.00
112001	女衬衫-OL翻领	S	65.00	1.00	65.00	100.00%	0.00	65.00
106003	西服男套装	黑色-L	200.00	1.00	200.00	100.00%	0.00	200.00
112002	女衬衫-OL翻领	M	65.00	1.00	65.00	100.00%	0.00	65.00
107002	西服女套装-西装领	白+黑-M	150.00	2.00	300.00	100.00%	0.00	300.00
108003	西服女套装-V领	白+黑-L	150.00	1.00	150.00	100.00%	0.00	150.00
109002	西服女套装-立领	白+黑-M	150.00	2.00	300.00	100.00%	0.00	300.00
104001	文化衫	均码	15.00	5.00	75.00	100.00%	0.00	75.00
111002	女衬衫-拼接领	M	65.00	2.00	130.00	100.00%	0.00	130.00
109003	西服女套装-立领	白+黑-L	150.00	1.00	150.00	100.00%	0.00	150.00
109001	西服女套装-立领	白+黑-S	150.00	1.00	150.00	100.00%	0.00	150.00
103001	户外运动衫	迷彩-均码	15.00	6.00	90.00	100.00%	0.00	90.00
107003	西服女套装-西装领	白+黑-L	150.00	1.00	150.00	100.00%	0.00	150.00
101003	劳保工作服套装	艳蓝-170	75.00	1.00	75.00	100.00%	0.00	75.00

付款方式	付款金额	单位
信用卡	2260.00	元

零售金额：2260.00　　总数量：29　　总扣额：0.00　　实收：2260.00　　舍零：0.00

收银员签章：　　盖收款章：　　谢谢惠顾，欢迎再次光临！

教学票样

No 0201-19121801

华问服装商品销售单

第二联 记账

金额单位：元

店名：分店2　　日期：2019/12/18　　时间：17:40:10

班次：　　单号：0201-19121801　　营业员：罗莹

商品编码	品名货号	规格	单价	数量	金额	扣率	扣额	实收金额
111001	女衬衫-拼接领	S	65.00	1.00	65.00	100.00%	0.00	65.00
102002	劳保工作服套装	灰色-165	70.00	1.00	70.00	100.00%	0.00	70.00
111003	女衬衫-拼接领	L	65.00	2.00	130.00	100.00%	0.00	130.00
103001	户外运动衫	迷彩-均码	15.00	2.00	30.00	100.00%	0.00	30.00
102004	劳保工作服套装	灰色-175	75.00	1.00	75.00	100.00%	0.00	75.00
106004	西服男套装	黑色-XL	200.00	1.00	200.00	100.00%	0.00	200.00
105001	加厚军大衣	均码	85.00	2.00	170.00	100.00%	0.00	170.00
112002	女衬衫-OL翻领	M	65.00	2.00	130.00	100.00%	0.00	130.00
108002	西服女套装-V领	白+黑-M	150.00	1.00	150.00	100.00%	0.00	150.00
104001	文化衫	均码	15.00	4.00	60.00	100.00%	0.00	60.00
108001	西服女套装-V领	白+黑-S	150.00	1.00	150.00	100.00%	0.00	150.00
110002	女衬衫-雪纺花边领	M	65.00	2.00	130.00	100.00%	0.00	130.00
109001	西服女套装-立领	白+黑-S	150.00	1.00	150.00	100.00%	0.00	150.00
107002	西服女套装-西装领	白+黑-M	150.00	2.00	300.00	100.00%	0.00	300.00
111002	女衬衫-拼接领	M	65.00	1.00	65.00	100.00%	0.00	65.00
101004	劳保工作服套装	艳蓝-175	75.00	1.00	75.00	100.00%	0.00	75.00
110003	女衬衫-雪纺花边领	L	65.00	1.00	65.00	100.00%	0.00	65.00

付款方式	付款金额	单位
信用卡	2015.00	元

零售金额：2015.00　　总数量：26　　总扣额：0.00　　实收：2015.00　　舍零：0.00

收银员签章：　　盖收款章：　　谢谢惠顾，欢迎再次光临！

教学票样

№ 0201-19121802

华问服装商品销售单

第二联 记账

金额单位：元

店名：分店2　　日期：2019/12/18　　时间：17:55:30

班次：　　单号：0201-19121802　　营业员：罗莹

商品编码	品名货号	规格	单价	数量	金额	扣率	扣额	实收金额
102004	劳保工作服套装	灰色-175	75.00	1.00	75.00	100.00%	0.00	75.00
103001	户外运动衫	迷彩-均码	15.00	5.00	75.00	100.00%	0.00	75.00
108002	西服女套装-V领	白+黑-M	150.00	1.00	150.00	100.00%	0.00	150.00
110003	女衬衫-雪纺花边领	L	65.00	2.00	130.00	100.00%	0.00	130.00
111001	女衬衫-拼接领	S	65.00	1.00	65.00	100.00%	0.00	65.00
110001	女衬衫-雪纺花边领	S	65.00	2.00	130.00	100.00%	0.00	130.00
104001	文化衫	均码	15.00	6.00	90.00	100.00%	0.00	90.00
112003	女衬衫-OL翻领	L	65.00	2.00	130.00	100.00%	0.00	130.00
105001	加厚军大衣	均码	85.00	1.00	85.00	100.00%	0.00	85.00
109002	西服女套装-立领	白+黑-M	150.00	2.00	300.00	100.00%	0.00	300.00
107002	西服女套装-西装领	白+黑-M	150.00	1.00	150.00	100.00%	0.00	150.00
108001	西服女套装-V领	白+黑-S	150.00	1.00	150.00	100.00%	0.00	150.00
107001	西服女套装-西装领	白+黑-S	150.00	1.00	150.00	100.00%	0.00	150.00
102001	劳保工作服套装	灰色-160	70.00	1.00	70.00	100.00%	0.00	70.00
111003	女衬衫-拼接领	L	65.00	2.00	130.00	100.00%	0.00	130.00
101002	劳保工作服套装	艳蓝-165	70.00	1.00	70.00	100.00%	0.00	70.00
112002	女衬衫-OL翻领	M	65.00	1.00	65.00	100.00%	0.00	65.00

付款方式	付款金额	单位
信用卡	2015.00	元

零售金额：2015.00　总数量：31　总扣额：0.00　实收：2015.00　舍零：0.00

收银员签章：　　盖收款章：　　谢谢惠顾，欢迎再次光临！

教学票样

№ 0201-19121901

华问服装商品销售单

第二联 记账

金额单位：元

店名：分店2　　日期：2019/12/19　　时间：18:20:12

班次：　　单号：0201-19121901　　营业员：罗莹

商品编码	品名货号	规格	单价	数量	金额	扣率	扣额	实收金额
102003	劳保工作服套装	灰色-170	75.00	1.00	75.00	100.00%	0.00	75.00
101001	劳保工作服套装	艳蓝-160	70.00	1.00	70.00	100.00%	0.00	70.00
106003	西服男套装	黑色-L	200.00	1.00	200.00	100.00%	0.00	200.00
103001	户外运动衫	迷彩-均码	15.00	3.00	45.00	100.00%	0.00	45.00
104001	文化衫	均码	15.00	7.00	105.00	100.00%	0.00	105.00
102005	劳保工作服套装	灰色-180	75.00	1.00	75.00	100.00%	0.00	75.00

付款方式	付款金额	单位
现金	570.00	元

零售金额：570.00　总数量：14　总扣额：0.00　实收：570.00　舍零：0.00

收银员签章：　　盖收款章：　　谢谢惠顾，欢迎再次光临！

教学票样

№ 0201-19121902

华问服装商品销售单

第二联 记账

金额单位：元

店名：分店2　　日期：2019/12/19　　时间：18:30:15

班次：　　单号：0201-19121902　　营业员：罗莹

商品编码	品名货号	规格	单价	数量	金额	扣率	扣额	实收金额
110001	女衬衫-雪纺花边领	S	65.00	1.00	65.00	100.00%	0.00	65.00
108001	西服女套装-V领	白+黑-S	150.00	1.00	150.00	100.00%	0.00	150.00
109001	西服女套装-立领	白+黑-S	150.00	1.00	150.00	100.00%	0.00	150.00
112002	女衬衫-OL翻领	M	65.00	2.00	130.00	100.00%	0.00	130.00
108002	西服女套装-V领	白+黑-M	150.00	1.00	150.00	100.00%	0.00	150.00
111002	女衬衫-拼接领	M	65.00	1.00	65.00	100.00%	0.00	65.00
107001	西服女套装-西装领	白+黑-S	150.00	1.00	150.00	100.00%	0.00	150.00
109002	西服女套装-立领	白+黑-M	150.00	2.00	300.00	100.00%	0.00	300.00
112001	女衬衫-OL翻领	S	65.00	1.00	65.00	100.00%	0.00	65.00
112003	女衬衫-OL翻领	L	65.00	2.00	130.00	100.00%	0.00	130.00
107002	西服女套装-西装领	白+黑-M	150.00	1.00	150.00	100.00%	0.00	150.00
111001	女衬衫-拼接领	S	65.00	2.00	130.00	100.00%	0.00	130.00
110002	女衬衫-雪纺花边领	M	65.00	1.00	65.00	100.00%	0.00	65.00

付款方式	付款金额	单位
现金	1700.00	元

零售金额：1700.00　　总数量：17　　总扣额：0.00　　实收：1700.00　　舍零：0.00

收银员签章：　　盖收款章：　　谢谢惠顾，欢迎再次光临！

教学票样

No 0201-19121903

华问服装商品销售单 第二联 记账

金额单位：元

店名：分店2　　日期：2019/12/19　　时间：18:50:35

班次：　　单号：0201-19121903　　营业员：罗莹

商品编码	品名货号	规格	单价	数量	金额	扣率	扣额	实收金额
106003	西服男套装	黑色-L	200.00	1.00	200.00	100.00%	0.00	200.00
112002	女衬衫-OL翻领	M	65.00	2.00	130.00	100.00%	0.00	130.00
102002	劳保工作服套装	灰色-165	70.00	1.00	70.00	100.00%	0.00	70.00
111002	女衬衫-拼接领	M	65.00	2.00	130.00	100.00%	0.00	130.00
112001	女衬衫-OL翻领	S	65.00	1.00	65.00	100.00%	0.00	65.00
101003	劳保工作服套装	艳蓝-170	75.00	1.00	75.00	100.00%	0.00	75.00
102001	劳保工作服套装	灰色-160	70.00	1.00	70.00	100.00%	0.00	70.00
107002	西服女套装-西装领	白+黑-M	150.00	2.00	300.00	100.00%	0.00	300.00
109001	西服女套装-立领	白+黑-S	150.00	1.00	150.00	100.00%	0.00	150.00
104001	文化衫	均码	15.00	3.00	45.00	100.00%	0.00	45.00
108001	西服女套装-V领	白+黑-S	150.00	2.00	300.00	100.00%	0.00	300.00
111003	女衬衫-拼接领	L	65.00	2.00	130.00	100.00%	0.00	130.00
103001	户外运动衫	迷彩-均码	15.00	1.00	15.00	100.00%	0.00	15.00
110002	女衬衫-雪纺花边领	M	65.00	1.00	65.00	100.00%	0.00	65.00
108002	西服女套装-V领	白+黑-M	150.00	1.00	150.00	100.00%	0.00	150.00
109003	西服女套装-立领	白+黑-L	150.00	1.00	150.00	100.00%	0.00	150.00

付款方式	付款金额	单位
信用卡	2045.00	元

零售金额：2045.00　　总数量：23　　总扣额：0.00　　实收：2045.00　　舍零：0.00

收银员签章：　　盖收款章：　　谢谢惠顾，欢迎再次光临！

教学票样

№ 0201-19122001

华问服装商品销售单

第二联 记账

金额单位：元

店名：分店2　　日期：2019/12/20　　时间：08:50:25

班次：　　单号：0201-19122001　　营业员：罗莹

商品编码	品名货号	规格	单价	数量	金额	扣率	扣额	实收金额
108002	西服女套装-V领	白+黑-M	150.00	2.00	300.00	100.00%	0.00	300.00
101004	劳保工作服套装	艳蓝-175	75.00	1.00	75.00	100.00%	0.00	75.00
111001	女衬衫-拼接领	S	65.00	1.00	65.00	100.00%	0.00	65.00
102003	劳保工作服套装	灰色-170	75.00	1.00	75.00	100.00%	0.00	75.00
112003	女衬衫-OL翻领	L	65.00	1.00	65.00	100.00%	0.00	65.00
107003	西服女套装-西装领	白+黑-L	150.00	1.00	150.00	100.00%	0.00	150.00
109001	西服女套装-立领	白+黑-S	150.00	2.00	300.00	100.00%	0.00	300.00
110003	女衬衫-雪纺花边领	L	65.00	1.00	65.00	100.00%	0.00	65.00
111003	女衬衫-拼接领	L	65.00	2.00	130.00	100.00%	0.00	130.00
108001	西服女套装-V领	白+黑-S	150.00	1.00	150.00	100.00%	0.00	150.00
106002	西服男套装	黑色-M	200.00	1.00	200.00	100.00%	0.00	200.00
106005	西服男套装	黑色-XXL	200.00	1.00	200.00	100.00%	0.00	200.00
104001	文化衫	均码	15.00	3.00	45.00	100.00%	0.00	45.00
110001	女衬衫-雪纺花边领	S	65.00	3.00	195.00	100.00%	0.00	195.00
101002	劳保工作服套装	艳蓝-165	70.00	1.00	70.00	100.00%	0.00	70.00
109002	西服女套装-立领	白+黑-M	150.00	1.00	150.00	100.00%	0.00	150.00
110002	女衬衫-雪纺花边领	M	65.00	1.00	65.00	100.00%	0.00	65.00
103001	户外运动衫	迷彩-均码	15.00	1.00	15.00	100.00%	0.00	15.00
108003	西服女套装-V领	白+黑-L	150.00	1.00	150.00	100.00%	0.00	150.00
111002	女衬衫-拼接领	M	65.00	2.00	130.00	100.00%	0.00	130.00
112001	女衬衫-OL翻领	S	65.00	1.00	65.00	100.00%	0.00	65.00

付款方式	付款金额	单位
信用卡	2660.00	元

零售金额：2660.00　　总数量：29　　总扣额：0.00　　实收：2660.00　　舍零：0.00

收银员签章：　　盖收款章：　　谢谢惠顾，欢迎再次光临！

教学票样

No 0201-19122002

华问服装商品销售单

第二联 记账

金额单位：元

店名：分店2　　日期：2019/12/20　　时间：08:58:15

班次：　　单号：0201-19122002　　营业员：罗莹

商品编码	品名货号	规格	单价	数量	金额	扣率	扣额	实收金额
112002	女衬衫-OL翻领	M	65.00	2.00	130.00	100.00%	0.00	130.00
109002	西服女套装-立领	白+黑-M	150.00	2.00	300.00	100.00%	0.00	300.00
101002	劳保工作服套装	艳蓝-165	70.00	1.00	70.00	100.00%	0.00	70.00
102004	劳保工作服套装	灰色-175	75.00	1.00	75.00	100.00%	0.00	75.00
105001	加厚军大衣	均码	85.00	1.00	85.00	100.00%	0.00	85.00
111002	女衬衫-拼接领	M	65.00	1.00	65.00	100.00%	0.00	65.00
108002	西服女套装-V领	白+黑-M	10.00	1.00	150.00	100.00%	0.00	150.00
104001	文化衫	均码	15.00	12.00	180.00	100.00%	0.00	180.00
110003	女衬衫-雪纺花边领	L	65.00	3.00	195.00	100.00%	0.00	195.00
103001	户外运动衫	迷彩-均码	15.00	12.00	180.00	100.00%	0.00	180.00
106004	西服男套装	黑色-XL	200.00	1.00	200.00	100.00%	0.00	200.00
110002	女衬衫-雪纺花边领	M	65.00	2.00	130.00	100.00%	0.00	130.00
107003	西服女套装-西装领	白+黑-L	150.00	2.00	300.00	100.00%	0.00	300.00
101004	劳保工作服套装	艳蓝-175	75.00	1.00	75.00	100.00%	0.00	75.00

付款方式	付款金额	单位
信用卡	2135.00	元

零售金额：2135.00　　总数量：42　　总扣额：0.00　　实收：2135.00　　舍零：0.00

收银员签章：　　盖收款章：　　谢谢惠顾，欢迎再次光临！

教学票样

No 0201-19122101

华问服装商品销售单

第二联 记账

金额单位：元

店名：分店2　　日期：2019/12/21　　时间：09:30:40

班次：　　单号：0201-19122101　　营业员：罗莹

商品编码	品名货号	规格	单价	数量	金额	扣率	扣额	实收金额
108001	西服女套装-V领	白+黑-S	150.00	1.00	150.00	100.00%	0.00	150.00
111001	女衬衫-拼接领	S	65.00	1.00	65.00	100.00%	0.00	65.00
107002	西服女套装-西装领	白+黑-M	150.00	2.00	300.00	100.00%	0.00	300.00
109002	西服女套装-立领	白+黑-M	150.00	2.00	300.00	100.00%	0.00	300.00
112002	女衬衫-OL翻领	M	65.00	2.00	130.00	100.00%	0.00	130.00
108002	西服女套装-V领	白+黑-M	150.00	2.00	300.00	100.00%	0.00	300.00
106004	西服男套装	黑色-XL	200.00	1.00	200.00	100.00%	0.00	200.00
102002	劳保工作服套装	灰色-165	70.00	1.00	70.00	100.00%	0.00	70.00
101001	劳保工作服套装	艳蓝-160	70.00	1.00	70.00	100.00%	0.00	70.00
106001	西服男套装	黑色-S	200.00	1.00	200.00	100.00%	0.00	200.00
109003	西服女套装-立领	白+黑-L	150.00	1.00	150.00	100.00%	0.00	150.00
110003	女衬衫-雪纺花边领	L	65.00	2.00	130.00	100.00%	0.00	130.00
101003	劳保工作服套装	艳蓝-170	75.00	1.00	75.00	100.00%	0.00	75.00
110002	女衬衫-雪纺花边领	M	65.00	1.00	65.00	100.00%	0.00	65.00
107001	西服女套装-西装领	白+黑-S	150.00	1.00	150.00	100.00%	0.00	150.00
111003	女衬衫-拼接领	L	65.00	1.00	65.00	100.00%	0.00	65.00
104001	文化衫	均码	15.00	1.00	15.00	100.00%	0.00	15.00
109001	西服女套装-立领	白+黑-S	150.00	1.00	150.00	100.00%	0.00	150.00

付款方式	付款金额	单位
信用卡	2585.00	元

零售金额：2585.00　总数量：23　总扣额：0.00　实收：2585.00　舍零：0.00

收银员签章：　　盖收款章：　　谢谢惠顾，欢迎再次光临！

教学票样

No 0201-19122102

华问服装商品销售单

第二联 记账

金额单位：元

店名：分店2　　日期：2019/12/21　　时间：09:55:08

班次：　　单号：0201-19122102　　营业员：罗莹

商品编码	品名货号	规格	单价	数量	金额	扣率	扣额	实收金额
106003	西服男套装	黑色-L	200.00	1.00	200.00	100.00%	0.00	200.00
108001	西服女套装-V领	白+黑-S	150.00	1.00	150.00	100.00%	0.00	150.00
103001	户外运动衫	迷彩-均码	15.00	1.00	15.00	100.00%	0.00	15.00
101003	劳保工作服套装	艳蓝-170	75.00	1.00	75.00	100.00%	0.00	75.00
112003	女衬衫-OL翻领	L	65.00	1.00	65.00	100.00%	0.00	65.00
111003	女衬衫-拼接领	L	65.00	2.00	130.00	100.00%	0.00	130.00
109002	西服女套装-立领	白+黑-M	150.00	2.00	300.00	100.00%	0.00	300.00
106002	西服男套装	黑色-M	200.00	1.00	200.00	100.00%	0.00	200.00
111001	女衬衫-拼接领	S	65.00	1.00	65.00	100.00%	0.00	65.00
109001	西服女套装-立领	白+黑-S	150.00	2.00	300.00	100.00%	0.00	300.00
111002	女衬衫-拼接领	M	65.00	2.00	130.00	100.00%	0.00	130.00
110003	女衬衫-雪纺花边领	L	65.00	1.00	65.00	100.00%	0.00	65.00
110002	女衬衫-雪纺花边领	M	65.00	1.00	65.00	100.00%	0.00	65.00
110001	女衬衫-雪纺花边领	S	65.00	3.00	195.00	100.00%	0.00	195.00
102003	劳保工作服套装	灰色-170	75.00	1.00	75.00	100.00%	0.00	75.00
112001	女衬衫-OL翻领	S	65.00	1.00	65.00	100.00%	0.00	65.00
107003	西服女套装-西装领	白+黑-L	150.00	1.00	150.00	100.00%	0.00	150.00
107002	西服女套装-西装领	白+黑-M	150.00	1.00	150.00	100.00%	0.00	150.00
104001	文化衫	均码	15.00	3.00	45.00	100.00%	0.00	45.00

付款方式	付款金额	单位
信用卡	2440.00	元

零售金额：2440.00　总数量：27　总扣额：0.00　实收：2440.00　舍零：0.00

收银员签章：　　盖收款章：

谢谢惠顾，欢迎再次光临！

教学票样

No 0201-19122201

华问服装商品销售单

第二联 记账

金额单位：元

店名：分店2　　日期：2019/12/22　　时间：11:06:18

班次：　　单号：0201-19122201　　营业员：罗莹

商品编码	品名货号	规格	单价	数量	金额	扣率	扣额	实收金额
112001	女衬衫-OL翻领	S	65.00	1.00	65.00	100.00%	0.00	65.00
109003	西服女套装-立领	白+黑-L	150.00	1.00	150.00	100.00%	0.00	150.00
111002	女衬衫-拼接领	M	65.00	2.00	130.00	100.00%	0.00	130.00
110003	女衬衫-雪纺花边领	L	65.00	1.00	65.00	100.00%	0.00	65.00
109001	西服女套装-立领	白+黑-S	150.00	3.00	450.00	100.00%	0.00	450.00

付款方式	付款金额	单位
现金	860.00	元

零售金额：860.00　总数量：8　总扣额：0.00　实收：860.00　舍零：0.00

收银员签章：　　盖收款章：　　谢谢惠顾，欢迎再次光临！

教学票样

No 0201-19122202

华问服装商品销售单

第二联 记账

金额单位：元

店名：分店2　　日期：2019/12/22　　时间：11:20:15

班次：　　单号：0201-19122202　　营业员：罗莹

商品编码	品名货号	规格	单价	数量	金额	扣率	扣额	实收金额
109001	西服女套装-立领	白+黑-S	150.00	1.00	150.00	92.30%	11.55	138.45
105001	加厚军大衣	均码	85.00	2.00	170.00	92.30%	13.09	156.91
102003	劳保工作服套装	灰色-170	75.00	1.00	75.00	92.29%	5.78	69.22
101001	劳保工作服套装	艳蓝-160	70.00	1.00	70.00	92.30%	5.39	64.61
103001	户外运动衫	迷彩-均码	15.00	5.00	75.00	92.29%	5.78	69.22
107002	西服女套装-西装领	白+黑-M	150.00	4.00	600.00	92.30%	46.21	553.79
111001	女衬衫-拼接领	S	65.00	2.00	130.00	92.30%	10.01	119.99
104001	文化衫	均码	15.00	10.00	150.00	92.30%	11.55	138.45
107003	西服女套装-西装领	白+黑-L	150.00	1.00	150.00	92.30%	11.55	138.45
111003	女衬衫-拼接领	L	65.00	2.00	130.00	92.30%	10.01	119.99
110003	女衬衫-雪纺花边领	L	65.00	1.00	65.00	92.29%	5.01	59.99
108001	西服女套装-V领	白+黑-S	150.00	2.00	300.00	92.30%	23.11	276.89
110002	女衬衫-雪纺花边领	M	65.00	1.00	65.00	92.30%	5.01	59.99
106001	西服男套装	黑色-S	200.00	1.00	200.00	92.29%	15.40	184.60
101003	劳保工作服套装	艳蓝-170	75.00	1.00	75.00	92.30%	5.78	69.22
102004	劳保工作服套装	灰色-175	75.00	1.00	75.00	92.29%	5.78	69.22
101004	劳保工作服套装	艳蓝-175	75.00	3.00	225.00	92.30%	17.33	207.67
108003	西服女套装-V领	白+黑-L	150.00	2.00	300.00	92.30%	23.11	276.89
109002	西服女套装-立领	白+黑-M	150.00	1.00	150.00	92.30%	11.55	138.45
102005	劳保工作服套装	灰色-180	75.00	1.00	75.00	92.30%	5.78	69.22
109003	西服女套装-立领	白+黑-L	150.00	1.00	150.00	92.30%	11.55	138.45
112002	女衬衫-OL翻领	M	65.00	1.00	65.00	92.29%	5.01	59.99
108002	西服女套装-V领	白+黑-M	150.00	3.00	450.00	92.30%	34.66	415.34

付款方式	付款金额	单位
信用卡	3595.00	元

零售金额：3895.00　　总数量：48　　总扣额：300.00　　实收：3595.00　　舍零：0.00

收银员签章：　　盖收款章：　　谢谢惠顾，欢迎再次光临！

教学票样

No 0201-19122301

华问服装商品销售单 第二联 记账

金额单位：元

店名：分店2　　日期：2019/12/23　　时间：11:15:28

班次：　　单号：0201-19122301　　营业员：罗莹

商品编码	品名货号	规格	单价	数量	金额	扣率	扣额	实收金额
104001	文化衫	均码	15.00	6.00	90.00	90.52%	8.53	81.47
110001	女衬衫-雪纺花边领	S	65.00	2.00	130.00	90.52%	12.32	117.68
107001	西服女套装-西装领	白+黑-S	150.00	1.00	150.00	90.52%	14.22	135.78
101002	劳保工作服套装	艳蓝-165	70.00	1.00	70.00	90.51%	6.64	63.36
111001	女衬衫-拼接领	S	65.00	1.00	65.00	90.52%	6.16	58.84
108003	西服女套装-V领	白+黑-L	150.00	1.00	150.00	90.52%	14.22	135.78
103001	户外运动衫	迷彩-均码	15.00	5.00	75.00	90.52%	7.11	67.89
102003	劳保工作服套装	灰色-170	75.00	1.00	75.00	90.52%	7.11	67.89
109002	西服女衬衫-立领	白+黑-M	150.00	1.00	150.00	90.52%	14.22	135.78
111003	女衬衫-拼接领	L	65.00	2.00	130.00	90.52%	12.32	117.68
106002	西服男套装	黑色-M	200.00	2.00	400.00	90.52%	37.91	362.09
107002	西服女套装-西装领	白+黑-M	150.00	2.00	300.00	90.52%	28.44	271.56
110002	女衬衫-雪纺花边领	M	65.00	3.00	195.00	90.52%	18.48	176.52
112002	女衬衫-OL翻领	M	65.00	2.00	130.00	90.52%	12.32	117.68

付款方式	付款金额	单位
现金	1910.00	元

零售金额：2110.00　　总数量：30　　总扣额：200.00　　实收：1910.00　　舍零：0.00

收银员签章：　　盖收款章：　　谢谢惠顾，欢迎再次光临！

教学票样

№ 0201-19122302

华问服装商品销售单

第二联 记账

金额单位：元

店名：分店2　　日期：2019/12/23　　时间：13:28:01

班次：　　单号：0201-19122302　　营业员：罗莹

商品编码	品名货号	规格	单价	数量	金额	扣率	扣额	实收金额
101002	劳保工作服套装	艳蓝-165	70.00	1.00	70.00	90.39%	6.73	63.27
109002	西服女套装-立领	白+黑-M	150.00	2.00	300.00	90.38%	28.85	271.15
106003	西服男套装	黑色-L	200.00	1.00	200.00	90.39%	19.23	180.77
111001	女衬衫-拼接领	S	65.00	3.00	195.00	90.38%	18.75	176.25
102005	劳保工作服套装	灰色-180	75.00	1.00	75.00	90.39%	7.21	67.79
112001	女衬衫-OL翻领	S	65.00	1.00	65.00	90.38%	6.25	58.75
107002	西服女套装-西装领	白+黑-M	150.00	2.00	300.00	90.38%	28.85	271.15
108002	西服女套装-V领	白+黑-M	150.00	2.00	300.00	90.38%	28.85	271.15
103001	户外运动衫	迷彩-均码	15.00	2.00	30.00	90.40%	2.88	27.12
108001	西服女套装-V领	白+黑-S	150.00	1.00	150.00	90.39%	14.42	135.58
102002	劳保工作服套装	灰色-165	70.00	1.00	70.00	90.39%	6.73	63.27
104001	文化衫	均码	15.00	3.00	45.00	90.38%	4.33	40.67
107001	西服女套装-西装领	白+黑-S	150.00	1.00	150.00	90.39%	14.42	135.58
110002	女衬衫-雪纺花边领	M	65.00	2.00	130.00	90.38%	12.50	117.50

付款方式	付款金额	单位
信用卡	1880.00	元

零售金额：2080.00　总数量：23　总扣额：200.00　实收：1880.00　舍零：0.00

收银员签章：　　盖收款章：　　谢谢惠顾，欢迎再次光临！

教学票样

№ 0201-19122401

华问服装商品销售单

第二联 记账

金额单位：元

店名：分店2　　日期：2019/12/24　　时间：10:42:05

班次：　　单号：0201-19122401　　营业员：罗莹

商品编码	品名货号	规格	单价	数量	金额	扣率	扣额	实收金额
110001	女衬衫-雪纺花边领	S	65.00	1.00	65.00	100.00%	0.00	65.00
107002	西服女套装-西装领	白+黑-M	150.00	2.00	300.00	100.00%	0.00	300.00
112003	女衬衫-OL翻领	L	65.00	1.00	65.00	100.00%	0.00	65.00
106004	西服男套装	黑色-XL	200.00	1.00	200.00	100.00%	0.00	200.00
109001	西服女套装-立领	白+黑-S	150.00	2.00	300.00	100.00%	0.00	300.00
109003	西服女套装-立领	白+黑-L	150.00	3.00	450.00	100.00%	0.00	450.00
111002	女衬衫-拼接领	M	65.00	1.00	65.00	100.00%	0.00	65.00
110003	女衬衫-雪纺花边领	L	65.00	2.00	130.00	100.00%	0.00	130.00
103001	户外运动衫	迷彩-均码	15.00	3.00	45.00	100.00%	0.00	45.00
108001	西服女套装-V领	白+黑-S	150.00	1.00	150.00	100.00%	0.00	150.00
108003	西服女套装-V领	白+黑-L	150.00	1.00	150.00	100.00%	0.00	150.00
102001	劳保工作服套装	灰色-160	70.00	1.00	70.00	100.00%	0.00	70.00
112002	女衬衫-OL翻领	M	65.00	2.00	130.00	100.00%	0.00	130.00
101003	劳保工作服套装	艳蓝-170	75.00	1.00	75.00	100.00%	0.00	75.00
105001	加厚军大衣	均码	85.00	1.00	85.00	100.00%	0.00	85.00
109002	西服女套装-立领	白+黑-M	150.00	1.00	150.00	100.00%	0.00	150.00
112001	女衬衫-OL翻领	S	65.00	1.00	65.00	100.00%	0.00	65.00
104001	文化衫	均码	15.00	5.00	75.00	100.00%	0.00	75.00

付款方式	付款金额	单位
信用卡	2570.00	元

零售金额：2570.00　总数量：30　总扣额：0.00　实收：2570.00　舍零：0.00

收银员签章：　　盖收款章：　　谢谢惠顾，欢迎再次光临！

教学票样

No 0201-19122402

华问服装商品销售单

第二联 记账

金额单位：元

店名：分店2　　日期：2019/12/24　　时间：10:55:01

班次：　　单号：0201-19122402　　营业员：罗莹

商品编码	品名货号	规格	单价	数量	金额	扣率	扣额	实收金额
107002	西服女套装-西装领	白+黑-M	150.00	2.00	300.00	100.00%	0.00	300.00
110002	女衬衫-雪纺花边领	M	65.00	1.00	65.00	100.00%	0.00	65.00
109003	西服女套装-立领	白+黑-L	150.00	1.00	150.00	100.00%	0.00	150.00
112003	女衬衫-OL翻领	L	65.00	1.00	65.00	100.00%	0.00	65.00
110003	女衬衫-雪纺花边领	L	65.00	1.00	65.00	100.00%	0.00	65.00
105001	加厚军大衣	均码	85.00	1.00	85.00	100.00%	0.00	85.00
101004	劳保工作服套装	艳蓝-175	75.00	2.00	150.00	100.00%	0.00	150.00
102003	劳保工作服套装	灰色-170	75.00	1.00	75.00	100.00%	0.00	75.00
109001	西服女套装-立领	白+黑-S	150.00	3.00	450.00	100.00%	0.00	450.00
101001	劳保工作服套装	艳蓝-160	70.00	1.00	70.00	100.00%	0.00	70.00
111002	女衬衫-拼接领	M	65.00	2.00	130.00	100.00%	0.00	130.00
102005	劳保工作服套装	灰色-180	75.00	1.00	75.00	100.00%	0.00	75.00
108002	西服女套装-V领	白+黑-M	150.00	2.00	300.00	100.00%	0.00	300.00
112001	女衬衫-OL翻领	S	65.00	1.00	65.00	100.00%	0.00	65.00

付款方式	付款金额	单位
信用卡	2045.00	元

零售金额：2045.00　　总数量：20　　总扣额：0.00　　实收：2045.00　　舍零：0.00

收银员签章：　　盖收款章：　　谢谢惠顾，欢迎再次光临！

教学票样

№ 0201-19122501

华问服装商品销售单 第二联 记账

金额单位：元

店名：分店2 日期：2019/12/25 时间：10:48:21

班次： 单号：0201-19122501 营业员：罗莹

商品编码	品名货号	规格	单价	数量	金额	扣率	扣额	实收金额
103001	户外运动衫	迷彩-均码	15.00	6.00	90.00	100.00%	0.00	90.00
111002	女衬衫-拼接领	M	65.00	4.00	260.00	100.00%	0.00	260.00
107001	西服女套装-西装领	白+黑-S	150.00	2.00	300.00	100.00%	0.00	300.00
109003	西服女套装-立领	白+黑-L	150.00	1.00	150.00	100.00%	0.00	150.00
110003	女衬衫-雪纺花边领	L	65.00	3.00	195.00	100.00%	0.00	195.00
109001	西服女套装-立领	白+黑-S	150.00	1.00	150.00	100.00%	0.00	150.00
107002	西服女套装-西装领	白+黑-M	150.00	1.00	150.00	100.00%	0.00	150.00
110002	女衬衫-雪纺花边领	M	65.00	1.00	65.00	100.00%	0.00	65.00
104001	文化衫	均码	15.00	6.00	90.00	100.00%	0.00	90.00
110001	女衬衫-雪纺花边领	S	65.00	2.00	130.00	100.00%	0.00	130.00
108002	西服女套装-V领	白+黑-M	150.00	1.00	150.00	100.00%	0.00	150.00
101002	劳保工作服套装	艳蓝-165	70.00	1.00	70.00	100.00%	0.00	70.00
108001	西服女套装-V领	白+黑-S	150.00	1.00	150.00	100.00%	0.00	150.00
102004	劳保工作服套装	灰色-175	75.00	2.00	150.00	100.00%	0.00	150.00

付款方式	付款金额	单位
信用卡	2100.00	元

零售金额：2100.00 总数量：32 总扣额：0.00 实收：2100.00 舍零：0.00

收银员签章： 盖收款章： 谢谢惠顾，欢迎再次光临！

教学票样

No 0201-19122502

华问服装商品销售单

第二联 记账

金额单位：元

店名：分店2　　日期：2019/12/25　　时间：11:21:40

班次：　　单号：0201-19122502　　营业员：罗莹

商品编码	品名货号	规格	单价	数量	金额	扣率	扣额	实收金额
111001	女衬衫-拼接领	S	65.00	3.00	195.00	100.00%	0.00	195.00
109003	西服女套装-立领	白+黑-L	150.00	1.00	150.00	100.00%	0.00	150.00
111003	女衬衫-拼接领	L	65.00	1.00	65.00	100.00%	0.00	65.00
110002	女衬衫-雪纺花边领	M	65.00	2.00	130.00	100.00%	0.00	130.00
110001	女衬衫-雪纺花边领	S	65.00	2.00	130.00	100.00%	0.00	130.00
109001	西服女套装-立领	白+黑-S	150.00	1.00	150.00	100.00%	0.00	150.00
105001	加厚军大衣	均码	85.00	1.00	85.00	100.00%	0.00	85.00
108002	西服女套装-V领	白+黑-M	150.00	2.00	300.00	100.00%	0.00	300.00
104001	文化衫	均码	15.00	5.00	75.00	100.00%	0.00	75.00
101004	劳保工作服套装	艳蓝-175	75.00	1.00	75.00	100.00%	0.00	75.00
107003	西服女套装-西装领	白+黑-L	150.00	1.00	150.00	100.00%	0.00	150.00
108003	西服女套装-V领	白+黑-L	150.00	1.00	150.00	100.00%	0.00	150.00
106004	西服男套装	黑色-XL	200.00	1.00	200.00	100.00%	0.00	200.00
112002	女衬衫-OL翻领	M	65.00	2.00	130.00	100.00%	0.00	130.00
102003	劳保工作服套装	灰色-170	75.00	1.00	75.00	100.00%	0.00	75.00
106005	西服男套装	黑色-XXL	200.00	1.00	200.00	100.00%	0.00	200.00
107002	西服女套装-西装领	白+黑-M	150.00	1.00	150.00	100.00%	0.00	150.00

付款方式	付款金额	单位
信用卡	2410.00	元

零售金额：2410.00　总数量：27　总扣额：0.00　实收：2410.00　舍零：0.00

收银员签章：　　盖收款章：　　谢谢惠顾，欢迎再次光临！

教学票样

№ 0201-19122601

华问服装商品销售单

第二联 记账

金额单位：元

店名：分店2　　日期：2019/12/26　　时间：13:47:15

班次：　　单号：0201-19122601　　营业员：罗莹

商品编码	品名货号	规格	单价	数量	金额	扣率	扣额	实收金额
107003	西服女套装-西装领	白+黑-L	150.00	1.00	150.00	100.00%	0.00	150.00
103001	户外运动衫	迷彩-均码	15.00	3.00	45.00	100.00%	0.00	45.00
112002	女衬衫-OL翻领	M	65.00	3.00	195.00	100.00%	0.00	195.00
108002	西服女套装-V领	白+黑-M	150.00	2.00	300.00	100.00%	0.00	300.00
111003	女衬衫-拼接领	L	65.00	1.00	65.00	100.00%	0.00	65.00
102003	劳保工作服套装	灰色-170	75.00	1.00	75.00	100.00%	0.00	75.00
107002	西服女套装-西装领	白+黑-M	150.00	1.00	150.00	100.00%	0.00	150.00
111001	女衬衫-拼接领	S	65.00	3.00	195.00	100.00%	0.00	195.00
110002	女衬衫-雪纺花边领	M	65.00	5.00	325.00	100.00%	0.00	325.00
105001	加厚军大衣	均码	85.00	1.00	85.00	100.00%	0.00	85.00
110001	女衬衫-雪纺花边领	S	65.00	2.00	130.00	100.00%	0.00	130.00
109001	西服女套装-立领	白+黑-S	150.00	1.00	150.00	100.00%	0.00	150.00
108003	西服女套装-V领	白+黑-L	150.00	1.00	150.00	100.00%	0.00	150.00
112003	女衬衫-OL翻领	L	65.00	2.00	130.00	100.00%	0.00	130.00
104001	文化衫	均码	15.00	2.00	30.00	100.00%	0.00	30.00
106002	西服男套装	黑色-M	200.00	1.00	200.00	100.00%	0.00	200.00
101004	劳保工作服套装	艳蓝-175	75.00	1.00	75.00	100.00%	0.00	75.00
101002	劳保工作服套装	艳蓝-165	70.00	1.00	70.00	100.00%	0.00	70.00

付款方式	付款金额	单位
信用卡	2520.00	元

零售金额：2520.00　　总数量：32　　总扣额：0.00　　实收：2520.00　　舍零：0.00

收银员签章：　　盖收款章：　　谢谢惠顾，欢迎再次光临！

教学票样

No 0201-19122602

华问服装商品销售单

第二联 记账

金额单位：元

店名：分店2　　日期：2019/12/26　　时间：14:21:18

班次：　　单号：0201-19122602　　营业员：罗莹

商品编码	品名货号	规格	单价	数量	金额	扣率	扣额	实收金额
109001	西服女套装-立领	白+黑-S	150.00	1.00	150.00	100.00%	0.00	150.00
109003	西服女套装-立领	白+黑-L	150.00	1.00	150.00	100.00%	0.00	150.00
104001	文化衫	均码	15.00	21.00	315.00	100.00%	0.00	315.00
110001	女衬衫-雪纺花边领	S	65.00	1.00	65.00	100.00%	0.00	65.00
111002	女衬衫-拼接领	M	65.00	2.00	130.00	100.00%	0.00	130.00
112003	女衬衫-OL翻领	L	65.00	1.00	65.00	100.00%	0.00	65.00
107003	西服女套装-西装领	白+黑-L	150.00	2.00	300.00	100.00%	0.00	300.00
106004	西服男套装	黑色-XL	200.00	1.00	200.00	100.00%	0.00	200.00
101002	劳保工作服套装	艳蓝-165	70.00	1.00	70.00	100.00%	0.00	70.00
106002	西服男套装	黑色-M	200.00	2.00	400.00	100.00%	0.00	400.00
112001	女衬衫-OL翻领	S	65.00	2.00	130.00	100.00%	0.00	130.00
103001	户外运动衫	迷彩-均码	15.00	8.00	120.00	100.00%	0.00	120.00
102002	劳保工作服套装	灰色-165	70.00	1.00	70.00	100.00%	0.00	70.00

付款方式	付款金额	单位
信用卡	2165.00	元

零售金额：2165.00　总数量：44　总扣额：0.00　实收：2165.00　舍零：0.00

收银员签章：　　盖收款章：　　谢谢惠顾，欢迎再次光临！

教学票样

No 0201-19122701

华问服装商品销售单 第二联 记账

金额单位：元

店名：分店2　　日期：2019/12/27　　时间：09:37:11

班次：　　单号：0201-19122701　　营业员：罗莹

商品编码	品名货号	规格	单价	数量	金额	扣率	扣额	实收金额
101001	劳保工作服套装	艳蓝-160	70.00	1.00	70.00	100.00%	0.00	70.00
111001	女衬衫-拼接领	S	65.00	2.00	130.00	100.00%	0.00	130.00
111003	女衬衫-拼接领	L	65.00	2.00	130.00	100.00%	0.00	130.00
106004	西服男套装	黑色-XL	200.00	2.00	400.00	100.00%	0.00	400.00
107002	西服女套装-西装领	白+黑-M	150.00	2.00	300.00	100.00%	0.00	300.00
108003	西服女套装-V领	白+黑-L	150.00	2.00	300.00	100.00%	0.00	300.00
101005	劳保工作服套装	艳蓝-180	75.00	1.00	75.00	100.00%	0.00	75.00
101004	劳保工作服套装	艳蓝-175	75.00	1.00	75.00	100.00%	0.00	75.00
106003	西服男套装	黑色-L	200.00	1.00	200.00	100.00%	0.00	200.00
102004	劳保工作服套装	灰色-175	75.00	1.00	75.00	100.00%	0.00	75.00
110002	女衬衫-雪纺花边领	M	65.00	2.00	130.00	100.00%	0.00	130.00
109003	西服女套装-立领	白+黑-L	150.00	1.00	150.00	100.00%	0.00	150.00
101003	劳保工作服套装	艳蓝-170	75.00	2.00	150.00	100.00%	0.00	150.00
109002	西服女套装-立领	白+黑-M	150.00	1.00	150.00	100.00%	0.00	150.00
106002	西服男套装	黑色-M	200.00	1.00	200.00	100.00%	0.00	200.00
103001	户外运动衫	迷彩-均码	15.00	8.00	120.00	100.00%	0.00	120.00
102002	劳保工作服套装	灰色-165	70.00	2.00	140.00	100.00%	0.00	140.00
105001	加厚军大衣	均码	85.00	2.00	170.00	100.00%	0.00	170.00
104001	文化衫	均码	15.00	15.00	225.00	100.00%	0.00	225.00
111002	女衬衫-拼接领	M	65.00	1.00	65.00	100.00%	0.00	65.00
107003	西服女套装-西装领	白+黑-L	150.00	1.00	150.00	100.00%	0.00	150.00
108002	西服女套装-V领	白+黑-M	150.00	1.00	150.00	100.00%	0.00	150.00
112001	女衬衫-OL翻领	S	65.00	1.00	65.00	100.00%	0.00	65.00
112002	女衬衫-OL翻领	M	65.00	1.00	65.00	100.00%	0.00	65.00

付款方式	付款金额	单位
信用卡	3685.00	元

零售金额：3685.00　　总数量：54　　总扣额：0.00　　实收：3685.00　　舍零：0.00

收银员签章：　　盖收款章：　　谢谢惠顾，欢迎再次光临！

教学票样

№ 0201-19122702

华问服装商品销售单

第二联 记账

金额单位：元

店名：分店2　　日期：2019/12/27　　时间：10:27:12

班次：　　单号：0201-19122702　　营业员：罗莹

商品编码	品名货号	规格	单价	数量	金额	扣率	扣额	实收金额
110002	女衬衫-雪纺花边领	M	65.00	1.00	65.00	100.00%	0.00	65.00
111003	女衬衫-拼接领	L	65.00	1.00	65.00	100.00%	0.00	65.00
109003	西服女套装-立领	白+黑-L	150.00	2.00	300.00	100.00%	0.00	300.00
110003	女衬衫-雪纺花边领	L	65.00	2.00	130.00	100.00%	0.00	130.00
112001	女衬衫-OL翻领	S	65.00	2.00	130.00	100.00%	0.00	130.00
108001	西服女套装-V领	白+黑-S	150.00	1.00	150.00	100.00%	0.00	150.00
111002	女衬衫-拼接领	M	65.00	1.00	65.00	100.00%	0.00	65.00
106003	西服男套装	黑色-L	200.00	1.00	200.00	100.00%	0.00	200.00
109002	西服女套装-立领	白+黑-M	150.00	1.00	150.00	100.00%	0.00	150.00
106004	西服男套装	黑色-XL	200.00	1.00	200.00	100.00%	0.00	200.00
107001	西服女套装-西装领	白+黑-S	150.00	1.00	150.00	100.00%	0.00	150.00

付款方式	付款金额	单位
现金	1605.00	元

零售金额：1605.00　　总数量：14　　总扣额：0.00　　实收：1605.00　　舍零：0.00

收银员签章：　　盖收款章：

谢谢惠顾，欢迎再次光临！

教学票样

No 0201-19122801

华问服装商品销售单

第二联 记账

金额单位：元

店名：分店2　　日期：2019/12/28　　时间：13:45:23

班次：　　单号：0201-19122801　　营业员：罗莹

商品编码	品名货号	规格	单价	数量	金额	扣率	扣额	实收金额
112002	女衬衫-OL翻领	M	65.00	1.00	65.00	100.00%	0.00	65.00
110002	女衬衫-雪纺花边领	M	65.00	2.00	130.00	100.00%	0.00	130.00
109001	西服女套装-立领	白+黑-S	150.00	2.00	300.00	100.00%	0.00	300.00
111002	女衬衫-拼接领	M	65.00	2.00	130.00	100.00%	0.00	130.00
110003	女衬衫-雪纺花边领	L	65.00	1.00	65.00	100.00%	0.00	65.00
108002	西服女套装-V领	白+黑-M	150.00	2.00	300.00	100.00%	0.00	300.00
107001	西服女套装-西装领	白+黑-S	150.00	1.00	150.00	100.00%	0.00	150.00
107003	西服女套装-西装领	白+黑-L	150.00	1.00	150.00	100.00%	0.00	150.00
106003	西服男套装	黑色-L	200.00	1.00	200.00	100.00%	0.00	200.00
109002	西服女套装-立领	白+黑-M	150.00	1.00	150.00	100.00%	0.00	150.00

付款方式	付款金额	单位
现金	1640.00	元

零售金额：1640.00　　总数量：14　　总扣额：0.00　　实收：1640.00　　舍零：0.00

收银员签章：　　盖收款章：

谢谢惠顾，欢迎再次光临！

教学票样

No 0201-19122802

华问服装商品销售单

第二联 记账

金额单位：元

店名：分店2　　日期：2019/12/28　　时间：14:21:17

班次：　　单号：0201-19122802　　营业员：罗莹

商品编码	品名货号	规格	单价	数量	金额	扣率	扣额	实收金额
104001	文化衫	均码	15.00	11.00	165.00	100.00%	0.00	165.00
111002	女衬衫-拼接领	M	65.00	2.00	130.00	100.00%	0.00	130.00
110001	女衬衫-雪纺花边领	S	65.00	1.00	65.00	100.00%	0.00	65.00
108002	西服女套装-V领	白+黑-M	150.00	1.00	150.00	100.00%	0.00	150.00
101003	劳保工作服套装	艳蓝-170	75.00	2.00	150.00	100.00%	0.00	150.00
103001	户外运动衫	迷彩-均码	15.00	5.00	75.00	100.00%	0.00	75.00
109003	西服女套装-立领	白+黑-L	150.00	1.00	150.00	100.00%	0.00	150.00
107003	西服女套装-西装领	白+黑-L	150.00	2.00	300.00	100.00%	0.00	300.00
108003	西服女套装-V领	白+黑-L	150.00	1.00	150.00	100.00%	0.00	150.00
112002	女衬衫-OL翻领	M	65.00	2.00	130.00	100.00%	0.00	130.00
101002	劳保工作服套装	艳蓝-165	70.00	1.00	70.00	100.00%	0.00	70.00
112001	女衬衫-OL翻领	S	65.00	1.00	65.00	100.00%	0.00	65.00
102003	劳保工作服套装	灰色-170	75.00	2.00	150.00	100.00%	0.00	150.00
107002	西服女套装-西装领	白+黑-M	150.00	1.00	150.00	100.00%	0.00	150.00
102004	劳保工作服套装	灰色-175	75.00	1.00	75.00	100.00%	0.00	75.00
110002	女衬衫-雪纺花边领	M	65.00	3.00	195.00	100.00%	0.00	195.00
101005	劳保工作服套装	艳蓝-180	75.00	1.00	75.00	100.00%	0.00	75.00
101004	劳保工作服套装	艳蓝-175	75.00	1.00	75.00	100.00%	0.00	75.00
109001	西服女套装-立领	白+黑-S	150.00	2.00	300.00	100.00%	0.00	300.00
110003	女衬衫-雪纺花边领	L	65.00	1.00	65.00	100.00%	0.00	65.00

付款方式	付款金额	单位
信用卡	2685.00	元

零售金额：2685.00　　总数量：42　　总扣额：0.00　　实收：2685.00　　舍零：0.00

收银员签章：　　盖收款章：

谢谢惠顾，欢迎再次光临！

教学票样

No 0201-19122901

华问服装商品销售单

第二联 记账

金额单位：元

店名：分店2　　日期：2019/12/29　　时间：11:17:15

班次：　　单号：0201-19122901　　营业员：罗莹

商品编码	品名货号	规格	单价	数量	金额	扣率	扣额	实收金额
112003	女衬衫-OL翻领	L	65.00	1.00	65.00	94.68%	3.46	61.54
108001	西服女套装-V领	白+黑-S	150.00	1.00	150.00	94.68%	7.98	142.02
107001	西服女套装-西装领	白+黑-S	150.00	1.00	150.00	94.68%	7.98	142.02
101003	劳保工作服套装	艳蓝-170	75.00	2.00	150.00	94.68%	7.98	142.02
108003	西服女套装-V领	白+黑-L	150.00	1.00	150.00	94.68%	7.98	142.02
110001	女衬衫-雪纺花边领	S	65.00	1.00	65.00	94.68%	3.46	61.54
108002	西服女套装-V领	白+黑-M	150.00	1.00	150.00	94.68%	7.98	142.02
103001	户外运动衫	迷彩-均码	15.00	5.00	75.00	94.68%	3.99	71.01
111001	女衬衫-拼接领	S	65.00	2.00	130.00	94.68%	6.91	123.09
112002	女衬衫-OL翻领	M	65.00	3.00	195.00	94.68%	10.37	184.63
105001	加厚军大衣	均码	85.00	2.00	170.00	94.68%	9.04	160.96
109003	西服女套装-立领	白+黑-L	150.00	2.00	300.00	94.68%	15.96	284.04
110003	女衬衫-雪纺花边领	L	65.00	2.00	130.00	94.68%	6.91	123.09

付款方式	付款金额	单位
现金	1780.00	元

零售金额：1880.00　　总数量：24　　总扣额：100.00　　实收：1780.00　　舍零：0.00

收银员签章：　　盖收款章：

谢谢惠顾，欢迎再次光临！

教学票样

No 0201-19122902

华问服装商品销售单

第二联 记账

金额单位：元

店名：分店2　　日期：2019/12/29　　时间：13:41:11

班次：　　单号：0201-19122902　　营业员：罗莹

商品编码	品名货号	规格	单价	数量	金额	扣率	扣额	实收金额
102005	劳保工作服套装	灰色-180	75.00	1.00	75.00	94.95%	3.79	71.21
110003	女衬衫-雪纺花边领	L	65.00	1.00	65.00	94.95%	3.28	61.72
104001	文化衫	均码	15.00	2.00	30.00	94.93%	1.52	28.48
109001	西服女套装-立领	白+黑-S	150.00	2.00	300.00	94.95%	15.15	284.85
107002	西服女套装-西装领	白+黑-M	150.00	2.00	300.00	94.95%	15.15	284.85
109003	西服女套装-立领	白+黑-L	150.00	1.00	150.00	94.95%	7.58	142.42
111002	女衬衫-拼接领	M	65.00	3.00	195.00	94.95%	9.85	185.15
108001	西服女套装-V领	白+黑-S	150.00	1.00	150.00	94.95%	7.58	142.42
101001	劳保工作服套装	艳蓝-160	70.00	1.00	70.00	94.94%	3.54	66.46
110001	女衬衫-雪纺花边领	S	65.00	1.00	65.00	94.95%	3.28	61.72
108002	西服女套装-V领	白+黑-M	150.00	2.00	300.00	94.95%	15.15	284.85
112002	女衬衫-OL翻领	M	65.00	3.00	195.00	94.95%	9.84	185.16
105001	加厚军大衣	均码	85.00	1.00	85.00	94.95%	4.29	80.71

付款方式	付款金额	单位
信用卡	1880.00	元

零售金额：1980.00　　总数量：21　　总扣额：100.00　　实收：1880.00　　舍零：0.00

收银员签章：　　盖收款章：　　谢谢惠顾，欢迎再次光临！

教学票样

№ 0201-19123001

华问服装商品销售单

第二联 记账

金额单位：元

店名：分店2　　日期：2019/12/30　　时间：13:48:01

班次：　　单号：0201-192123001　　营业员：罗莹

商品编码	品名货号	规格	单价	数量	金额	扣率	扣额	实收金额
103001	户外运动衫	迷彩-均码	15.00	5.00	75.00	91.41%	6.44	68.56
107003	西服女套装-西装领	白+黑-L	150.00	1.00	150.00	91.41%	12.88	137.12
109003	西服女套装-立领	白+黑-L	150.00	1.00	150.00	91.41%	12.88	137.12
106002	西服男套装	黑色-M	200.00	1.00	200.00	91.42%	17.17	182.83
108003	西服女套装-V领	白+黑-L	150.00	1.00	150.00	91.41%	12.88	137.12
111001	女衬衫-拼接领	S	65.00	1.00	65.00	91.42%	5.58	59.42
112002	女衬衫-OL翻领	M	65.00	2.00	130.00	91.45%	11.12	118.88
102005	劳保工作服套装	灰色-180	75.00	1.00	75.00	91.41%	6.44	68.56
110003	女衬衫-雪纺花边领	L	65.00	3.00	195.00	91.42%	16.74	178.26
106005	西服男套装	黑色-XXL	200.00	1.00	200.00	91.42%	17.17	182.83
110001	女衬衫-雪纺花边领	S	65.00	2.00	130.00	91.42%	11.16	118.84
102002	劳保工作服套装	灰色-165	70.00	1.00	70.00	91.41%	6.01	63.99
108002	西服女套装-V领	白+黑-M	150.00	1.00	150.00	91.41%	12.88	137.12
111003	女衬衫-拼接领	L	65.00	2.00	130.00	91.42%	11.16	118.84
112001	女衬衫-OL翻领	S	65.00	1.00	65.00	91.42%	5.58	59.42
104001	文化衫	均码	15.00	8.00	120.00	91.42%	10.30	109.70
106004	西服男套装	黑色-XL	200.00	1.00	200.00	91.42%	17.17	182.83
101004	劳保工作服套装	艳蓝-175	75.00	1.00	75.00	91.41%	6.44	68.56

付款方式	付款金额	单位
信用卡	2130.00	元

零售金额：2330.00　　总数量：34　　总扣额：200.00　　实收：2130.00　　舍零：0.00

收银员签章：　　盖收款章：　　谢谢惠顾，欢迎再次光临！

教学票样

No 0201-19123002

华问服装商品销售单

第二联 记账

金额单位：元

店名：分店2　　日期：2019/12/30　　时间：14:11:40

班次：　　单号：0201-19123002　　营业员：罗莹

商品编码	品名货号	规格	单价	数量	金额	扣率	扣额	实收金额
103001	户外运动衫	迷彩-均码	15.00	3.00	45.00	90.38%	4.33	40.67
107002	西服女套装-西装领	白+黑-M	150.00	2.00	300.00	90.38%	28.85	271.15
109003	西服女套装-立领	白+黑-L	150.00	1.00	150.00	90.39%	14.42	135.58
112003	女衬衫-OL翻领	L	65.00	1.00	65.00	90.38%	6.25	58.75
112002	女衬衫-OL翻领	M	65.00	2.00	130.00	90.38%	12.50	117.50
111001	女衬衫-拼接领	S	65.00	1.00	65.00	90.38%	6.25	58.75
108001	西服女套装-V领	白+黑-S	150.00	2.00	300.00	90.38%	28.85	271.15
101003	劳保工作服套装	艳蓝-170	75.00	1.00	75.00	90.39%	7.21	67.79
109002	西服女套装-立领	白+黑-M	150.00	3.00	450.00	90.38%	43.27	406.73
109001	西服女套装-立领	白+黑-S	150.00	2.00	300.00	90.37%	28.85	271.15
108002	西服女套装-V领	白+黑-M	150.00	1.00	150.00	90.39%	14.42	135.58
111002	女衬衫-拼接领	M	65.00	2.00	130.00	90.38%	12.50	117.50
106002	西服男套装	黑色-M	200.00	2.00	400.00	90.39%	38.46	361.54
110002	女衬衫-雪纺花边领	M	65.00	2.00	130.00	90.38%	12.50	117.50
105001	加厚军大衣	均码	85.00	1.00	85.00	90.39%	8.17	76.83
111003	女衬衫-拼接领	L	65.00	1.00	65.00	90.38%	6.25	58.75
102002	劳保工作服套装	灰色-165	70.00	2.00	140.00	90.39%	13.46	126.54
104001	文化衫	均码	15.00	5.00	75.00	90.39%	7.21	67.79
110001	女衬衫-雪纺花边领	S	65.00	1.00	65.00	90.38%	6.25	58.75

付款方式	付款金额	单位
信用卡	2820.00	元

零售金额：3120.00　总数量：35　总扣额：300.00　实收：2820.00　舍零：0.00

收银员签章：　　盖收款章：　　谢谢惠顾，欢迎再次光临！

教学票样

№ 0201-19123101

华问服装商品销售单

第二联 记账

金额单位：元

店名：分店2　　日期：2019/12/31　　时间：09:46:16

班次：　　单号：0201-19123101　　营业员：罗莹

商品编码	品名货号	规格	单价	数量	金额	扣率	扣额	实收金额
107003	西服女套装-西装领	白+黑-L	150.00	1.00	150.00	100.00%	0.00	150.00
111001	女衬衫-拼接领	S	65.00	1.00	65.00	100.00%	0.00	65.00
102002	劳保工作服套装	灰色-165	70.00	2.00	140.00	100.00%	0.00	140.00
108001	西服女套装-V领	白+黑-S	150.00	1.00	150.00	100.00%	0.00	150.00
105001	加厚军大衣	均码	85.00	2.00	170.00	100.00%	0.00	170.00
108003	西服女套装-V领	白+黑-L	150.00	2.00	300.00	100.00%	0.00	300.00
112002	女衬衫-OL翻领	M	65.00	2.00	130.00	100.00%	0.00	130.00
104001	文化衫	均码	15.00	9.00	135.00	100.00%	0.00	135.00
107002	西服女套装-西装领	白+黑-M	150.00	2.00	300.00	100.00%	0.00	300.00
109003	西服女套装-立领	白+黑-L	150.00	1.00	150.00	100.00%	0.00	150.00
101003	劳保工作服套装	艳蓝-170	75.00	1.00	75.00	100.00%	0.00	75.00
112003	女衬衫-OL翻领	L	65.00	1.00	65.00	100.00%	0.00	65.00
108002	西服女套装-V领	白+黑-M	150.00	1.00	150.00	100.00%	0.00	150.00
103001	户外运动衫	迷彩-均码	15.00	4.00	60.00	100.00%	0.00	60.00
111003	女衬衫-拼接领	L	65.00	1.00	65.00	100.00%	0.00	65.00
102004	劳保工作服套装	灰色-175	75.00	1.00	75.00	100.00%	0.00	75.00
109002	西服女套装-立领	白+黑-M	150.00	2.00	300.00	100.00%	0.00	300.00
106004	西服男套装	黑色-XL	200.00	2.00	400.00	100.00%	0.00	400.00

付款方式	付款金额	单位
信用卡	2880.00	元

零售金额：2880.00　总数量：36　总扣额：0.00　实收：2880.00　舍零：0.00

收银员签章：　　盖收款章：

谢谢惠顾，欢迎再次光临！

教学票样

No 0201-19123102

华问服装商品销售单

第二联 记账

金额单位：元

店名：分店2　　日期：2019/12/31　　时间：10:15:14

班次：　　单号：0201-19123102　　营业员：罗莹

商品编码	品名货号	规格	单价	数量	金额	扣率	扣额	实收金额
103001	户外运动衫	迷彩-均码	15.00	3.00	45.00	100.00%	0.00	45.00
111003	女衬衫-拼接领	L	65.00	1.00	65.00	100.00%	0.00	65.00
108003	西服女套装-V领	白+黑-L	150.00	1.00	150.00	100.00%	0.00	150.00
111001	女衬衫-拼接领	S	65.00	3.00	195.00	100.00%	0.00	195.00
107002	西服女套装-西装领	白+黑-M	150.00	1.00	150.00	100.00%	0.00	150.00
109001	西服女套装-立领	白+黑-S	150.00	1.00	150.00	100.00%	0.00	150.00
110001	女衬衫-雪纺花边领	S	65.00	2.00	130.00	100.00%	0.00	130.00
101002	劳保工作服套装	艳蓝-165	70.00	1.00	70.00	100.00%	0.00	70.00
104001	文化衫	均码	15.00	2.00	30.00	100.00%	0.00	30.00
106002	西服男套装	黑色-M	200.00	1.00	200.00	100.00%	0.00	200.00
112002	女衬衫-OL翻领	M	65.00	2.00	130.00	100.00%	0.00	130.00
110002	女衬衫-雪纺花边领	M	65.00	5.00	325.00	100.00%	0.00	325.00
105001	加厚军大衣	均码	85.00	1.00	85.00	100.00%	0.00	85.00
101004	劳保工作服套装	艳蓝-175	75.00	1.00	75.00	100.00%	0.00	75.00
108002	西服女套装-V领	白+黑-M	150.00	2.00	300.00	100.00%	0.00	300.00
112003	女衬衫-OL翻领	L	65.00	1.00	65.00	100.00%	0.00	65.00
107003	西服女套装-西装领	白+黑-L	150.00	1.00	150.00	100.00%	0.00	150.00
102003	劳保工作服套装	灰色-170	75.00	1.00	75.00	100.00%	0.00	75.00

付款方式	付款金额	单位
信用卡	2390.00	元

零售金额：2390.00　　总数量：30　　总扣额：0.00　　实收：2390.00　　舍零：0.00

收银员签章：　　盖收款章：　　谢谢惠顾，欢迎再次光临！

教学票样

№ 0202-19120801

华问服装商品销售单

第二联 记账

金额单位：元

店名：分店2　　日期：2019/12/08　　时间：09:15:30

班次：　　单号：0202-19120801　　营业员：罗莹

商品编码	品名货号	规格	单价	数量	金额	扣率	扣额	实收金额
104001	文化衫	均码	15.00	13.00	195.00	100.00%	0.00	195.00
102002	劳保工作服套装	灰色-165	70.00	3.00	210.00	100.00%	0.00	210.00
102005	劳保工作服套装	灰色-180	75.00	1.00	75.00	100.00%	0.00	75.00
101002	劳保工作服套装	艳蓝-165	70.00	1.00	70.00	100.00%	0.00	70.00
103001	户外运动衫	迷彩-均码	15.00	8.00	120.00	100.00%	0.00	120.00
101004	劳保工作服套装	艳蓝-175	75.00	1.00	75.00	100.00%	0.00	75.00

付款方式	付款金额	单位
现金	745.00	元

零售金额：745.00　　总数量：27　　总扣额：0.00　　实收：745.00　　舍零：0.00

收银员签章：　　盖收款章：　　谢谢惠顾，欢迎再次光临！

教学票样

№ 0202-19120802

华问服装商品销售单

第二联 记账　　　　金额单位：元

店名：分店2　　　日期：2019/12/08　　　时间：09:30:30

班次：　　　单号：0202-19120802　　　营业员：罗莹

商品编码	品名货号	规格	单价	数量	金额	扣率	扣额	实收金额
107003	西服女套装-西装领	白+黑-L	150.00	1.00	150.00	93.17%	10.24	139.76
110001	女衬衫-雪纺花边领	S	65.00	2.00	130.00	93.18%	8.87	121.13
108002	西服女套装-V领	白+黑-M	150.00	1.00	150.00	93.17%	10.24	139.76
109003	西服女套装-立领	白+黑-L	150.00	1.00	150.00	93.17%	10.24	137.76
112002	女衬衫-OL翻领	M	65.00	2.00	130.00	93.18%	8.87	121.13
108003	西服女套装-V领	白+黑-L	150.00	1.00	150.00	93.17%	10.24	139.76
111001	女衬衫-拼接领	S	65.00	1.00	65.00	93.17%	4.44	60.56
111003	女衬衫-拼接领	L	65.00	2.00	130.00	93.18%	8.87	121.13
107001	西服女套装-西装领	白+黑-S	150.00	1.00	150.00	93.17%	10.24	139.76
110003	女衬衫-雪纺花边领	L	65.00	3.00	195.00	93.17%	13.31	181.69
112001	女衬衫-OL翻领	S	65.00	1.00	65.00	93.17%	4.44	60.56

付款方式	付款金额	单位
现金	1365.00	元

零售金额：1465.00　总数量：16　总扣额：100.00　实收：1365.00　舍零：0.00

收银员签章：　　　盖收款章：　　　谢谢惠顾，欢迎再次光临！

教学票样

№ 0202-19120803

华问服装商品销售单

第二联 记账

金额单位：元

店名：分店2　　日期：2019/12/08　　时间：09:55:30

班次：　　单号：0202-19120803　　营业员：罗莹

商品编码	品名货号	规格	单价	数量	金额	扣率	扣额	实收金额
107002	西服女套装-西装领	白+黑-M	150.00	2.00	300.00	92.45%	22.64	277.36
111002	女衬衫-拼接领	M	65.00	2.00	130.00	92.45%	9.81	120.19
105001	加厚军大衣	均码	85.00	1.00	85.00	92.45%	6.42	78.58
109001	西服女套装-立领	白+黑-S	150.00	2.00	300.00	92.45%	22.64	277.36
108001	西服女套装-V领	白+黑-S	150.00	2.00	300.00	92.45%	22.64	277.36
110002	女衬衫-雪纺花边领	M	65.00	4.00	260.00	92.45%	19.62	240.38
109002	西服女套装-立领	白+黑-M	150.00	3.00	450.00	92.45%	33.96	416.04
111001	女衬衫-拼接领	S	65.00	1.00	65.00	92.45%	4.91	60.09
111003	女衬衫-拼接领	L	65.00	1.00	65.00	92.45%	4.91	60.09
112003	女衬衫-OL翻领	L	65.00	2.00	130.00	92.45%	9.81	120.19
109003	西服女套装-立领	白+黑-L	150.00	1.00	150.00	92.45%	11.32	138.68
108002	西服女套装-V领	白+黑-M	150.00	1.00	150.00	92.45%	11.32	138.68
106002	西服男套装	黑色-M	200.00	1.00	200.00	92.45%	15.09	184.91
112002	女衬衫-OL翻领	M	65.00	1.00	65.00	92.45%	4.91	60.09

付款方式	付款金额	单位
信用卡	2450.00	元

零售金额：2650.00　　总数量：24　　总扣额：200.00　　实收：2450.00　　舍零：0.00

收银员签章：　　盖收款章：

谢谢惠顾，欢迎再次光临！

教学票样

华问服装商品销售单

第二联 记账

金额单位：元

单号：818125001　　日期：2019-12-04　　部门：分销部

客户：上海华奇外贸有限公司　　收款方式：月结　　仓库名称：总仓

商品编码	品名货号	规格	单价	数量	金额	扣率	扣额	实收金额
101001	劳保工作服套装	艳蓝-160	70.00	10.00	700.00	80%	140.00	560.00
101002	劳保工作服套装	艳蓝-165	70.00	10.00	700.00	80%	140.00	560.00
101003	劳保工作服套装	艳蓝-170	75.00	20.00	1500.00	80%	300.00	1200.00
101004	劳保工作服套装	艳蓝-175	75.00	20.00	1500.00	80%	300.00	1200.00
101005	劳保工作服套装	艳蓝-180	75.00	20.00	1500.00	80%	300.00	1200.00
102001	劳保工作服套装	灰色-160	70.00	10.00	700.00	80%	140.00	560.00
102002	劳保工作服套装	灰色-165	70.00	10.00	700.00	80%	140.00	560.00
102003	劳保工作服套装	灰色-170	75.00	20.00	1500.00	80%	300.00	1200.00
102004	劳保工作服套装	灰色-175	75.00	20.00	1500.00	80%	300.00	1200.00
102005	劳保工作服套装	灰色-180	75.00	20.00	1500.00	80%	300.00	1200.00
103001	户外运动衫	迷彩-均码	15.00	50.00	750.00	80%	150.00	600.00
104001	文化衫	均码	15.00	50.00	750.00	80%	150.00	600.00
105001	加厚军大衣	均码	85.00	20.00	1700.00	80%	340.00	1360.00
106001	西服男套装	黑色-S	200.00	10.00	2000.00	80%	400.00	1600.00
106002	西服男套装	黑色-M	200.00	10.00	2000.00	80%	400.00	1600.00
106003	西服男套装	黑色-L	200.00	10.00	2000.00	80%	400.00	1600.00
106004	西服男套装	黑色-XL	200.00	10.00	2000.00	80%	400.00	1600.00
106005	西服男套装	黑色-XXL	200.00	10.00	2000.00	80%	400.00	1600.00
107001	西服女套装-西装领	白+黑-S	150.00	15.00	2250.00	80%	450.00	1800.00
107002	西服女套装-西装领	白+黑-M	150.00	15.00	2250.00	80%	450.00	1800.00
107003	西服女套装-西装领	白+黑-L	150.00	15.00	2250.00	80%	450.00	1800.00
108001	西服女套装-V领	白+黑-S	150.00	10.00	1500.00	80%	300.00	1200.00
108002	西服女套装-V领	白+黑-M	150.00	10.00	1500.00	80%	300.00	1200.00
108003	西服女套装-V领	白+黑-L	150.00	10.00	1500.00	80%	300.00	1200.00
109001	西服女套装-立领	白+黑-S	150.00	10.00	1500.00	80%	300.00	1200.00
109002	西服女套装-立领	白+黑-M	150.00	10.00	1500.00	80%	300.00	1200.00
109003	西服女套装-立领	白+黑-L	150.00	10.00	1500.00	80%	300.00	1200.00
110001	女衬衫-雪纺花边领	S	65.00	20.00	1300.00	80%	260.00	1040.00
110002	女衬衫-雪纺花边领	M	65.00	20.00	1300.00	80%	260.00	1040.00
110003	女衬衫-雪纺花边领	L	65.00	20.00	1300.00	80%	260.00	1040.00
111001	女衬衫-拼接领	S	65.00	20.00	1300.00	80%	260.00	1040.00
111002	女衬衫-拼接领	M	65.00	20.00	1300.00	80%	260.00	1040.00
111003	女衬衫-拼接领	L	65.00	20.00	1300.00	80%	260.00	1040.00
112001	女衬衫-OL翻领	S	65.00	20.00	1300.00	80%	260.00	1040.00
112002	女衬衫-OL翻领	M	65.00	20.00	1300.00	80%	260.00	1040.00
112003	女衬衫-OL翻领	L	65.00	20.00	1300.00	80%	260.00	1040.00

合计　　总金额：52450.00　　总数量：615.00　　总扣额：10490.00　　实收：41960.00

记账：　　复核：彭佳　　仓库保管：陈越　　销售员：李超

教学票样

华问服装商品销售单

第二联 记账

金额单位：元

单号：818125002　　日期：2019-12-10　　部门：分销部

客户：上海云飞贸易有限公司　　收款方式：月结　　仓库名称：总仓

商品编码	品名货号	规格	单价	数量	金额	扣率	扣额	实收金额
101001	劳保工作服套装	艳蓝-160	70.00	10.00	700.00	80%	140.00	560.00
101002	劳保工作服套装	艳蓝-165	70.00	10.00	700.00	80%	140.00	560.00
101003	劳保工作服套装	艳蓝-170	75.00	10.00	750.00	80%	150.00	600.00
101004	劳保工作服套装	艳蓝-175	75.00	10.00	750.00	80%	150.00	600.00
101005	劳保工作服套装	艳蓝-180	75.00	10.00	750.00	80%	150.00	600.00
102001	劳保工作服套装	灰色-160	70.00	10.00	700.00	80%	140.00	560.00
102002	劳保工作服套装	灰色-165	70.00	10.00	700.00	80%	140.00	560.00
102003	劳保工作服套装	灰色-170	75.00	10.00	750.00	80%	150.00	600.00
102004	劳保工作服套装	灰色-175	75.00	10.00	750.00	80%	150.00	600.00
102005	劳保工作服套装	灰色-180	75.00	10.00	750.00	80%	150.00	600.00
103001	户外运动衫	迷彩-均码	15.00	30.00	450.00	80%	90.00	360.00
104001	文化衫	均码	15.00	30.00	450.00	80%	90.00	360.00
105001	加厚军大衣	均码	85.00	10.00	850.00	80%	170.00	680.00
106001	西服男套装	黑色-S	200.00	5.00	1000.00	80%	200.00	800.00
106002	西服男套装	黑色-M	200.00	6.00	1200.00	80%	240.00	960.00
106003	西服男套装	黑色-L	200.00	6.00	1200.00	80%	240.00	960.00
106004	西服男套装	黑色-XL	200.00	6.00	1200.00	80%	240.00	960.00
106005	西服男套装	黑色-XXL	200.00	5.00	1000.00	80%	200.00	800.00
107001	西服女套装-西装领	白+黑-S	150.00	5.00	750.00	80%	150.00	600.00
107002	西服女套装-西装领	白+黑-M	150.00	5.00	750.00	80%	150.00	600.00
107003	西服女套装-西装领	白+黑-L	150.00	5.00	750.00	80%	150.00	600.00
108001	西服女套装-V领	白+黑-S	150.00	5.00	750.00	80%	150.00	600.00
108002	西服女套装-V领	白+黑-M	150.00	5.00	750.00	80%	150.00	600.00
108003	西服女套装-V领	白+黑-L	150.00	5.00	750.00	80%	150.00	600.00
109001	西服女套装-立领	白+黑-S	150.00	5.00	750.00	80%	150.00	600.00
109002	西服女套装-立领	白+黑-M	150.00	5.00	750.00	80%	150.00	600.00
109003	西服女套装-立领	白+黑-L	150.00	5.00	750.00	80%	150.00	600.00
110001	女衬衫-雪纺花边领	S	65.00	15.00	975.00	80%	195.00	780.00
110002	女衬衫-雪纺花边领	M	65.00	15.00	975.00	80%	195.00	780.00
110003	女衬衫-雪纺花边领	L	65.00	15.00	975.00	80%	195.00	780.00
111001	女衬衫-拼接领	S	65.00	15.00	975.00	80%	195.00	780.00
111002	女衬衫-拼接领	M	65.00	15.00	975.00	80%	195.00	780.00
111003	女衬衫-拼接领	L	65.00	15.00	975.00	80%	195.00	780.00
112001	女衬衫-OL翻领	S	65.00	15.00	975.00	80%	195.00	780.00
112002	女衬衫-OL翻领	M	65.00	15.00	975.00	80%	195.00	780.00
112003	女衬衫-OL翻领	L	65.00	15.00	975.00	80%	195.00	780.00

合计　　总金额：30175.00　　总数量：378.00　　总扣额：6035.00　　实收：24140.00

记账：　　复核：彭佳　　仓库保管：陈越　　销售员：李超

教学票样

华问服装商品销售单

第二联 记账　　　　金额单位：元

单号：818125003　　日期：2019-12-14　　部门：分销部

客户：广州创鑫服装有限公司　　收款方式：月结　　仓库名称：总仓

商品编码	品名货号	规格	单价	数量	金额	扣率	扣额	实收金额
101001	劳保工作服套装	艳蓝-160	70.00	10.00	700.00	80%	140.00	560.00
101002	劳保工作服套装	艳蓝-165	70.00	15.00	1050.00	80%	210.00	840.00
101003	劳保工作服套装	艳蓝-170	75.00	15.00	1125.00	80%	225.00	900.00
101004	劳保工作服套装	艳蓝-175	75.00	15.00	1125.00	80%	225.00	900.00
101005	劳保工作服套装	艳蓝-180	75.00	10.00	750.00	80%	150.00	600.00
102001	劳保工作服套装	灰色-160	70.00	10.00	700.00	80%	140.00	560.00
102002	劳保工作服套装	灰色-165	70.00	15.00	1050.00	80%	210.00	840.00
102003	劳保工作服套装	灰色-170	75.00	15.00	1125.00	80%	225.00	900.00
102004	劳保工作服套装	灰色-175	75.00	15.00	1125.00	80%	225.00	900.00
102005	劳保工作服套装	灰色-180	75.00	10.00	750.00	80%	150.00	600.00
103001	户外运动衫	迷彩-均码	15.00	30.00	450.00	80%	90.00	360.00
104001	文化衫	均码	15.00	30.00	450.00	80%	90.00	360.00
105001	加厚军大衣	均码	85.00	10.00	850.00	80%	170.00	680.00
106001	西服男套装	黑色-S	200.00	5.00	1000.00	80%	200.00	800.00
106002	西服男套装	黑色-M	200.00	5.00	1000.00	80%	200.00	800.00
106003	西服男套装	黑色-L	200.00	5.00	1000.00	80%	200.00	800.00
106004	西服男套装	黑色-XL	200.00	5.00	1000.00	80%	200.00	800.00
106005	西服男套装	黑色-XXL	200.00	5.00	1000.00	80%	200.00	800.00
107001	西服女套装-西装领	白+黑-S	150.00	5.00	750.00	80%	150.00	600.00
107002	西服女套装-西装领	白+黑-M	150.00	10.00	1500.00	80%	300.00	1200.00
107003	西服女套装-西装领	白+黑-L	150.00	10.00	1500.00	80%	300.00	1200.00
108001	西服女套装-V领	白+黑-S	150.00	5.00	750.00	80%	150.00	600.00
108002	西服女套装-V领	白+黑-M	150.00	10.00	1500.00	80%	300.00	1200.00
108003	西服女套装-V领	白+黑-L	150.00	10.00	1500.00	80%	300.00	1200.00
109001	西服女套装-立领	白+黑-S	150.00	5.00	750.00	80%	150.00	600.00
109002	西服女套装-立领	白+黑-M	150.00	10.00	1500.00	80%	300.00	1200.00
109003	西服女套装-立领	白+黑-L	150.00	10.00	1500.00	80%	300.00	1200.00
110001	女衬衫-雪纺花边领	S	65.00	20.00	1300.00	80%	260.00	1040.00
110002	女衬衫-雪纺花边领	M	65.00	20.00	1300.00	80%	260.00	1040.00
110003	女衬衫-雪纺花边领	L	65.00	20.00	1300.00	80%	260.00	1040.00
111001	女衬衫-拼接领	S	65.00	20.00	1300.00	80%	260.00	1040.00
111002	女衬衫-拼接领	M	65.00	20.00	1300.00	80%	260.00	1040.00
111003	女衬衫-拼接领	L	65.00	20.00	1300.00	80%	260.00	1040.00
112001	女衬衫-OL翻领	S	65.00	20.00	1300.00	80%	260.00	1040.00
112002	女衬衫-OL翻领	M	65.00	20.00	1300.00	80%	260.00	1040.00
112003	女衬衫-OL翻领	L	65.00	20.00	1300.00	80%	260.00	1040.00

合计　　总金额：39200.00　　总数量：480.00　　总扣额：7840.00　　实收：31360.00

记账：　　复核：彭佳　　仓库保管：陈越　　销售员：李超

教学票样

华问服装商品销售单

第二联 记账

金额单位：元

单号：818125004　　日期：2019-12-19　　部门：分销部

客户：江西莎莎服饰有限公司　　收款方式：月结　　仓库名称：总仓

商品编码	品名货号	规格	单价	数量	金额	扣率	扣额	实收金额
101001	劳保工作服套装	艳蓝-160	70.00	10.00	700.00	80%	140.00	560.00
101002	劳保工作服套装	艳蓝-165	70.00	10.00	700.00	80%	140.00	560.00
101003	劳保工作服套装	艳蓝-170	75.00	10.00	750.00	80%	150.00	600.00
101004	劳保工作服套装	艳蓝-175	75.00	10.00	750.00	80%	150.00	600.00
101005	劳保工作服套装	艳蓝-180	75.00	10.00	750.00	80%	150.00	600.00
102001	劳保工作服套装	灰色-160	70.00	10.00	700.00	80%	140.00	560.00
102002	劳保工作服套装	灰色-165	70.00	10.00	700.00	80%	140.00	560.00
102003	劳保工作服套装	灰色-170	75.00	10.00	750.00	80%	150.00	600.00
102004	劳保工作服套装	灰色-175	75.00	10.00	750.00	80%	150.00	600.00
102005	劳保工作服套装	灰色-180	75.00	10.00	750.00	80%	150.00	600.00
103001	户外运动衫	迷彩-均码	15.00	30.00	450.00	80%	90.00	360.00
104001	文化衫	均码	15.00	30.00	450.00	80%	90.00	360.00
105001	加厚军大衣	均码	85.00	20.00	1700.00	80%	340.00	1360.00
106001	西服男套装	黑色-S	200.00	10.00	2000.00	80%	400.00	1600.00
106002	西服男套装	黑色-M	200.00	10.00	2000.00	80%	400.00	1600.00
106003	西服男套装	黑色-L	200.00	10.00	2000.00	80%	400.00	1600.00
106004	西服男套装	黑色-XL	200.00	10.00	2000.00	80%	400.00	1600.00
106005	西服男套装	黑色-XXL	200.00	10.00	2000.00	80%	400.00	1600.00
107001	西服女套装-西装领	白+黑-S	150.00	5.00	750.00	80%	150.00	600.00
107002	西服女套装-西装领	白+黑-M	150.00	5.00	750.00	80%	150.00	600.00
107003	西服女套装-西装领	白+黑-L	150.00	5.00	750.00	80%	150.00	600.00
108001	西服女套装-V领	白+黑-S	150.00	5.00	750.00	80%	150.00	600.00
108002	西服女套装-V领	白+黑-M	150.00	5.00	750.00	80%	150.00	600.00
108003	西服女套装-V领	白+黑-L	150.00	5.00	750.00	80%	150.00	600.00
109001	西服女套装-立领	白+黑-S	150.00	5.00	750.00	80%	150.00	600.00
109002	西服女套装-立领	白+黑-M	150.00	5.00	750.00	80%	150.00	600.00
109003	西服女套装-立领	白+黑-L	150.00	5.00	750.00	80%	150.00	600.00
110001	女衬衫-雪纺花边领	S	65.00	20.00	1300.00	80%	260.00	1040.00
110002	女衬衫-雪纺花边领	M	65.00	20.00	1300.00	80%	260.00	1040.00
110003	女衬衫-雪纺花边领	L	65.00	20.00	1300.00	80%	260.00	1040.00
111001	女衬衫-拼接领	S	65.00	20.00	1300.00	80%	260.00	1040.00
111002	女衬衫-拼接领	M	65.00	20.00	1300.00	80%	260.00	1040.00
111003	女衬衫-拼接领	L	65.00	20.00	1300.00	80%	260.00	1040.00
112001	女衬衫-OL翻领	S	65.00	20.00	1300.00	80%	260.00	1040.00
112002	女衬衫-OL翻领	M	65.00	20.00	1300.00	80%	260.00	1040.00
112003	女衬衫-OL翻领	L	65.00	20.00	1300.00	80%	260.00	1040.00

合计　　总金额：38350.00　　总数量：455.00　　总扣额：7670.00　　实收：30680.00

记账：　　复核：彭佳　　仓库保管：陈越　　销售员：李超

教学票样

华问服装商品销售单

第二联 记账　　金额单位：元

单号：818125005　　日期：2019-12-23　　部门：分销部

客户：浙江美琳服装有限公司　　收款方式：月结　　仓库名称：总仓

商品编码	品名货号	规格	单价	数量	金额	扣率	扣额	实收金额
101001	劳保工作服套装	艳蓝-160	70.00	15.00	1050.00	80%	210.00	840.00
101002	劳保工作服套装	艳蓝-165	70.00	15.00	1050.00	80%	210.00	840.00
101003	劳保工作服套装	艳蓝-170	75.00	20.00	1500.00	80%	300.00	1200.00
101004	劳保工作服套装	艳蓝-175	75.00	20.00	1500.00	80%	300.00	1200.00
101005	劳保工作服套装	艳蓝-180	75.00	15.00	1125.00	80%	225.00	900.00
102001	劳保工作服套装	灰色-160	70.00	15.00	1050.00	80%	210.00	840.00
102002	劳保工作服套装	灰色-165	70.00	15.00	1050.00	80%	210.00	840.00
102003	劳保工作服套装	灰色-170	75.00	20.00	1500.00	80%	300.00	1200.00
102004	劳保工作服套装	灰色-175	75.00	20.00	1500.00	80%	300.00	1200.00
102005	劳保工作服套装	灰色-180	75.00	15.00	1125.00	80%	225.00	900.00
103001	户外运动衫	迷彩-均码	15.00	35.00	525.00	80%	105.00	420.00
104001	文化衫	均码	15.00	35.00	525.00	80%	105.00	420.00
105001	加厚军大衣	均码	85.00	15.00	1275.00	80%	255.00	1020.00
106001	西服男套装	黑色-S	200.00	11.00	2200.00	80%	440.00	1760.00
106002	西服男套装	黑色-M	200.00	11.00	2200.00	80%	440.00	1760.00
106003	西服男套装	黑色-L	200.00	11.00	2200.00	80%	440.00	1760.00
106004	西服男套装	黑色-XL	200.00	11.00	2200.00	80%	440.00	1760.00
106005	西服男套装	黑色-XXL	200.00	11.00	2200.00	80%	440.00	1760.00
107001	西服女套装-西装领	白+黑-S	150.00	10.00	1500.00	80%	300.00	1200.00
107002	西服女套装-西装领	白+黑-M	150.00	10.00	1500.00	80%	300.00	1200.00
107003	西服女套装-西装领	白+黑-L	150.00	10.00	1500.00	80%	300.00	1200.00
108001	西服女套装-V领	白+黑-S	150.00	10.00	1500.00	80%	300.00	1200.00
108002	西服女套装-V领	白+黑-M	150.00	10.00	1500.00	80%	300.00	1200.00
108003	西服女套装-V领	白+黑-L	150.00	10.00	1500.00	80%	300.00	1200.00
109001	西服女套装-立领	白+黑-S	150.00	10.00	1500.00	80%	300.00	1200.00
109002	西服女套装-立领	白+黑-M	150.00	10.00	1500.00	80%	300.00	1200.00
109003	西服女套装-立领	白+黑-L	150.00	10.00	1500.00	80%	300.00	1200.00
110001	女衬衫-雪纺花边领	S	65.00	20.00	1300.00	80%	260.00	1040.00
110002	女衬衫-雪纺花边领	M	65.00	20.00	1300.00	80%	260.00	1040.00
110003	女衬衫-雪纺花边领	L	65.00	20.00	1300.00	80%	260.00	1040.00
111001	女衬衫-拼接领	S	65.00	20.00	1300.00	80%	260.00	1040.00
111002	女衬衫-拼接领	M	65.00	20.00	1300.00	80%	260.00	1040.00
111003	女衬衫-拼接领	L	65.00	20.00	1300.00	80%	260.00	1040.00
112001	女衬衫-OL翻领	S	65.00	20.00	1300.00	80%	260.00	1040.00
112002	女衬衫-OL翻领	M	65.00	20.00	1300.00	80%	260.00	1040.00
112003	女衬衫-OL翻领	L	65.00	20.00	1300.00	80%	260.00	1040.00

合计　　总金额：50975.00　　总数量：580.00　　总扣额：10195.00　　实收：40780.00

记账：　　复核：彭佳　　仓库保管：陈越　　销售员：李超

教学票样

华问服装商品销售单

第二联 记账　　　　金额单位：元

单号：818125006　　日期：2019-12-31　　部门：分销部

客户：浙江高美服装有限公司　　收款方式：月结　　仓库名称：总仓

商品编码	品名货号	规格	单价	数量	金额	扣率	扣额	实收金额
101001	劳保工作服套装	艳蓝-160	70.00	50.00	3500.00	80%	700.00	2800.00
101002	劳保工作服套装	艳蓝-165	70.00	50.00	3500.00	80%	700.00	2800.00
101003	劳保工作服套装	艳蓝-170	75.00	50.00	3750.00	80%	750.00	3000.00
101004	劳保工作服套装	艳蓝-175	75.00	50.00	3750.00	80%	750.00	3000.00
101005	劳保工作服套装	艳蓝-180	75.00	50.00	3750.00	80%	750.00	3000.00
102001	劳保工作服套装	灰色-160	70.00	50.00	3500.00	80%	700.00	2800.00
102002	劳保工作服套装	灰色-165	70.00	50.00	3500.00	80%	700.00	2800.00
102003	劳保工作服套装	灰色-170	75.00	50.00	3750.00	80%	750.00	3000.00
102004	劳保工作服套装	灰色-175	75.00	50.00	3750.00	80%	750.00	3000.00
102005	劳保工作服套装	灰色-180	75.00	50.00	3750.00	80%	750.00	3000.00
103001	户外运动衫	迷彩-均码	15.00	50.00	750.00	80%	150.00	600.00
104001	文化衫	均码	15.00	50.00	750.00	80%	150.00	600.00
105001	加厚军大衣	均码	85.00	50.00	4250.00	80%	850.00	3400.00
106001	西服男套装	黑色-S	200.00	10.00	2000.00	80%	400.00	1600.00
106002	西服男套装	黑色-M	200.00	10.00	2000.00	80%	400.00	1600.00
106003	西服男套装	黑色-L	200.00	10.00	2000.00	80%	400.00	1600.00
106004	西服男套装	黑色-XL	200.00	10.00	2000.00	80%	400.00	1600.00
106005	西服男套装	黑色-XXL	200.00	10.00	2000.00	80%	400.00	1600.00
107001	西服女套装-西装领	白+黑-S	150.00	50.00	7500.00	80%	1500.00	6000.00
107002	西服女套装-西装领	白+黑-M	150.00	50.00	7500.00	80%	1500.00	6000.00
107003	西服女套装-西装领	白+黑-L	150.00	50.00	7500.00	80%	1500.00	6000.00
108001	西服女套装-V领	白+黑-S	150.00	50.00	7500.00	80%	1500.00	6000.00
108002	西服女套装-V领	白+黑-M	150.00	50.00	7500.00	80%	1500.00	6000.00
108003	西服女套装-V领	白+黑-L	150.00	50.00	7500.00	80%	1500.00	6000.00
109001	西服女套装-立领	白+黑-S	150.00	30.00	4500.00	80%	900.00	3600.00
109002	西服女套装-立领	白+黑-M	150.00	30.00	4500.00	80%	900.00	3600.00
109003	西服女套装-立领	白+黑-L	150.00	30.00	4500.00	80%	900.00	3600.00
110001	女衬衫-雪纺花边领	S	65.00	30.00	1950.00	80%	390.00	1560.00
110002	女衬衫-雪纺花边领	M	65.00	30.00	1950.00	80%	390.00	1560.00
110003	女衬衫-雪纺花边领	L	65.00	30.00	1950.00	80%	390.00	1560.00
111001	女衬衫-拼接领	S	65.00	30.00	1950.00	80%	390.00	1560.00
111002	女衬衫-拼接领	M	65.00	30.00	1950.00	80%	390.00	1560.00
111003	女衬衫-拼接领	L	65.00	30.00	1950.00	80%	390.00	1560.00
112001	女衬衫-OL翻领	S	65.00	30.00	1950.00	80%	390.00	1560.00
112002	女衬衫-OL翻领	M	65.00	30.00	1950.00	80%	390.00	1560.00
112003	女衬衫-OL翻领	L	65.00	30.00	1950.00	80%	390.00	1560.00

合计　总金额：128300.00　总数量：1360.00　总扣额：25660.00　实收：102640.00

记账：　复核：彭佳　仓库保管：陈越　销售员：李超

教学票样

111001862012

九州增值税普通发票

全国统一票样监制章 九州 国家税务总局监制

发票联

№ 01460226

开票日期：2019-12-08

校验码 96578 60564 30092 64446

购买方	名　　称：九州华问服装有限公司 纳税人识别号：91660188739510178P 地 址 、 电 话：九州市南京中路168号 011-86668866 开户行及账号：华夏银行南京路分理处 428805 919666 227	密码区	>>14064*+2392571819441*93148 76>1/<863>*19-*4<>885013424> 686121/672++73/*24>3078<>><>

货物或应税劳务名称	规格型号	单位	数量	单价	金额	税率	税额
*生活服务*服务费			1.00	1,606.80	1,606.80	3%	48.20
合　　计					￥1,606.80		￥48.20
价税合计（大写）	⊗壹仟陆佰伍拾伍圆整				（小写）￥1,655.00		

现金付讫

销售方	名　　称：欢乐迪娱乐服务有限公司 纳税人识别号：936113141280F9372P 地 址 、 电 话：九州市船山路21号 011-83841882 开户行及账号：中国工商银行沿江支行 660218 332121 79023	备注	欢乐迪娱乐服务有限公司 936113141280F9372P 发票专用章

收款人：曹吉祥　　复核：曹世磊　　开票人：熊旎　　销售方：（章）

第二联：发票联　购买方记账凭证

教学票样

111001832019

九州增值税普通发票

№ 04196786

发票联

校验码 95578 32135 30090 55962

开票日期：2019-12-12

购买方	名　　称：九州华问服装有限公司 纳税人识别号：91660188739510178P 地 址 、 电 话：九州市南京中路168号 011-86668866 开户行及账号：华夏银行南京路分理处 428805 919666 227	密码区	>>15064*+2072571317441*93148 76>1/<863>*19-*4<>615398435> 686231/731++82/*49>3296<>><>

货物或应税劳务名称	规格型号	单位	数量	单价	金额	税率	税额
*劳务*车辆保养费			1.00	1,941.75	1,941.75	3%	58.25
合　　计					￥1,941.75		￥58.25
价税合计（大写）	⊗贰仟圆整				（小写）￥2,000.00		

销售方	名　　称：腾达汽车修理有限公司 纳税人识别号：9360269748536182KV 地 址 、 电 话：九州市中山南路838号 011-82963518 开户行及账号：华夏银行南京路分理处 360121 263451 078	备注	

收款人：李娟　　复核：张建国　　开票人：蔡思敏　　销售方：（章）

第二联：发票联 购买方记账凭证

现金付讫

腾达汽车修理有限公司 9360269748536182KV 发票专用章

全国统一票样监制章 九州 国家税务总局监制

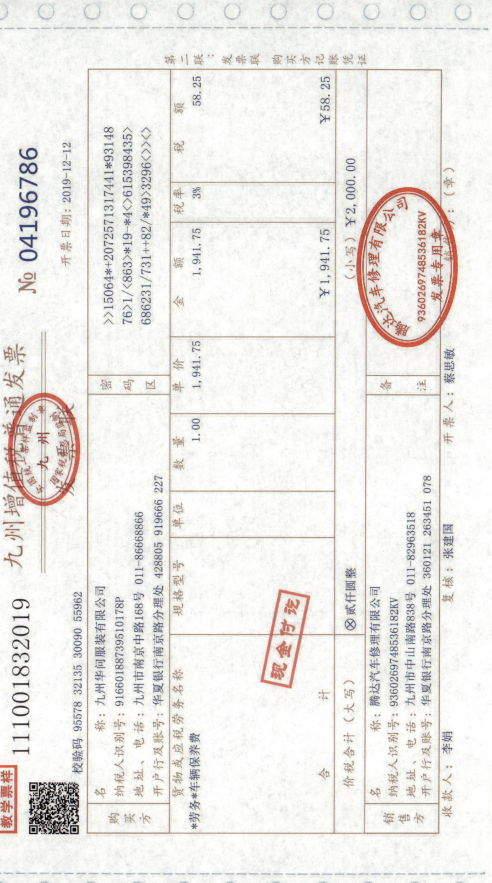

教学票样

111001822018

九州增值税普通发票

发票联

№ 04156382

校验码 96487 23165 30090 13698

开票日期：2019-12-14

购买方	名称：九州华问服装有限公司 纳税人识别号：91660188739510178P 地址、电话：九州市南京中路168号 011-86668866 开户行及账号：华夏银行南京路分理处 428805 919666 227	密码区	>>17064*+3072571311818*93148 76>1/<863>*19-*4<>615398424> 686231/731++82/*49>5782<>><>

货物或应税劳务名称	规格型号	单位	数量	单价	金额	税率	税额
*餐饮服务*餐费			1.00	5,396.23	5,396.23	6%	323.77
合计					￥5,396.23		￥323.77
价税合计（大写）	⊗伍仟柒佰贰拾圆整				（小写）￥5,720.00		

销售方	名称：百胜餐饮集团有限公司 纳税人识别号：9268976581236568PQ 地址、电话：九州市北辰东路155号 011-80695432 开户行及账号：华夏银行南京分理处 428805 263451 063	备注	

收款人：胡可　　复核：李丽华　　开票人：唐斌　　销售方：（章）

第二联：发票联　购买方记账凭证

全国统一票样监制章 九州 国家税务总局监制

百胜餐饮集团有限公司 9268976581236568PQ 发票专用章

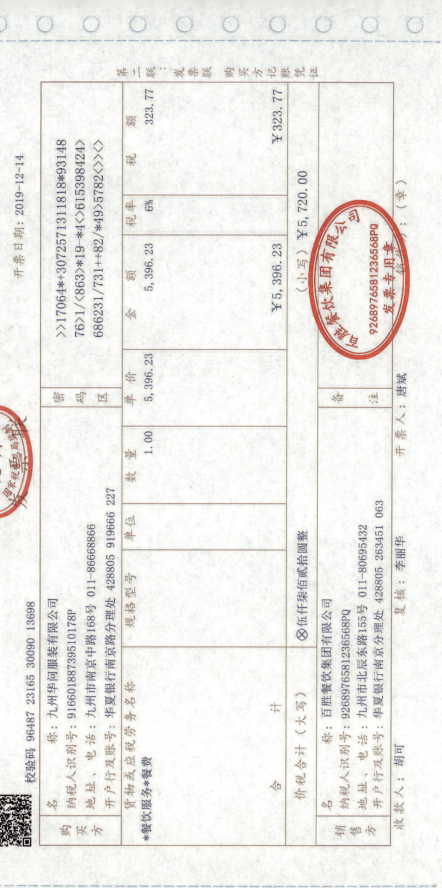

教学票样

111001862018

九州增值税普通发票

（全国统一票样监制章 九州 国家税务总局监制）

发票联

№ 01025635

校验码 70328 50912 34490 58956

开票日期：2019-12-17

购买方	名　　称：九州华问服装有限公司 纳税人识别号：91660188739510178P 地 址、电 话：九州市南京中路168号 011-86668866 开户行及账号：华夏银行南京路分理处 428805 919666 227			密码区	>>36544*+2392571319352*93158 55>/1<863>*19-*4<>556012324> 475310/672++54/*49>3298<>><>		
货物或应税劳务名称	规格型号	单位	数 量	单 价	金 额	税率	税 额
*广告服务*广告费			1.00	7,766.99	7,766.99	3%	233.01
合　　计					￥7,766.99		￥233.01
价税合计（大写）	⊗捌仟圆整				（小写）￥8,000.00		
销售方	名　　称：博弈文化有限公司 纳税人识别号：961112210040532K84 地 址、电 话：九州市朝阳区562号 011-81228006 开户行及账号：华夏银行南京分理处 462117 658013 860			备注	（博弈文化有限公司 961112210040532K84 发票专用章）		

收款人：王嘉云　　复 核：付景甜　　开票人：屈志森　　销售方：（章）

第二联：发票联　购买方记账凭证

教学票样

九州增值税电子普通发票

全国统一发票监制章
九州
国家税务总局监制

发票代码：011001842019
发票号码：10906528
开票日期：2019年12月26日
校 验 码：13683 54991 89895 54526

机器编号：499099716365

购买方	名　　称：九州华问服装有限公司 纳税人识别号：91660188739510178P 地 址 、电 话：九州市南京中路168号 011-86666666 开户行及账号：华夏银行南京路分理处 428805 919666 227	密码区	>>030348*+2568986483263*9202455>1/<6 99>*19-*4<>440012224>467693/251++54/ *49>-98<>><-5301-5519+49400<66>1788

货物或应税劳务名称	规格型号	单位	数量	单价	金额	税率	税额
*物流辅助服务*收派服务费		次	1.00	4.72	4.72	6%	0.28
合　计					￥4.72		0.28
价税合计（大写）	⊗伍圆整				（小写）￥5.00		

现金付讫

销售方	名　　称：天天快递有限公司 纳税人识别号：91136000781498216X 地 址 、电 话：九州市经济开发区枫林大道66号 011-85467481 开户行及账号：中国银行经济开发区支行 150221 000193 0319302	备注	

天天快递有限公司
91136000781498216X
发票专用章

收款人：宁夏　　复核：章敏　　开票人：陶璐　　销售方：（章）

教学票样

九州增值税电子普通发票

全国统一票样监制章 九州 国家税务总局监制

发票代码：011001842019
发票号码：10906539
开票日期：2019 年12月28日
校 验 码：23683 51998 89895 11578

机器编号：499099714365

购买方	名　　称：九州华问服装有限公司 纳税人识别号：91660188739510178P 地 址、电 话：九州市南京中路168号 011-86666666 开户行及账号：华夏银行南京路分理处 428805 919666 227	密码区	>>890348*+261126483263*9202455>1/<69 9>*19-*4<>560012224>467693/251++54/* 49>3-98<>><-5301-5519+49114<66>1923

货物或应税劳务名称	规格型号	单位	数量	单价	金额	税率	税额
*物流辅助服务*收派服务费		次	1.00	4.72	4.72	6%	0.28
合　　计					￥4.72		0.28
价税合计（大写）	⊗伍圆整				（小写）￥5.00		

现金付讫

销售方	名　　称：天天快递有限公司 纳税人识别号：91136000781498216X 地 址、电 话：九州市经济开发区枫林大道66号 011-85467481 开户行及账号：中国银行经济开发区支行 150221 000193 0319302	备注	天天快递有限公司 91136000781498216X 发票专用章

收款人：宁夏　　复核：章敏　　开票人：陶璐　　销售方：（章）

教学票样

九州增值税电子普通发票

全国统一票样监制章 九州 国家税务总局监制

发票代码：011001842019
发票号码：10906552
开票日期：2019年12月29日
校 验 码：81681 12375 51214 15641

机器编号：499099714365

购买方	名　　称：九州华问服装有限公司 纳税人识别号：91660188739510178P 地 址、电 话：九州市南京中路168号 011-86666666 开户行及账号：华夏银行南京路分理处 428805 919666 227	密码区	>>780348*+2561126481163*8541182>1/<1 81>*19-*4<>560045124>117693/251++54/ *49>3-98<>><-1201-5519+37451<66>1923

货物或应税劳务名称	规格型号	单位	数量	单价	金额	税率	税额
*物流辅助服务*收派服务费		次	1.00	4.72	4.72	6%	0.28
合　计					¥4.72		0.28
价税合计（大写）	⊗伍圆整				（小写）¥5.00		

现金付讫

销售方	名　　称：天天快递有限公司 纳税人识别号：91136000781498216X 地 址、电 话：九州市经济开发区枫林大道66号 011-85467481 开户行及账号：中国银行经济开发区支行 150221 000193 0319302	备注	天天快递有限公司 91136000781498216X 发票专用章

收款人：宁夏　　复核：章敏　　开票人：陶璐　　销售方：（章）

教学票样

1100181130 **九州增值税专用发票** №

全国统一票样监制章 九州 会计实验实训教学专用

此联不作报销、扣税凭证使用 开票日期：

购买方	名　　称： 纳税人识别号： 地址、电话： 开户行及账号：				密码区			
货物或应税劳务名称	规格型号	单位	数量	单价	金额	税率	税额	
合　　计								
价税合计（大写）				（小写）				
销售方	名　　称： 纳税人识别号： 地址、电话： 开户行及账号：				备注			

收款人：　复核：　开票人：　销售方：（章）

第一联：记账联　销售方记账凭证

教学票样

1100181130

九州增值税专用发票

№

全国统一票样监制章 九州 会计实验实训教学专用

抵扣联

开票日期：

购买方	名　　称： 纳税人识别号： 地址、电话： 开户行及账号：				密码区		
货物或应税劳务名称	规格型号	单位	数量	单价	金额	税率	税额
合　　计							
价税合计（大写）					（小写）		
销售方	名　　称： 纳税人识别号： 地址、电话： 开户行及账号：				备注		

收款人：　　复核：　　开票人：　　销售方：（章）

第二联：抵扣联　购买方扣税凭证

教学票样

1100181130 **九州增值税专用发票** №

发票联

全国统一票样监制章 九州 会计实验实训教学专用

开票日期：

购买方	名称： 纳税人识别号： 地址、电话： 开户行及账号：				密码区			
货物或应税劳务名称		规格型号	单位	数量	单价	金额	税率	税额
合计								
价税合计（大写）						（小写）		
销售方	名称： 纳税人识别号： 地址、电话： 开户行及账号：				备注			

收款人： 复核： 开票人： 销售方：（章）

第三联：发票联 购买方记账凭证

教学票样

3300187130　　**浙江增值税专用发票**　　№ 03241304

抵扣联

校验码 54212 23861 54613 23456　　开票日期：2019-12-01

购买方	名　　称：九州华问服装有限公司 纳税人识别号：91660188739510178P 地址、电话：九州市南京中路168号 011-86668866 开户行及账号：华夏银行南京路分理处 428805 919666 227	密码区	>>45612*+2392576669352*92024 55>1/<863>*19-*4<>446011324> 475310/521++54/*49/1304<>><>

货物或应税劳务名称	规格型号	单位	数量	单价	金额	税率	税额
（详见销货清单）					111,415.00	13%	14,483.95
合　　计					¥111,415.00		¥14,483.95
价税合计（大写）	⊗壹拾贰万伍仟捌佰玖拾捌圆玖角伍分				（小写）¥125,898.95		

销售方	名　　称：浙江琪琪服装厂 纳税人识别号：9110128164951017YP 地址、电话：浙江省义乌市西街道西方村19号 0579-85683188 开户行及账号：招商银行义乌分行 237481 919669 174	备注	

收款人：阮莞　　复核：伍德　　开票人：尹子维　　销售方：（章）

第二联：抵扣联　购买方扣税凭证

教学票样

3300187130

浙江增值税专用发票

全国统一票样监制章 浙江 国家税务总局监制

发票联

№ 03241304

校验码 54212 23861 54613 23456

开票日期：2019-12-01

购买方	名　　称：九州华问服装有限公司 纳税人识别号：91660188739510178P 地址、电话：九州市南京中路168号 011-86668866 开户行及账号：华夏银行南京路分理处 428805 919666 227				密码区	>>45612*+2392576669352*92024 55>1/<863>*19-*4<>446011324> 475310/521++54/*49/1304<>><>	
货物或应税劳务名称	规格型号	单位	数量	单价	金额	税率	税额
（详见销货清单）					111,415.00	13%	14,483.95
合计					￥111,415.00		￥14,483.95
价税合计（大写）	⊗壹拾贰万伍仟捌佰玖拾捌圆玖角伍分				（小写）￥125,898.95		
销售方	名　　称：浙江琪琪服装厂 纳税人识别号：9110128164951017YP 地址、电话：浙江省义乌市西街道西方村19号 0579-85683188 开户行及账号：招商银行义乌分行 237481 919669 174				备注	浙江琪琪服装厂 9110128164951017YP 发票专用章	

收款人：阮莞　　复核：伍德　　开票人：尹子维　　销售方：（章）

第三联：发票联 购买方记账凭证

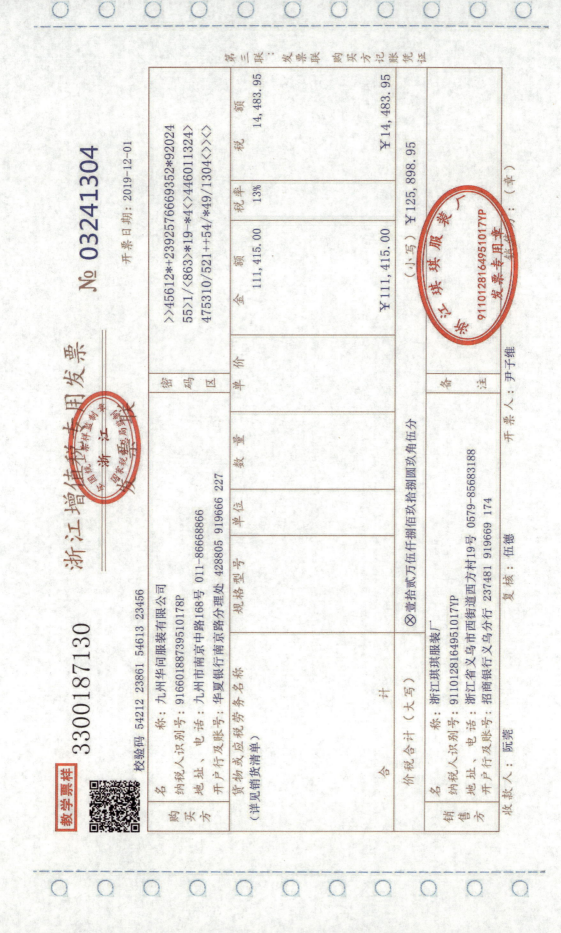

教学票样

1100188130

九州增值税专用发票

全国统一票样监制章 九州 国家税务总局监制

抵扣联

№ 06206204

校验码 20841 47138 37465 40576

开票日期：2019-12-02

购买方	名　　称：九州华问服装有限公司 纳税人识别号：91660188739510178P 地址、电话：九州市南京中路168号 011-86668866 开户行及账号：华夏银行南京路分理处 428805 919666 227	密码区	>>12675*+4092576669352*92024 55>1/<860>*19-*4<>446012324> 475310/520++04/*49>3-08<>><>

货物或应税劳务名称	规格型号	单位	数量	单价	金额	税率	税额
*化学合成材料*打包袋			1.00	884.96	884.96	13%	115.04
*纺织产品*西服袋			1.00	336.28	336.28	13%	43.72
*橡胶制品*胶带			1.00	176.99	176.99	13%	23.01
合　计					￥1,398.23		￥181.77
价税合计（大写）	⊗壹仟伍佰捌拾圆整				（小写）￥1,580.00		

销售方	名　　称：九州瑞麒包装有限公司 纳税人识别号：918421007398WSF062 地址、电话：九州市小港陈庄498号 011-86554622 开户行及账号：华夏银行陈庄分行 466628 608000 468	备注	九州瑞麒包装有限公司 918421007398WSF062 发票专用章

收款人：汪晨　　复核：李晓　　开票人：潘进　　销售方：（章）

第二联：抵扣联 购买方扣税凭证

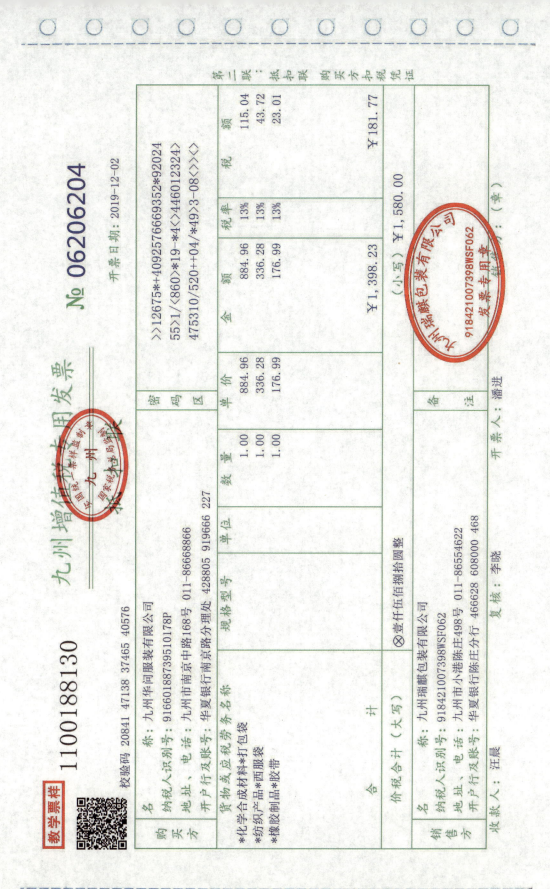

教学票样

1100188130

九州增值税专用发票

发票联

№ 06206204

校验码 20841 47138 37465 40576

开票日期：2019-12-02

购买方	名称：九州华问服装有限公司 纳税人识别号：91660188739510178P 地址、电话：九州市南京中路168号 011-86668866 开户行及账号：华夏银行南京路分理处 428805 919666 227	密码区	>>12675*+4092576669352*92024 55>1/<860>*19-*4<>446012324> 475310/520++04/*49>3-08<>><>

货物或应税劳务名称	规格型号	单位	数量	单价	金额	税率	税额
*化学合成材料*打包袋			1.00	884.96	884.96	13%	115.04
*纺织产品*西服袋			1.00	336.28	336.28	13%	43.72
*橡胶制品*胶带			1.00	176.99	176.99	13%	23.01
合计					￥1,398.23		￥181.77
价税合计（大写）	⊗壹仟伍佰捌拾圆整				（小写）￥1,580.00		

现金付讫

销售方	名称：九州瑞麒包装有限公司 纳税人识别号：918421007398WSF062 地址、电话：九州市小港陈庄498号 011-86554622 开户行及账号：华夏银行陈庄分行 466628 608000 468	备注	九州瑞麒包装有限公司 918421007398WSF062 发票专用章

收款人：汪晨　　复核：李晓　　开票人：潘进　　销售方：（章）

第三联：发票联 购买方记账凭证

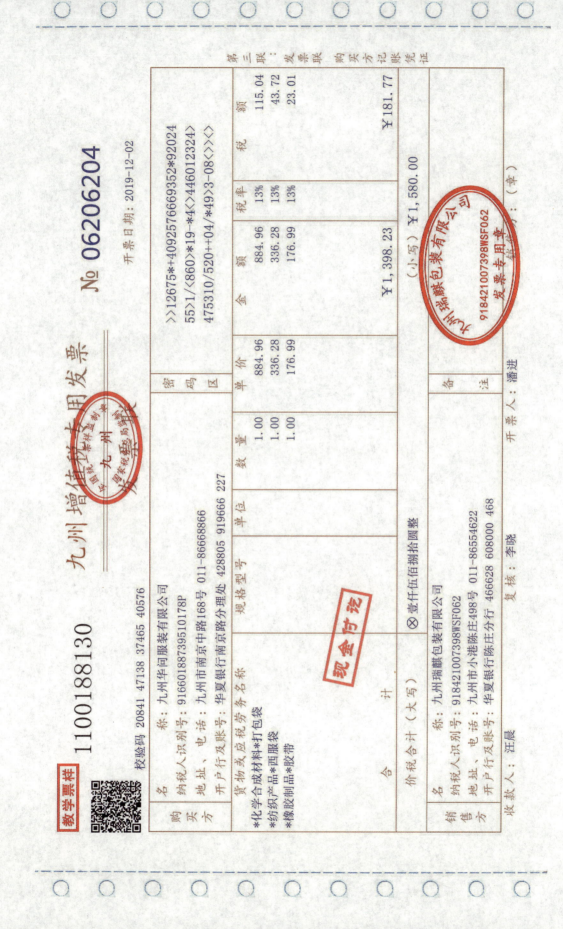

教学票样

4400187130

深圳增值税专用发票

抵扣联

全国统一票样监制章 深圳 国家税务总局监制

№ 04367339

校验码 25342 67442 57465 45718

开票日期：2019-12-03

购买方	名　　称：九州华问服装有限公司 纳税人识别号：91660188739510178P 地址、电话：九州市南京中路168号 011-86668866 开户行及账号：华夏银行南京路分理处 428805 919666 227	密码区	>>12356*+2392576669352*92024 55>1/<863>*19-*4<>446011324> 475310/521++54/*49>7339<>><>

货物或应税劳务名称	规格型号	单位	数量	单价	金额	税率	税额
（详见销货清单）					124,998.00	13%	16,249.74
合　　计					￥124,998.00		￥16,249.74
价税合计（大写）	⊗壹拾肆万壹仟贰佰肆拾柒圆柒角肆分				（小写）￥141,247.74		

销售方	名　　称：深圳美资服装有限公司 纳税人识别号：915011006118181RYT 地址、电话：深圳市罗湖区白马市场B区301号 0755-21966666 开户行及账号：工商银行罗湖分行 622202 189110 886	备注	深圳美资服装有限公司 915011006118181RYT 发票专用章

收款人：江林　　复核：黄蓉　　开票人：魏军　　销售方：（章）

第二联：抵扣联　购买方扣税凭证

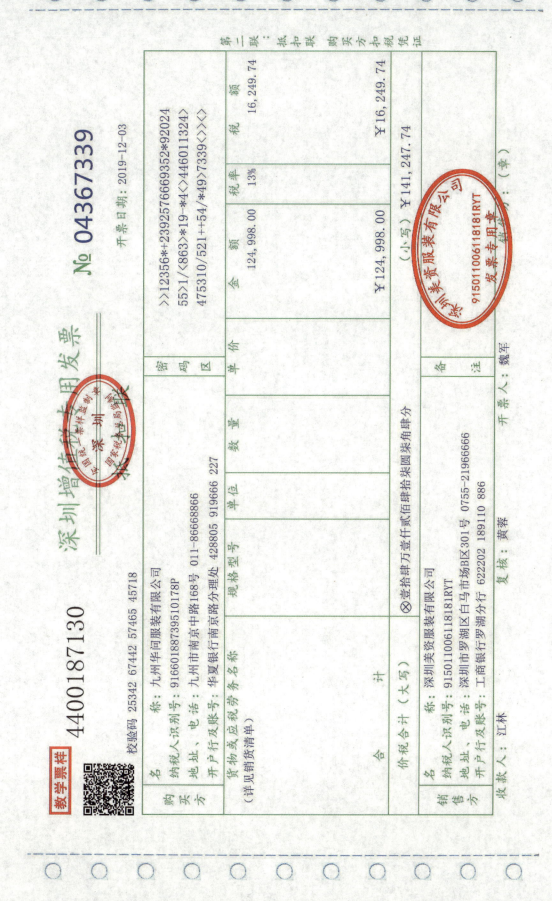

教学票样

4400187130

深圳增值税专用发票

发票联

№ 04367339

开票日期：2019-12-03

校验码 25342 67442 57465 45718

购买方	名　　称：九州华问服装有限公司 纳税人识别号：91660188739510178P 地址、电话：九州市南京中路168号 011-86668866 开户行及账号：华夏银行南京路分理处 428805 919666 227			密码区	>>12356*+2392576669352*92024 55>1/<863>*19-*4<>446011324> 475310/521++54/*49>7339<>><>		
货物或应税劳务名称	规格型号	单位	数量	单价	金额	税率	税额
（详见销货清单）					124,998.00	13%	16,249.74
合计					￥124,998.00		￥16,249.74
价税合计（大写）	⊗壹拾肆万壹仟贰佰肆拾柒圆柒角肆分				（小写）￥141,247.74		
销售方	名　　称：深圳美资服装有限公司 纳税人识别号：915011006118181RYT 地址、电话：深圳市罗湖区白马市场B区301号 0755-21966666 开户行及账号：工商银行罗湖分行 622202 189110 886			备注			

收款人：江林　　复核：黄蓉　　开票人：魏军　　销售方：（章）

第三联：发票联　购买方记账凭证

深圳美资服装有限公司 915011006118181RYT 发票专用章

全国统一票样监制章 深圳 国家税务总局监制

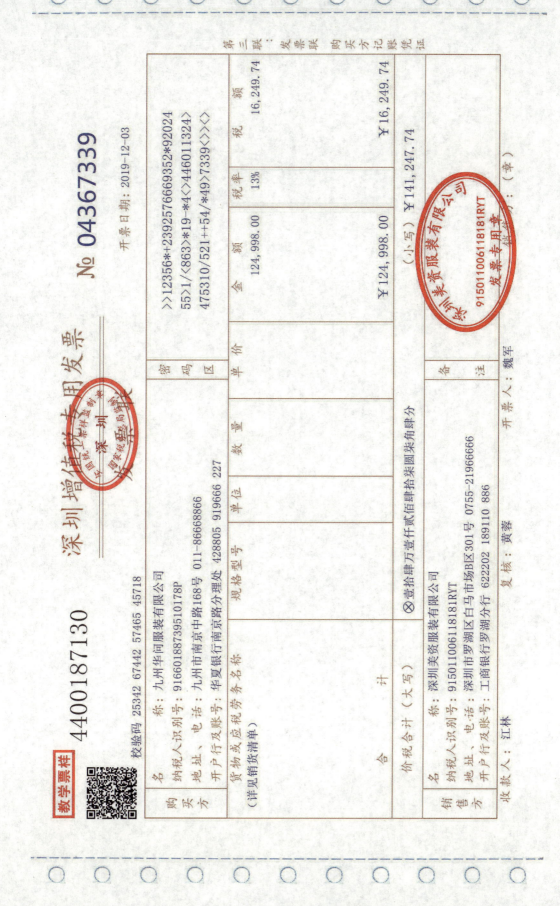

教学票样

1100189130

九州增值税专用发票

抵扣联

№ 01608662

校验码 41209 20539 07960 38576

开票日期：2019-12-03

购买方	名　　称：九州华问服装有限公司 纳税人识别号：91660188739510178P 地址、电话：九州市南京中路168号 011-86668866 开户行及账号：华夏银行南京路分理处 428805 919666 227	密码区	>>62075*+4592576669352*92024 55>1/<060>*19-*4<>446012324> 475308/500++04/*49>3-08<>><>

货物或应税劳务名称	规格型号	单位	数量	单价	金额	税率	税额
*经营租赁*租金			1.00	7,339.45	7,339.45	9%	660.55
合计					￥7,339.45		￥660.55
价税合计（大写）	⊗捌仟圆整				（小写）￥8,000.00		

销售方	名　　称：九州盛园物业有限公司 纳税人识别号：9111861259HSP25643 地址、电话：九州市石景山区金顶街225号 011-88722036 开户行及账号：华夏银行南京路分理处 428603 257882 6329	备注	

收款人：徐圆　　复核：赵红　　开票人：王强　　销售方：（章）

第二联：抵扣联　购买方扣税凭证

全国统一票样监制章　九州　国家税务总局监制

九州盛园物业有限公司　9111861259HSP25643　发票专用章

教学票样

1100189130

九州增值税专用发票

发票联

№ 01608662

校验码 41209 20539 07960 38576

开票日期：2019-12-03

购买方	名　　称：九州华问服装有限公司 纳税人识别号：91660188739510178P 地址、电话：九州市南京中路168号 011-86668866 开户行及账号：华夏银行南京路分理处 428805 919666 227				密码区	>>62075*+4592576669352*92024 55>1/<060>*19-*4<>446012324> 475308/500++04/*49>3-08<>><>	
货物或应税劳务名称	规格型号	单位	数量	单价	金额	税率	税额
*经营租赁*租金			1.00	7,339.45	7,339.45	9%	660.55
合　计					￥7,339.45		￥660.55
价税合计（大写）	⊗捌仟圆整				（小写）￥8,000.00		
销售方	名　　称：九州盛园物业有限公司 纳税人识别号：9111861259HSP25643 地址、电话：九州市石景山区金顶街225号 011-88722036 开户行及账号：华夏银行南京路分理处 428603 257882 6329				备注		

收款人：徐圆　　复核：赵红　　开票人：王强　　销售方：（章）

第三联：发票联　购买方记账凭证

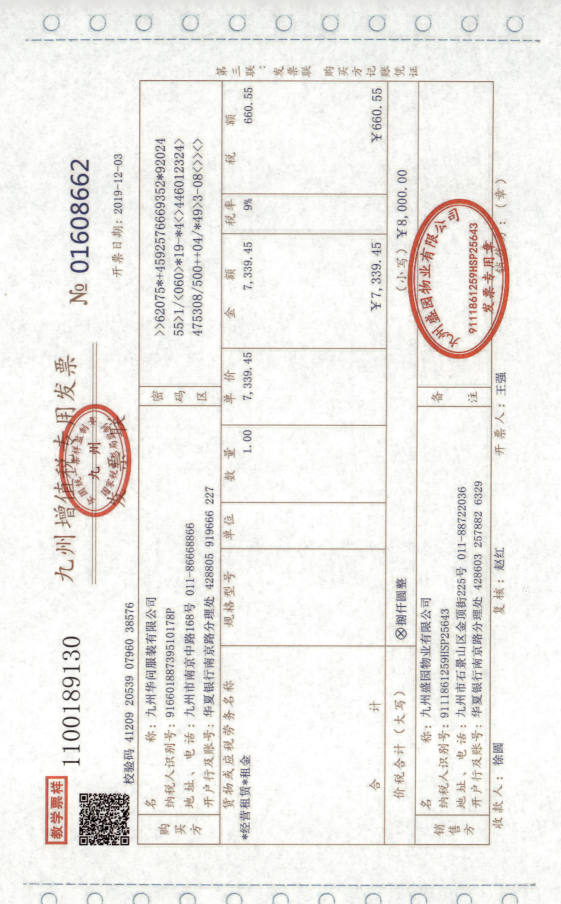

教学票样

1100187130

九州增值税专用发票

全国统一票样监制章 九州 国家税务总局监制

抵扣联

№ 01820453

校验码 40127 20539 07966 38566

开票日期：2019-12-03

购买方	名称：九州华问服装有限公司 纳税人识别号：91660188739510178P 地址、电话：九州市南京中路168号 011-86668866 开户行及账号：华夏银行南京路分理处 428805 919666 227	密码区	>>23925*+4592571819352*92024 55>1/<606>*19-*4<>446025781> 475308/010++26/*49>7-19<>><>

货物或应税劳务名称	规格型号	单位	数量	单价	金额	税率	税额
*经营租赁*租金			1.00	7,339.45	7,339.45	9%	660.55
合计					￥7,339.45		￥660.55
价税合计（大写）	⊗捌仟圆整				（小写）￥8,000.00		

销售方	名称：天恒瑞海物业有限公司 纳税人识别号：9115554614G2T41386 地址、电话：九州市安定区泰园路368号 011-84009152 开户行及账号：华夏银行南京路分理处 428803 148782 5218	备注	天恒瑞海物业有限公司 9115554614G2T41386 发票专用章

收款人：王佳　　复核：李欢　　开票人：赵悦　　销售方：（章）

第二联：抵扣联　购买方扣税凭证

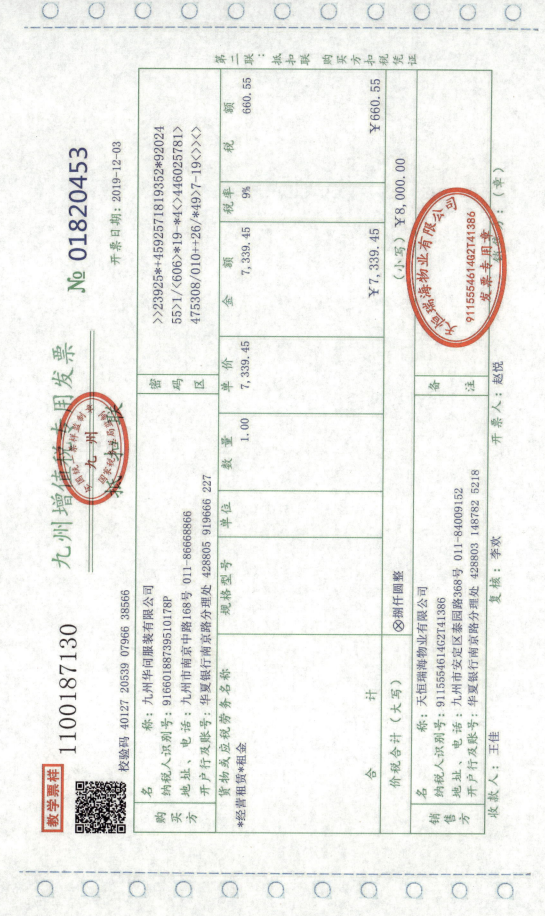

教学票样

1100187130

九州增值税专用发票

发票联

№ 01820453

校验码 40127 20539 07966 38566

开票日期：2019-12-03

购买方	名　　称：九州华问服装有限公司 纳税人识别号：91660188739510178P 地址、电话：九州市南京中路168号 011-86668866 开户行及账号：华夏银行南京路分理处 428805 919666 227	密码区	>>23925*+4592571819352*92024 55>1/<606>*19-*4<>446025781> 475308/010++26/*49>7-19<>><>

货物或应税劳务名称	规格型号	单位	数量	单价	金额	税率	税额
*经营租赁*租金			1.00	7,339.45	7,339.45	9%	660.55
合　　计					￥7,339.45		￥660.55
价税合计（大写）	⊗捌仟圆整				（小写）￥8,000.00		

销售方	名　　称：天恒瑞海物业有限公司 纳税人识别号：9115554614G2T41386 地址、电话：九州市安定区泰园路368号 011-84009152 开户行及账号：华夏银行南京路分理处 428803 148782 5218	备注	天恒瑞海物业有限公司 9115554614G2T41386 发票专用章

收款人：王佳　　复核：李欢　　开票人：赵悦　　销售方：（章）

第三联：发票联 购买方记账凭证

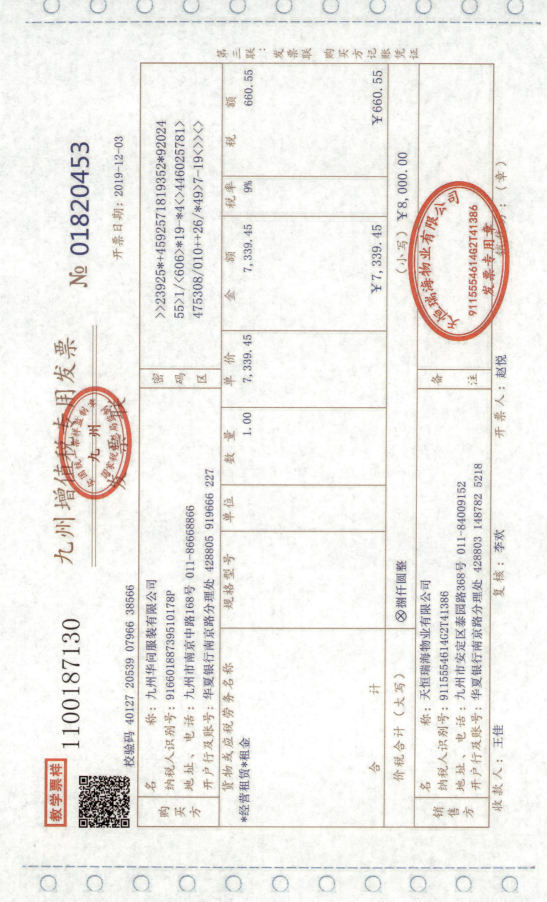

教学票样

1100188130

九州增值税专用发票

抵扣联

№ 01301821

校验码 44000 20538 17065 38576

开票日期：2019-12-03

购买方	名　称：九州华问服装有限公司 纳税人识别号：91660188739510178P 地址、电话：九州市南京中路168号 011-86668866 开户行及账号：华夏银行南京路分理处 428805 919666 227	密码区	>>62675*+4592571219352*92024 55>1/<860>*19-*4<>446012345> 475308/500++04/*49>9-13<>><>

货物或应税劳务名称	规格型号	单位	数量	单价	金额	税率	税额
*经营租赁*租金			1.00	4,587.16	4,587.16	9%	412.84
合　计					￥4,587.16		￥412.84
价税合计（大写）	⊗伍仟圆整				（小写）￥5,000.00		

销售方	名　称：九州万科物业有限公司 纳税人识别号：911486237666645FL6 地址、电话：九州市海淀区双清路55号 011-86666668 开户行及账号：华夏银行海淀区支行 422241 602808 426	备注	

收款人：孙凯　　复核：周子瑜　　开票人：李开芯　　销售方：（章）

第二联：抵扣联　购买方扣税凭证

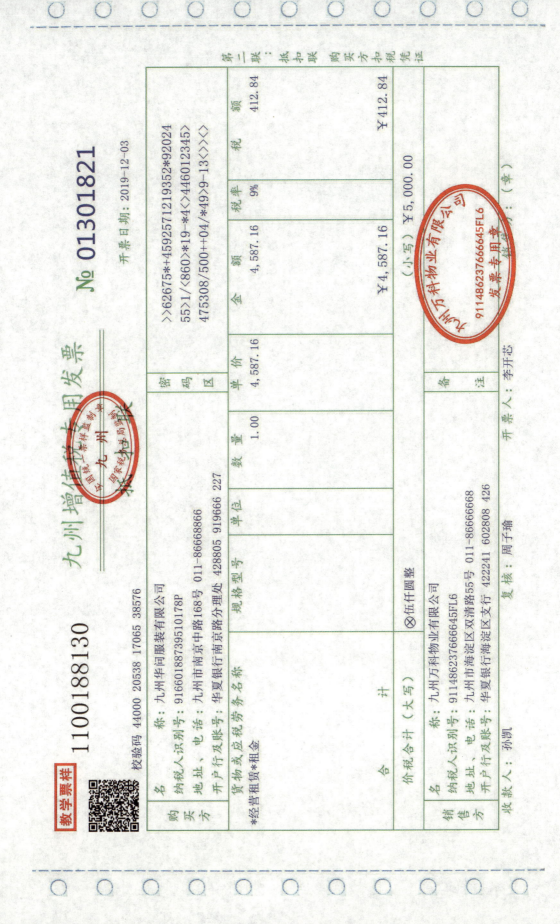

教学票样

1100188130

九州增值税专用发票

№ 01301821

发票联

全国统一票样监制章 九州 国家税务总局监制

开票日期：2019-12-03

校验码 44000 20538 17065 38576

购买方	名　　称：九州华问服装有限公司 纳税人识别号：91660188739510178P 地址、电话：九州市南京中路168号 011-86668866 开户行及账号：华夏银行南京路分理处 428805 919666 227	密码区	>>62675*+4592571219352*92024 55>1/<860>*19-*4<>446012345> 475308/500++04/*49>9-13<>><>

货物或应税劳务名称	规格型号	单位	数量	单价	金额	税率	税额
*经营租赁*租金			1.00	4,587.16	4,587.16	9%	412.84
合　　计					￥4,587.16		￥412.84
价税合计（大写）	⊗伍仟圆整				（小写）￥5,000.00		

销售方	名　　称：九州万科物业有限公司 纳税人识别号：911486237666645FL6 地址、电话：九州市海淀区双清路55号 011-86666668 开户行及账号：华夏银行海淀区支行 422241 602808 426	备注	九州万科物业有限公司 911486237666645FL6 发票专用章

收款人：孙凯　　复核：周子瑜　　开票人：李开芯　　销售方：（章）

第三联：发票联 购买方记账凭证

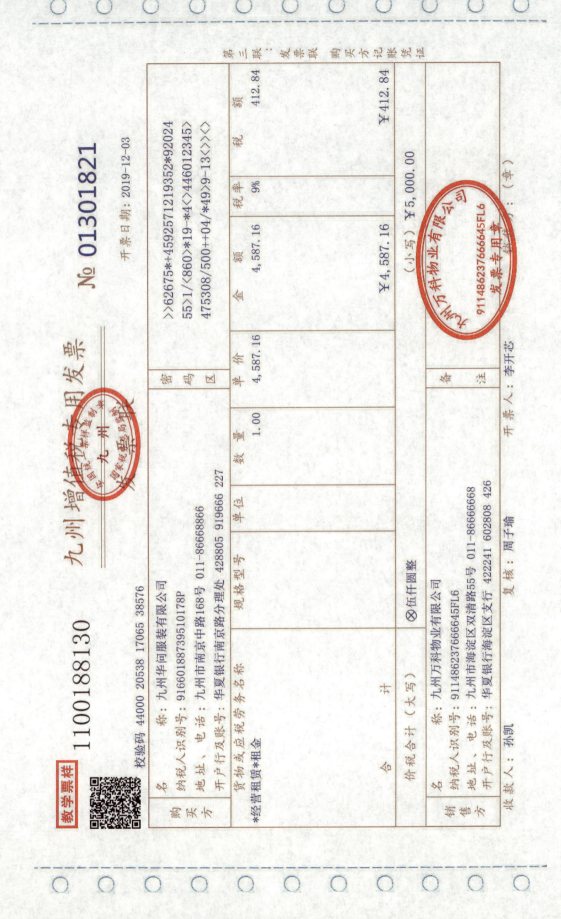

教学票样

1100189130

九州增值税专用发票

抵扣联

№ 01301822

校验码 85349 53212 58090 30306

开票日期：2019-12-03

购买方	名　　称：九州华问服装有限公司 纳税人识别号：91660188739510178P 地址、电话：九州市南京中路168号 011-86668866 开户行及账号：华夏银行南京路分理处 428805 919666 227	密码区	>>70675*+2392571319352*93158 55>1/<063>*19-*4<>556012324> 475320/580++54/*49>3298<>><>

货物或应税劳务名称	规格型号	单位	数量	单价	金额	税率	税额
*企业管理服务*电费		千瓦时	727.54	1.02	739.38	13%	96.12
*企业管理服务*水费		吨	29.28	1.39	40.71	13%	5.29
合计					￥780.09		￥101.41
价税合计（大写）	⊗捌佰捌拾壹圆伍角整				（小写）￥881.50		

销售方	名　　称：九州万科物业有限公司 纳税人识别号：911486237666645FL6 地址、电话：九州市海淀区双清路55号 011-86666668 开户行及账号：华夏银行海淀区支行 422241 602808 426	备注	

收款人：孙凯　　复核：周子瑜　　开票人：李开芯　　销售方：（章）

第二联：抵扣联　购买方扣税凭证

教学票样

1100189130

九州增值税专用发票

发票联

№ 01301822

开票日期：2019-12-03

校验码 85349 53212 58090 30306

购买方	名　　称：九州华问服装有限公司 纳税人识别号：91660188739510178P 地址、电话：九州市南京中路168号 011-86668866 开户行及账号：华夏银行南京路分理处 428805 919666 227	密码区	>>70675*+2392571319352*93158 55>1/<063>*19-*4<>556012324> 475320/580++54/*49>3298<>><>

货物或应税劳务名称	规格型号	单位	数量	单价	金额	税率	税额
*企业管理服务*电费		千瓦时	727.54	1.02	739.38	13%	96.12
*企业管理服务*水费		吨	29.28	1.39	40.71	13%	5.29
合　计					¥780.09		¥101.41
价税合计（大写）	⊗捌佰捌拾壹圆伍角整				（小写）¥881.50		

销售方	名　　称：九州万科物业有限公司 纳税人识别号：911486237666645FL6 地址、电话：九州市海淀区双清路55号 011-86666668 开户行及账号：华夏银行海淀区支行 422241 602808 426	备注	九州万科物业有限公司 911486237666645FL6 发票专用章

收款人：孙凯　　复核：周子瑜　　开票人：李开芯　　销售方：（章）

第三联：发票联　购买方记账凭证

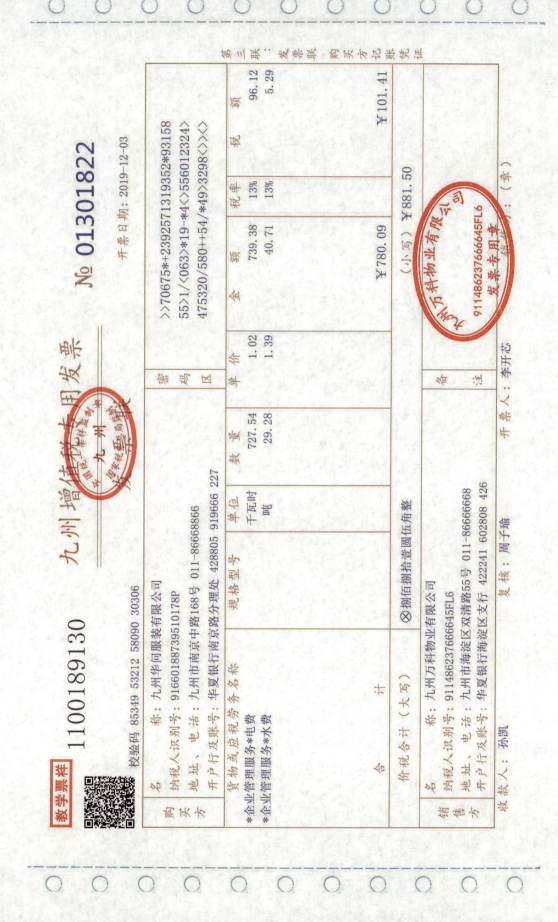

教学票样

1100189130

九州增值税专用发票

抵扣联

№ 01608663

校验码 78949 91212 34490 12146

开票日期：2019-12-03

购买方	名　　称：九州华问服装有限公司 纳税人识别号：91660188739510178P 地 址、电 话：九州市南京中路168号 011-86668866 开户行及账号：华夏银行南京路分理处 428805 919666 227	密码区	>>82675*+2392571319352*89158 55>1/<173>*19-*4<>226012324> 475320/581++54/*49>1123<>><>

货物或应税劳务名称	规格型号	单位	数量	单价	金额	税率	税额
*企业管理服务*电费		千瓦时	273.16	1.02	277.61	13%	36.09
*企业管理服务*水费		吨	17.88	1.39	24.78	13%	3.22
合　　计					￥302.39		￥39.31
价税合计（大写）	⊗叁佰肆拾壹圆柒角整				（小写）￥341.70		

销售方	名　　称：九州盛园物业有限公司 纳税人识别号：9111861259HSP25643 地 址、电 话：九州石景区金顶街225号 011-88722036 开户行及账号：华夏银行南京路分理处 428603 257882 6329	备注	

收款人：徐圆　　复核：赵红　　开票人：王强　　销售方：（章）

第二联：抵扣联 购买方扣税凭证

（印章：全国统一票样监制章 九州 国家税务总局监制）

（印章：九州盛园物业有限公司 9111861259HSP25643 发票专用章）

教学票样

1100189130

九州增值税专用发票

发票联

全国统一发票监制章 九州 国家税务总局监制

№ 01608663

校验码 78949 91212 34490 12146

开票日期：2019-12-03

购买方	名　　称：九州华问服装有限公司 纳税人识别号：91660188739510178P 地 址、电 话：九州市南京中路168号 011-86668866 开户行及账号：华夏银行南京路分理处 428805 919666 227				密码区	>>82675*+2392571319352*89158 55>1/<173>*19-*4<>226012324> 475320/581++54/*49>1123<>><>		
货物或应税劳务名称	规格型号	单位	数量	单价	金额	税率	税额	
*企业管理服务*电费		千瓦时	273.16	1.02	277.61	13%	36.09	
*企业管理服务*水费		吨	17.88	1.39	24.78	13%	3.22	
合　　计					￥302.39		￥39.31	
价税合计（大写）	⊗叁佰肆拾壹圆柒角整				（小写）￥341.70			
销售方	名　　称：九州盛园物业有限公司 纳税人识别号：9111861259HSP25643 地 址、电 话：九州石景区金顶街225号 011-88722036 开户行及账号：华夏银行南京路分理处 428603 257882 6329				备注	九州盛园物业有限公司 9111861259HSP25643 发票专用章		

收款人：徐圆　　复核：赵红　　开票人：王强　　销售方：（章）

第三联：发票联　购买方记账凭证

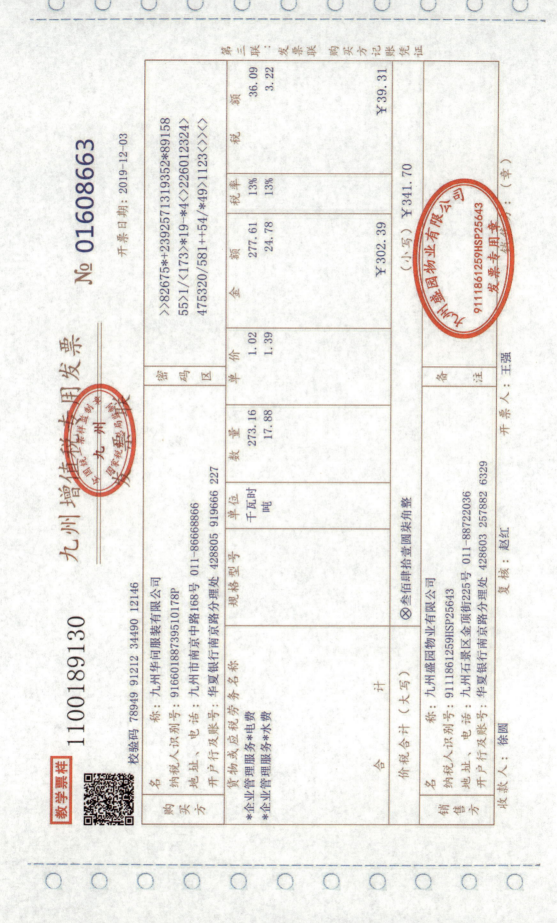

教学票样

1100189130

九州增值税专用发票

抵 扣 联

№ 01820454

校验码 18249 19118 58490 28115

开票日期：2019-12-03

购买方	名　　称：九州华问服装有限公司 纳税人识别号：91660188739510178P 地 址、电 话：九州市南京中路168号 011-86668866 开户行及账号：华夏银行南京路分理处 428805 919666 227	密码区	>>65118*+2392571319352*93158 55>1/<863>*19-*4<>875612324> 475320/580++54/*49>8415<>><>

货物或应税劳务名称	规格型号	单位	数量	单价	金额	税率	税额
*企业管理服务*电费		千瓦时	289.36	1.02	294.07	13%	38.23
*企业管理服务*水费		吨	12.77	1.40	17.70	13%	2.30
合　　计					¥311.77		¥40.53
价税合计（大写）	⊗叁佰伍拾贰圆叁角整				（小写）¥352.30		

销售方	名　　称：天恒瑞海物业有限公司 纳税人识别号：9115554614G2T41386 地 址、电 话：九州市安定区泰园路368号 011-84009152 开户行及账号：华夏银行南京路分理处 428803 148782 5218	备注	天恒瑞海物业有限公司 9115554614G2T41386 发票专用章

收款人：王佳　　复核：李欢　　开票人：赵悦　　销售方：（章）

第二联：抵扣联　购买方扣税凭证

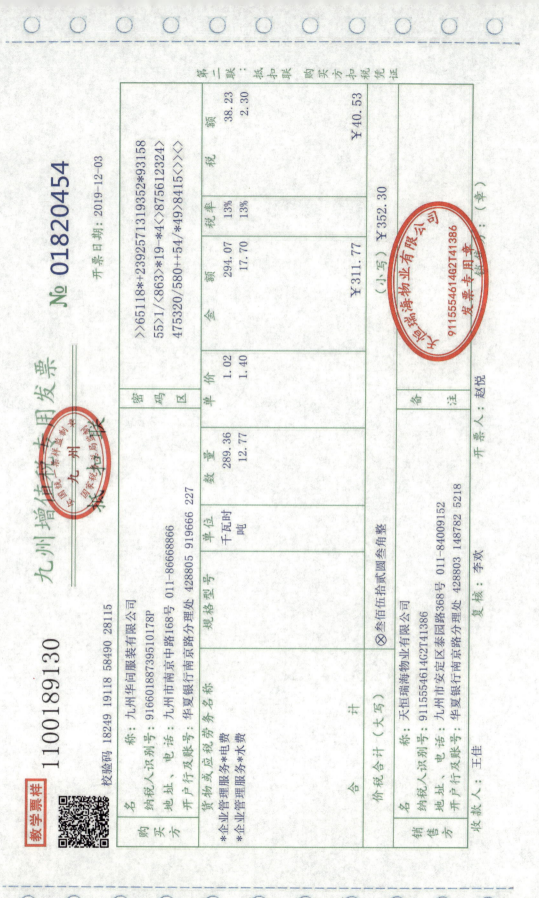

教学票样

1100189130

九州增值税专用发票

发票联

№ 01820454

校验码 18249 19118 58490 28115

开票日期：2019-12-03

购买方	名称：九州华问服装有限公司 纳税人识别号：91660188739510178P 地址、电话：九州市南京中路168号 011-86668866 开户行及账号：华夏银行南京路分理处 428805 919666 227	密码区	>>65118*+2392571319352*93158 55>1/<863>*19-*4<>875612324> 475320/580++54/*49>8415<>><>

货物或应税劳务名称	规格型号	单位	数量	单价	金额	税率	税额
*企业管理服务*电费		千瓦时	289.36	1.02	294.07	13%	38.23
*企业管理服务*水费		吨	12.77	1.40	17.70	13%	2.30
合计					￥311.77		￥40.53
价税合计（大写）	⊗叁佰伍拾贰圆叁角整				（小写）￥352.30		

销售方	名称：天恒瑞海物业有限公司 纳税人识别号：9115554614G2T41386 地址、电话：九州市安定区泰园路368号 011-84009152 开户行及账号：华夏银行南京路分理处 428803 148782 5218	备注	

收款人：王佳　　复核：李欢　　开票人：赵悦　　销售方：（章）

第三联：发票联 购买方记账凭证

教学票样

1100189130

九州增值税专用发票

抵扣联

№ 01301823

校验码 44000 20538 17065 38506

开票日期：2019-12-03

购买方	名　　称：九州华问服装有限公司 纳税人识别号：91660188739510178P 地址、电话：九州市南京中路168号 011-86668866 开户行及账号：华夏银行南京路分理处 428805 919666 227				密码区	>>62675*+4592571219352*92024 55>1/<860>*19-*4<>446012324> 475308/500++04/*49>3-08<>><>	

货物或应税劳务名称	规格型号	单位	数量	单价	金额	税率	税额
*企业管理服务*物业费			1.00	360.38	360.38	6%	21.62
合计					￥360.38		￥21.62
价税合计（大写）	⊗叁佰捌拾贰圆整				（小写）￥382.00		

销售方	名　　称：九州万科物业有限公司 纳税人识别号：911486237666645FL6 地址、电话：九州市海淀区双清路55号 011-86666668 开户行及账号：华夏银行海淀区支行 422241 602808 426	备注	九州万科物业有限公司 911486237666645FL6 发票专用章

收款人：孙凯　　复核：周子瑜　　开票人：李开芯　　销售方：（章）

第二联：抵扣联　购买方扣税凭证

全国统一票样监制章　九州　国家税务总局监制

教学票样

1100189130

九州增值税专用发票

№ 01301823

发票联

开票日期：2019-12-03

校验码 44000 20538 17065 38506

购买方	名称：九州华问服装有限公司 纳税人识别号：91660188739510178P 地址、电话：九州市南京中路168号 011-86668866 开户行及账号：华夏银行南京路分理处 428805 919666 227	密码区	>>62675*+4592571219352*92024 55>1/<860>*19-*4<>446012324> 475308/500++04/*49>3-08<>><>

货物或应税劳务名称	规格型号	单位	数量	单价	金额	税率	税额
*企业管理服务*物业费			1.00	360.38	360.38	6%	21.62
合计					¥360.38		¥21.62
价税合计（大写）	⊗叁佰捌拾贰圆整				（小写）¥382.00		

销售方	名称：九州万科物业有限公司 纳税人识别号：911486237666645FL6 地址、电话：九州市海淀区双清路55号 011-86666668 开户行及账号：华夏银行海淀区支行 422241 602808 426	备注	

收款人：孙凯　　复核：周子瑜　　开票人：李开芯　　销售方：（章）

第三联：发票联 购买方记账凭证

全国统一票样监制章 九州 国家税务总局监制

九州万科物业有限公司 911486237666645FL6 发票专用章

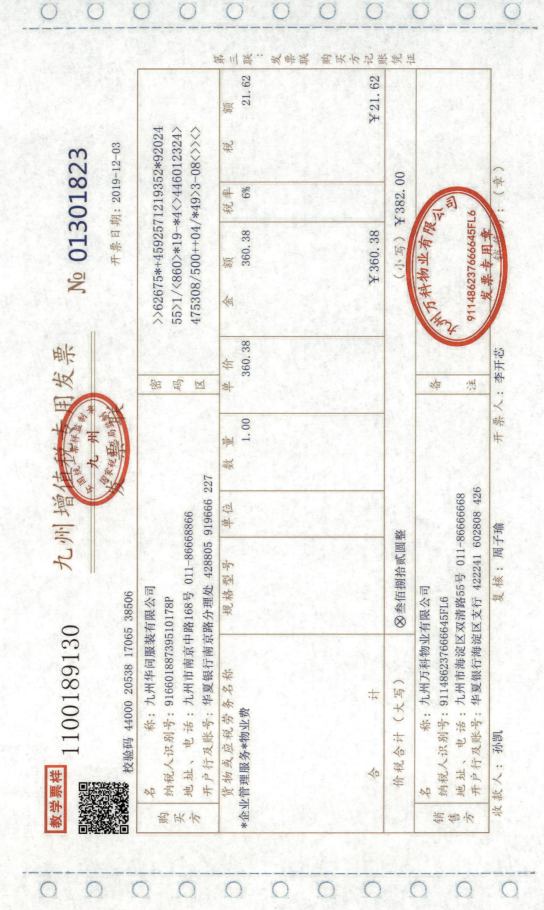

教学票样

1100189130

九州增值税专用发票

№ 01608664

抵扣联

校验码 21209 02539 07960 11292

开票日期：2019-12-03

购买方	名　　称：九州华问服装有限公司 纳税人识别号：91660188739510178P 地址、电话：九州市南京中路168号 011-86668866 开户行及账号：华夏银行南京路分理处 428805 919666 227			密码区	>>33019*+4592578580352*92024 55>1/<060>*19-*4<>446012324> 475308/500++04/*49>1-17<>><>		
货物或应税劳务名称	规格型号	单位	数量	单价	金额	税率	税额
*企业管理服务*物业费			1.00	114.15	114.15	6%	6.85
合　　计					¥114.15		¥6.85
价税合计（大写）	⊗壹佰贰拾壹圆整				（小写）¥121.00		
销售方	名　　称：九州盛园物业有限公司 纳税人识别号：9111861259HSP25643 地址、电话：九州市石景山区金顶街225号 011-88722036 开户行及账号：华夏银行南京路分理处 428603 257882 6329			备注	九州盛园物业有限公司 9111861259HSP25643 发票专用章		

收款人：徐圆　　复核：赵红　　开票人：王强　　销售方：（章）

第二联：抵扣联　购买方扣税凭证

教学票样

1100189130

九州增值税专用发票

全国统一发票监制章 九州 国家税务总局监制

发票联

№ 01608664

校验码 21209 02539 07960 11292

开票日期：2019-12-03

购买方	名　　称：九州华问服装有限公司 纳税人识别号：91660188739510178P 地址、电话：九州市南京中路168号 011-86668866 开户行及账号：华夏银行南京路分理处 428805 919666 227	密码区	>>33019*+4592578580352*92024 55>1/<060>*19-*4<>446012324> 475308/500++04/*49>1-17<>><>

货物或应税劳务名称	规格型号	单位	数量	单价	金额	税率	税额
*企业管理服务*物业费			1.00	114.15	114.15	6%	6.85
合计					￥114.15		￥6.85
价税合计（大写）	⊗壹佰贰拾壹圆整				（小写）￥121.00		

销售方	名　　称：九州盛园物业有限公司 纳税人识别号：9111861259HSP25643 地址、电话：九州市石景山区金顶街225号 011-88722036 开户行及账号：华夏银行南京路分理处 428603 257882 6329	备注	九州盛园物业有限公司 9111861259HSP25643 发票专用章

收款人：徐圆　　复核：赵红　　开票人：王强　　销售方：（章）

第三联：发票联　购买方记账凭证

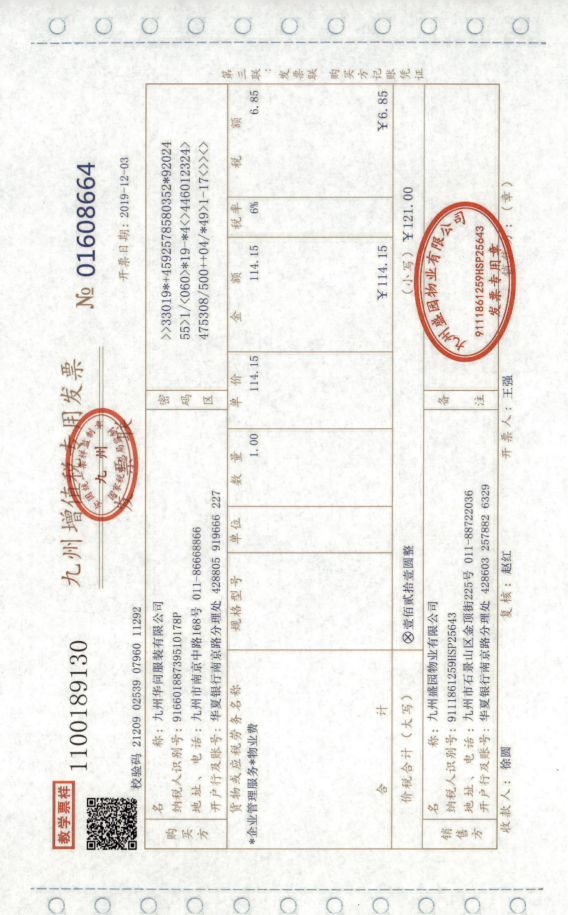

教学票样

1100189130

九州增值税专用发票

抵扣联

№ 01820455

校验码 68231 19539 21966 77594

开票日期：2019-12-03

购买方	名称：九州华问服装有限公司 纳税人识别号：91660188739510178P 地址、电话：九州市南京中路168号 011-86668866 开户行及账号：华夏银行南京路分理处 428805 919666 227	密码区	>>82075*+4592072119352*92024 55>1/<060>*19-*4<>796013412> 475308/010++26/*49>8-11<>><>

货物或应税劳务名称	规格型号	单位	数量	单价	金额	税率	税额
*企业管理服务*物业费			1.00	139.62	139.62	6%	8.38
合计					￥139.62		￥8.38
价税合计（大写）	⊗壹佰肆拾捌圆整				（小写）￥148.00		

销售方	名称：天恒瑞海物业有限公司 纳税人识别号：9115554614G2T41386 地址、电话：九州市安定区泰园路368号 011-84009152 开户行及账号：华夏银行南京路分理处 428803 148782 5218	备注	天恒瑞海物业有限公司 9115554614G2T41386 发票专用章

收款人：王佳　　复核：李欢　　开票人：赵悦　　销售方：（章）

第二联：抵扣联　购买方扣税凭证

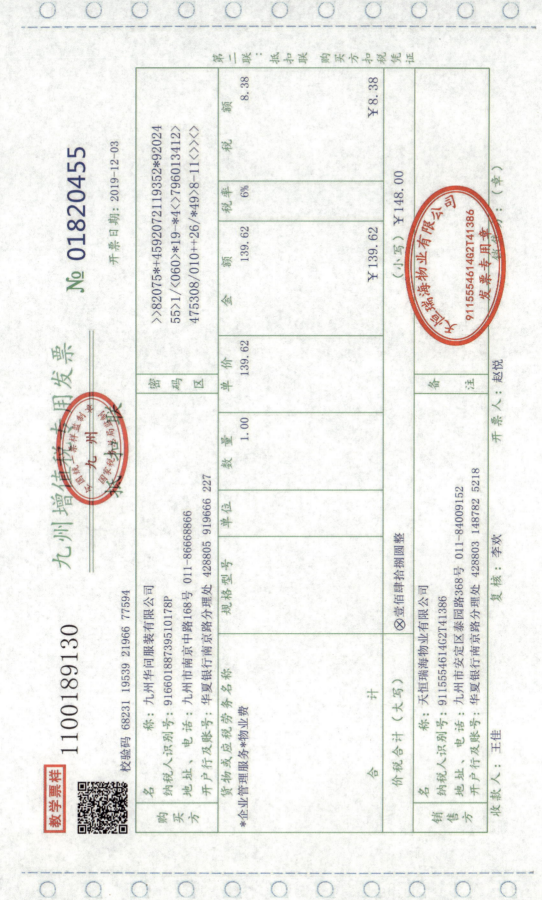

教学票样

1100189130

九州增值税专用发票

发票联

№ 01820455

校验码 68231 19539 21966 77594

开票日期：2019-12-03

购买方	名　　称：九州华问服装有限公司 纳税人识别号：91660188739510178P 地 址 、电 话：九州市南京中路168号 011-86668866 开户行及账号：华夏银行南京路分理处 428805 919666 227	密码区	>>82075*+4592072119352*92024 55>1/<060>*19-*4<>796013412> 475308/010++26/*49>8-11<>><>

货物或应税劳务名称	规格型号	单位	数量	单价	金额	税率	税额
*企业管理服务*物业费			1.00	139.62	139.62	6%	8.38
合　　计					￥139.62		￥8.38
价税合计（大写）	⊗壹佰肆拾捌圆整				（小写）￥148.00		

销售方	名　　称：天恒瑞海物业有限公司 纳税人识别号：9115554614G2T41386 地 址 、电 话：九州市安定区泰园路368号 011-84009152 开户行及账号：华夏银行南京路分理处 428803 148782 5218	备注	天恒瑞海物业有限公司 9115554614G2T41386 发票专用章

收款人：王佳　　复核：李欢　　开票人：赵悦　　销售方：（章）

第三联：发票联　购买方记账凭证

教学票样

1100187130

九州增值税专用发票

抵扣联

№ 00524251

校验码 12345 19539 85266 18756

开票日期：2019-12-04

购买方	名称：九州华问服装有限公司 纳税人识别号：91660188739510178P 地址、电话：九州市南京中路168号 011-86668866 开户行及账号：华夏银行南京路分理处 428805 919666 227			密码区	>>88075*+4592072114256*92024 55>1/<011>*19-*4<>856013412> 475308/010++26/*49>6-23<>><>		
货物或应税劳务名称	规格型号	单位	数量	单价	金额	税率	税额
*运输服务*运费			1.00	1,557.80	1,557.80	9%	140.20
合计					￥1,557.80		￥140.20
价税合计（大写）	⊗壹仟陆佰玖拾捌圆整				（小写）￥1,698.00		
销售方	名称：德邦物流有限公司 纳税人识别号：9136050059785486VB 地址、电话：九州市朝阳区嘉言路804号 011-86107420 开户行及账号：华夏银行朝阳支行 427305 919323 458			备注			

收款人：钱艳玲　　复核：曾倩　　开票人：王坤　　销售方：（章）

第二联：抵扣联 购买方扣税凭证

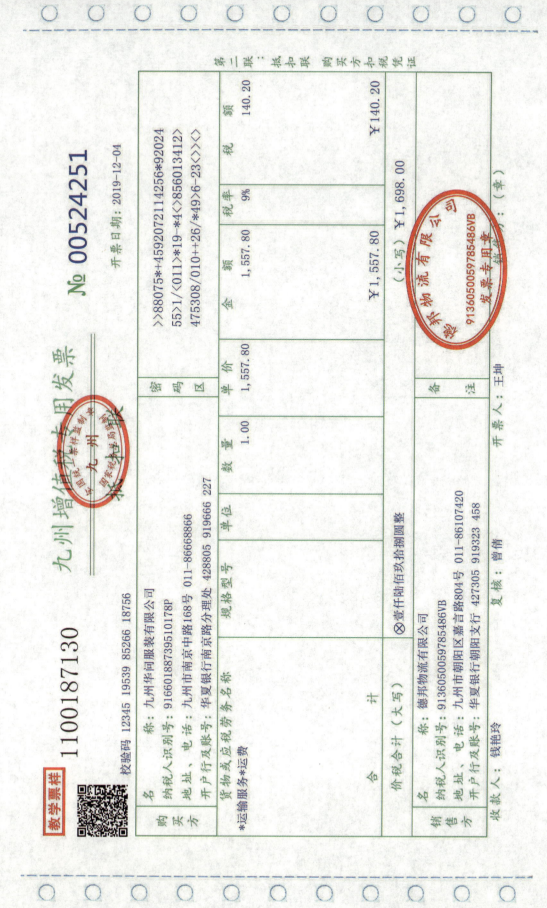

教学票样

1100187130

九州增值税专用发票

发票联

№ 00524251

校验码 12345 19539 85266 18756

开票日期：2019-12-04

购买方	名　　称：九州华问服装有限公司 纳税人识别号：91660188739510178P 地址、电话：九州市南京中路168号 011-86668866 开户行及账号：华夏银行南京路分理处 428805 919666 227	密码区	>>88075*+4592072114256*92024 55>1/<011>*19-*4<>856013412> 475308/010++26/*49>6-23<>><>

货物或应税劳务名称	规格型号	单位	数量	单价	金额	税率	税额
*运输服务*运费			1.00	1,557.80	1,557.80	9%	140.20
合计					¥1,557.80		¥140.20
价税合计（大写）	⊗壹仟陆佰玖拾捌圆整				（小写）¥1,698.00		

销售方	名　　称：德邦物流有限公司 纳税人识别号：9136050059785486VB 地址、电话：九州市朝阳区嘉言路804号 011-86107420 开户行及账号：华夏银行朝阳支行 427305 919323 458	备注	德邦物流有限公司 9136050059785486VB 发票专用章

收款人：钱艳玲　　复核：曾倩　　开票人：王坤　　销售方：（章）

第三联：发票联　购买方记账凭证

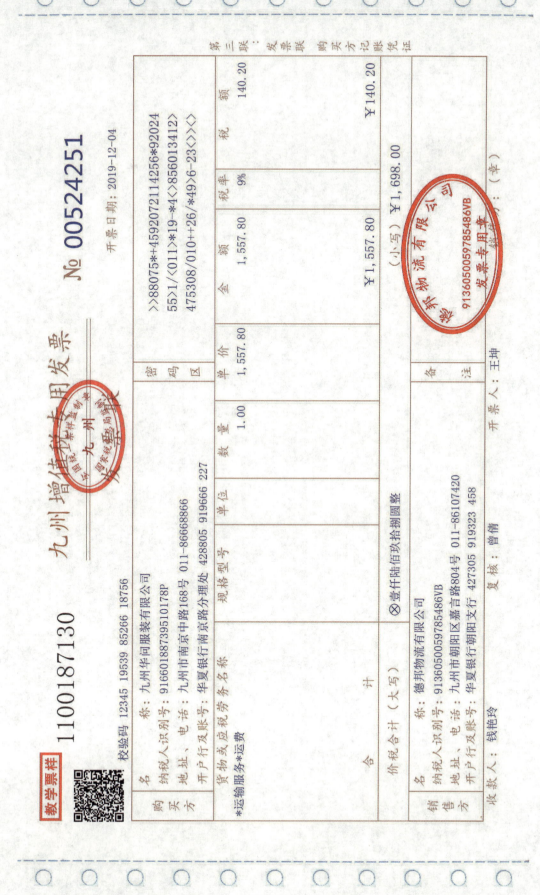

教学票样

4400187130

广东增值税专用发票

抵扣联

№ 02152118

校验码 43478 23151 65718 21379

开票日期：2019-12-05

购买方	名　　称：九州华问服装有限公司 纳税人识别号：91660188739510178P 地 址、电 话：九州市南京中路168号 011-86668866 开户行及账号：华夏银行南京路分理处 428805 919666 227	密码区	>>21379*+2392576669352*92024 55>1/<863>*19-*4<>446011324> 475310/521++54/*49>2118<>><>

货物或应税劳务名称	规格型号	单位	数量	单价	金额	税率	税额
（详见销货清单）					50,976.00	13%	6,626.88
合　　计					¥50,976.00		¥6,626.88
价税合计（大写）	⊗伍万柒仟陆佰零贰圆捌角捌分				（小写）¥57,602.88		

销售方	名　　称：广东天语服装有限公司 纳税人识别号：9110843449511065PV 地 址、电 话：广东省中山市大马站商业中心2层 0760-28888888 开户行及账号：华夏银行中山分行 106302 189153 572	备注	

收款人：黄韵玲　　复核：江直树　　开票人：唐芯　　销售方：（章）

第二联：抵扣联 购买方扣税凭证

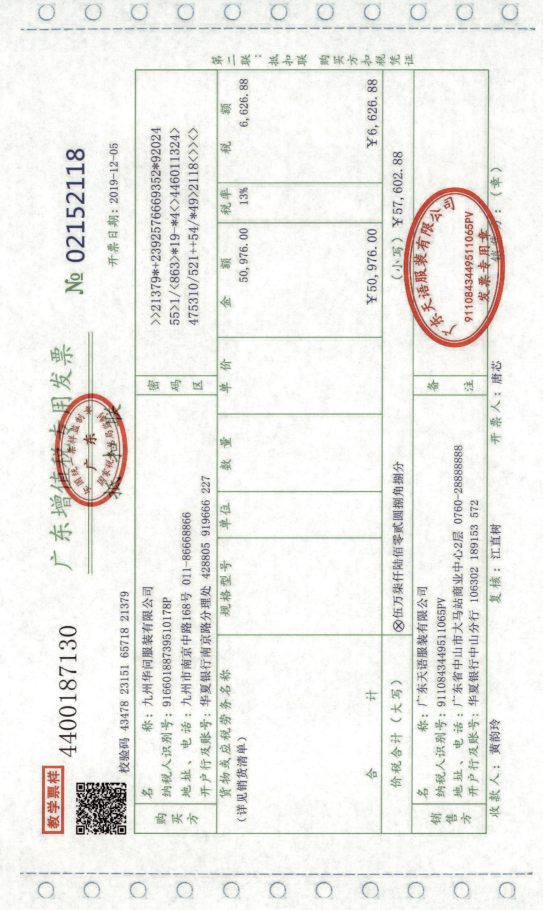

教学票样

4400187130

广东增值税专用发票

发票联

全国统一票样监制章 广东 国家税务总局监制

№ 02152118

校验码 43478 23151 65718 21379

开票日期：2019-12-05

购买方	名　　称：九州华问服装有限公司 纳税人识别号：91660188739510178P 地 址 、 电 话：九州市南京中路168号 011-86668866 开户行及账号：华夏银行南京路分理处 428805 919666 227	密码区	>>21379*+2392576669352*92024 55>1/<863>*19-*4<>446011324> 475310/521++54/*49>2118<>><>

货物或应税劳务名称	规格型号	单位	数量	单价	金额	税率	税额
（详见销货清单）					50,976.00	13%	6,626.88
合　　计					￥50,976.00		￥6,626.88

价税合计（大写）　⊗伍万柒仟陆佰零贰圆捌角捌分　　（小写）￥57,602.88

销售方	名　　称：广东天语服装有限公司 纳税人识别号：9110843449511065PV 地 址 、 电 话：广东省中山市大马站商业中心2层 0760-28888888 开户行及账号：华夏银行中山分行 106302 189153 572	备注	广东天语服装有限公司 9110843449511065PV 发票专用章

收款人：黄韵玲　　复核：江直树　　开票人：唐芯　　销售方：（章）

第三联：发票联 购买方记账凭证

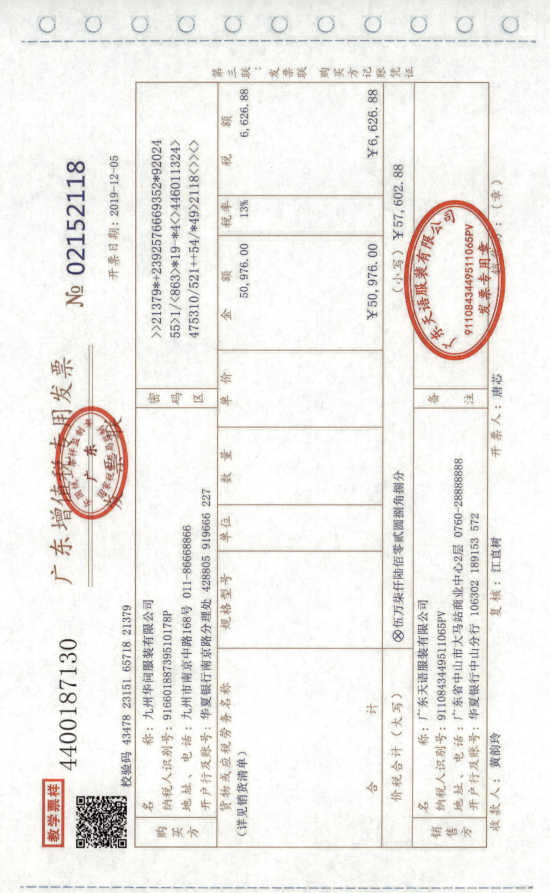

教学票样

1100186130

九州增值税专用发票

抵扣联

№ 06620126

开票日期：2019-12-05

校验码 85349 53212 58490 30346

购买方	名称：九州华问服装有限公司 纳税人识别号：91660188739510178P 地址、电话：九州市南京中路168号 011-86668866 开户行及账号：华夏银行南京路分理处 428805 919666 227	密码区	>>70675*+2392571319352*93158 55>1/<863>*19-*4<>556012324> 475320/581++54/*49>3298<>><>

货物或应税劳务名称	规格型号	单位	数量	单价	金额	税率	税额
*文具*蓝宝石 热敏收银纸	80*50	卷	35.00	3.92	137.30	13%	17.85
*文具*金旗舰 复印纸	A4 70G	包	10.00	25.63	256.33	13%	33.32
*文具*齐心 多功能转头型订书机	B3828	个	8.00	10.65	85.21	13%	11.08
*文具*晨光 中性笔K-35	1	盒	6.00	21.11	126.63	13%	16.46
*文具*得力 彩色长尾票夹8553	32mm(24只/筒)	筒	7.00	8.83	61.84	13%	8.04
*文具*齐心 A4 15mm背宽单强力夹	AB151A/P	箱	4.00	93.48	373.91	13%	48.61
*文具*树德 清新资料册S20AD	20页	个	1.00	7.45	7.45	13%	0.97
合计					￥1,048.67		￥136.33
价税合计（大写）	⊗壹仟壹佰捌拾伍圆整				（小写）￥1,185.00		

销售方	名称：晨曦办公用品有限公司 纳税人识别号：9115646SML14615346 地址、电话：九州市天河区体育路148号 011-88878120 开户行及账号：工商银行天河支行 600466 684182 220	备注	

收款人：陈悦　　复核：魏晨　　开票人：张建　　销售方：（章）

第二联：抵扣联　购买方扣税凭证

教学票样

1100186130

九州增值税专用发票

发票联

№ 06620126

校验码 85349 53212 58490 30346

开票日期：2019-12-05

购买方	名　　称：九州华问服装有限公司 纳税人识别号：91660188739510178P 地址、电话：九州市南京中路168号 011-86668866 开户行及账号：华夏银行南京路分理处 428805 919666 227	密码区	>>70675*+2392571319352*93158 55>1/<863>*19-*4<>556012324> 475320/581++54/*49>3298<>><>

货物或应税劳务名称	规格型号	单位	数量	单价	金额	税率	税额
*文具*蓝宝石 热敏收银纸	80*50	卷	35.00	3.92	137.30	13%	17.85
*文具*金旗舰 复印纸	A4 70G	包	10.00	25.63	256.33	13%	33.32
*文具*齐心 多功能转头型订书机	B3828	个	8.00	10.65	85.21	13%	11.08
*文具*晨光 中性笔K-35	1	盒	6.00	21.11	126.63	13%	16.46
*文具*得力 彩色长尾票夹8553	32mm(24只/筒)	筒	7.00	8.83	61.84	13%	8.04
*文具*齐心 A4 15mm背宽单强力夹	AB151A/P	箱	4.00	93.48	373.91	13%	48.61
*文具*树德 清新资料册S20AD	20页	个	1.00	7.45	7.45	13%	0.97
合　　计					¥1,048.67		¥136.33
价税合计（大写）	⊗壹仟壹佰捌拾伍圆整				（小写）¥1,185.00		

销售方	名　　称：晨曦办公用品有限公司 纳税人识别号：9115646SML14615346 地址、电话：九州市天河区体育路148号 011-88878120 开户行及账号：工商银行天河支行 600466 684182 220	备注	

收款人：陈悦　　复核：魏晨　　开票人：张建　　销售方：（章）

第三联：发票联 购买方记账凭证

现金付讫

晨曦办公用品有限公司 9115646SML14615346 发票专用章

全国统一发票监制章 九州 国家税务总局监制

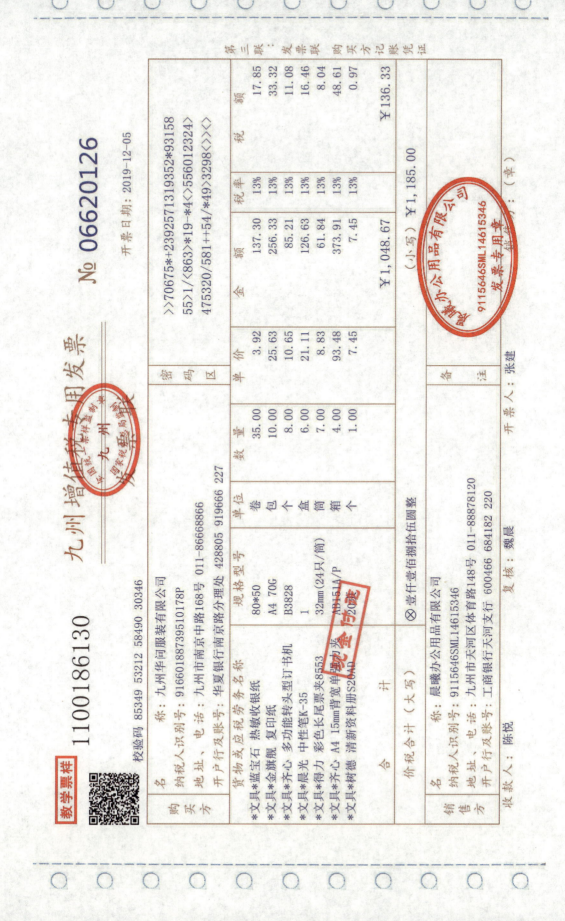

教学票样

1100189130　　**九州增值税专用发票**　　№ 01140785

抵扣联

校验码 48300 56054 30690 63068　　开票日期：2019-12-06

购买方	名　　称：九州华问服装有限公司 纳税人识别号：91660188739510178P 地 址 、电 话：九州市南京中路168号 011-86668866 开户行及账号：华夏银行南京路分理处 428805 919666 227	密码区	>>28905*+3181572388252*84246 97>1/<863>*19-*4<>131412324> 238179/753++13/*49>3018<>><>

货物或应税劳务名称	规格型号	单位	数量	单价	金额	税率	税额
*电信服务*电话费			1.00	733.94	733.94	9%	66.06
合　　计					￥733.94		￥66.06
价税合计（大写）	⊗捌佰圆整				（小写）￥800.00		

销售方	名　　称：中国电信股份有限公司九州分公司 纳税人识别号：93601106687875689S 地 址 、电 话：九州市孺子路112号 011-87565588 开户行及账号：中国银行铁路支行 360112 322181 039	备注	中国电信股份有限公司九州分公司 93601106687875689S 发票专用章

收款人：李治德　　复核：潘霜　　开票人：熊树琴　　销售方：（章）

第二联：抵扣联　购买方扣税凭证

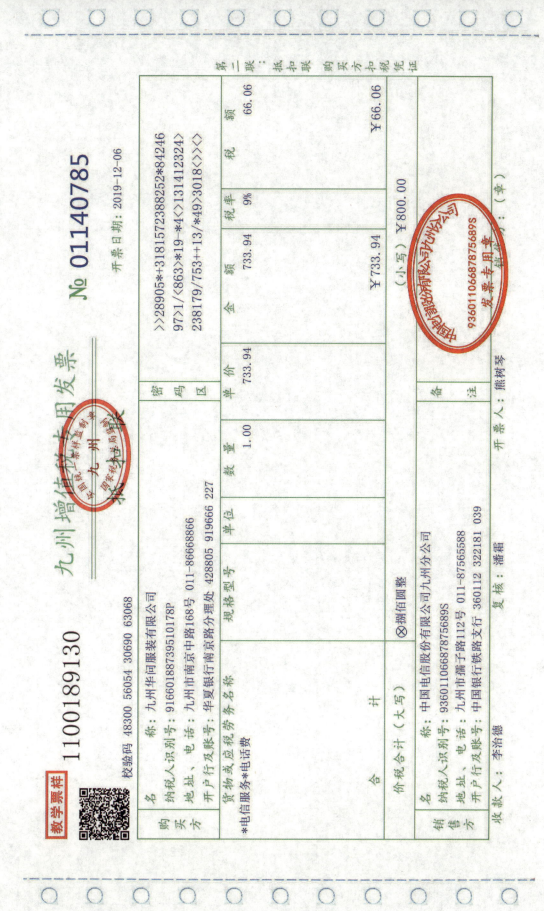

教学票样

1100189130

九州增值税专用发票

发票联

№ 01140785

校验码 48300 56054 30690 63068

开票日期：2019-12-06

购买方	名　　称：九州华问服装有限公司 纳税人识别号：91660188739510178P 地址、电话：九州市南京中路168号 011-86668866 开户行及账号：华夏银行南京路分理处 428805 919666 227	密码区	>>28905*+3181572388252*84246 97>1/<863>*19-*4<>131412324> 238179/753++13/*49>3018<>><>

货物或应税劳务名称	规格型号	单位	数量	单价	金额	税率	税额
*电信服务*电话费			1.00	733.94	733.94	9%	66.06
合　　计					￥733.94		￥66.06
价税合计（大写）	⊗捌佰圆整				（小写）￥800.00		

销售方	名　　称：中国电信股份有限公司九州分公司 纳税人识别号：93601106687875689S 地址、电话：九州市孺子路112号 011-87565588 开户行及账号：中国银行铁路支行 360112 322181 039	备注	

收款人：李治德　　复核：潘霜　　开票人：熊树琴　　销售方：（章）

第三联：发票联　购买方记账凭证

现金付讫

全国统一票样监制章 九州 国家税务总局监制

中国电信股份有限公司九州分公司 93601106687875689S 发票专用章

教学票样

1100188130

九州增值税专用发票

抵扣联

№ 04201864

校验码 95578 15368 35987 55962

开票日期：2019-12-08

购买方	名　　称：九州华问服装有限公司 纳税人识别号：91660188739510178P 地 址、电 话：九州市南京中路168号 011-86668866 开户行及账号：华夏银行南京路分理处 428805 919666 227			密码区	>>15064*+2072571317441*93148 76>1/<863>*19-*4<>614623636> 686231/731++82/*49>3296<>><>		
货物或应税劳务名称	规格型号	单位	数量	单价	金额	税率	税额
*生活服务*员工培训费			1.00	943.40	943.40	6%	56.60
合　计					￥943.40		￥56.60
价税合计（大写）	⊗壹仟圆整				（小写）￥1,000.00		
销售方	名　　称：美龄教育集团有限公司 纳税人识别号：9894632185946286PV 地 址、电 话：九州市南山路772号 011-83987654 开户行及账号：华夏银行南京路分理处 329846 263451 038			备注			

收款人：李丽　　复核：黄慧　　开票人：李敏　　销售方：（章）

第二联：抵扣联 购买方扣税凭证

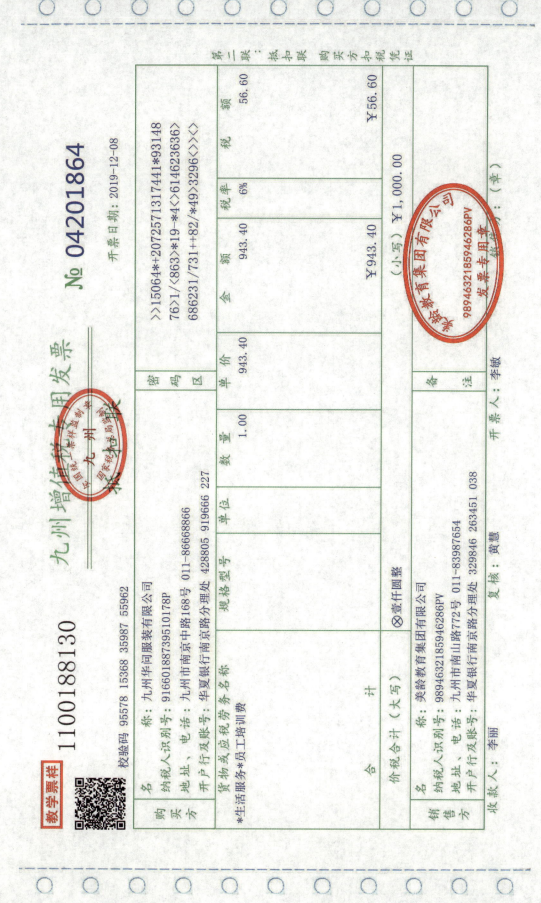

教学票样

1100188130

九州增值税专用发票

全国统一票样监制章 九州 国家税务总局监制

发票联

№ 04201864

校验码 95578 15368 35987 55962

开票日期：2019-12-08

购买方	名　　　称：九州华问服装有限公司 纳税人识别号：91660188739510178P 地 址 、电 话：九州市南京中路168号 011-86668866 开户行及账号：华夏银行南京路分理处 428805 919666 227	密码区	>>15064*+2072571317441*93148 76>1/<863>*19-*4<>614623636> 686231/731++82/*49>3296<>><>

货物或应税劳务名称	规格型号	单位	数量	单价	金额	税率	税额
*生活服务*员工培训费			1.00	943.40	943.40	6%	56.60
合　　计					￥943.40		￥56.60
价税合计（大写）	⊗壹仟圆整				（小写）￥1,000.00		

现金付讫

销售方	名　　　称：美龄教育集团有限公司 纳税人识别号：9894632185946286PV 地 址 、电 话：九州市南山路772号 011-83987654 开户行及账号：华夏银行南京路分理处 329846 263451 038	备注	美龄教育集团有限公司 9894632185946286PV 发票专用章

收款人：李丽　　复核：黄慧　　开票人：李敏　　销售方：（章）

第三联：发票联　购买方记账凭证

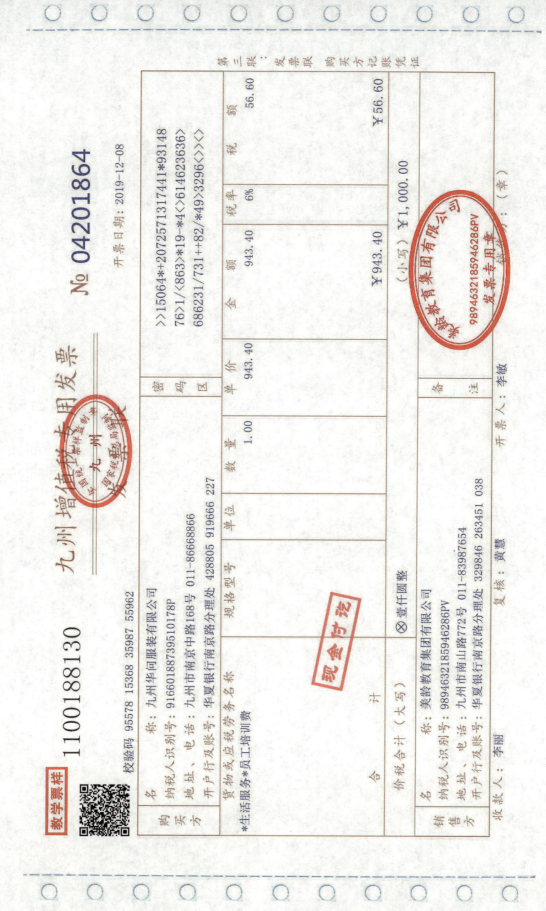

教学票样

1100187130

九州增值税专用发票

抵扣联

№ 01602051

开票日期：2019-12-09

校验码 98310 56054 30690 63051

购买方	名　　称：九州华问服装有限公司 纳税人识别号：91660188739510178P 地址、电话：九州市南京中路168号 011-86668866 开户行及账号：华夏银行南京路分理处 428805 919666 227	密码区	>>28005*+3181572388252*84246 97>1/<863>*19-*4<>131412324> 238179/753++13/*49>3018<>><>

货物或应税劳务名称	规格型号	单位	数量	单价	金额	税率	税额
*石油制品*加油费			1.00	1,769.91	1,769.91	13%	230.09
合计					￥1,769.91		￥230.09
价税合计（大写）	⊗贰仟圆整				（小写）￥2,000.00		

销售方	名　　称：九州市中油石油有限公司 纳税人识别号：912484394613KMP128 地址、电话：九州市南京路11号 011-82626226 开户行及账号：中国银行南京路支行 360112 322181 039	备注	九州市中油石油有限公司 912484394613KMP128 发票专用章

收款人：李治延　　复核：潘月　　开票人：熊琴　　销售方：（章）

第二联：抵扣联　购买方扣税凭证

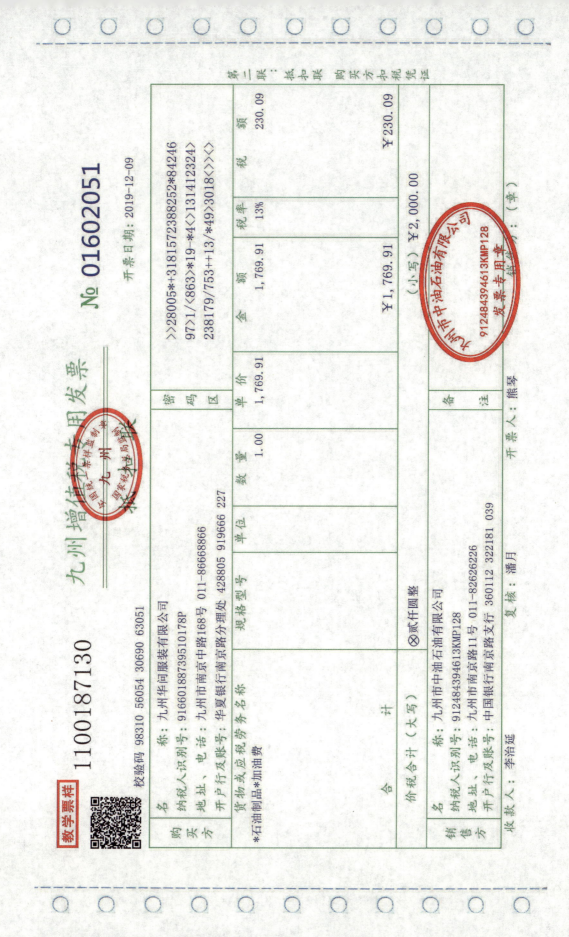

教学票样

1100187130

九州增值税专用发票

全国统一票样监制章 九州 国家税务总局监制

发票联

№ 01602051

校验码 98310 56054 30690 63051

开票日期：2019-12-09

购买方	名　　称：九州华问服装有限公司 纳税人识别号：91660188739510178P 地址、电话：九州市南京中路168号 011-86668866 开户行及账号：华夏银行南京路分理处 428805 919666 227	密码区	>>28005*+3181572388252*84246 97>1/<863>*19-*4<>131412324> 238179/753++13/*49>3018<>><>

货物或应税劳务名称	规格型号	单位	数量	单价	金额	税率	税额
*石油制品*加油费			1.00	1,769.91	1,769.91	13%	230.09
合　计					￥1,769.91		￥230.09
价税合计（大写）	⊗贰仟圆整				（小写）￥2,000.00		

销售方	名　　称：九州市中油石油有限公司 纳税人识别号：912484394613KMP128 地址、电话：九州市南京路11号 011-82626226 开户行及账号：中国银行南京路支行 360112 322181 039	备注	九州市中油石油有限公司 912484394613KMP128 发票专用章

现金付讫

收款人：李治延　　复核：潘月　　开票人：熊琴　　销售方：（章）

第三联：发票联　购买方记账凭证

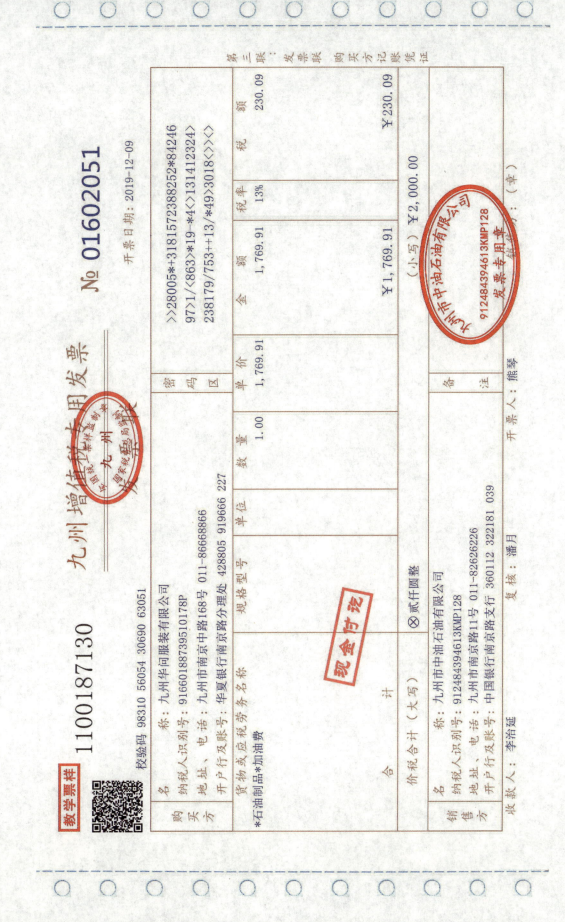

教学票样

1100187130

九州增值税专用发票

抵扣联

№ 00524269

校验码 88345 19592 85266 18711

开票日期：2019-12-10

购买方	名　　称：九州华问服装有限公司 纳税人识别号：91660188739510178P 地 址、电 话：九州市南京中路168号 011-86668866 开户行及账号：华夏银行南京路分理处 428805 919666 227				密码区	>>86075*+4592072875256*92024 55>1/<020>*19-*4<>956013412> 475308/010++26/*49>7-18<>><>	
货物或应税劳务名称	规格型号	单位	数量	单价	金额	税率	税额
*运输服务*运费			1.00	1,155.96	1,155.96	9%	104.04
合　计					￥1,155.96		￥104.04
价税合计（大写）	⊗壹仟贰佰陆拾圆整				（小写）￥1,260.00		
销售方	名　　称：德邦物流有限公司 纳税人识别号：9136050059785486VB 地 址、电 话：九州市朝阳区嘉言路804号 011-86107420 开户行及账号：华夏银行朝阳支行 427305 919323 458				备注		

收款人：钱艳玲　　复核：曾倩　　开票人：王坤　　销售方：（章）

第二联：抵扣联　购买方扣税凭证

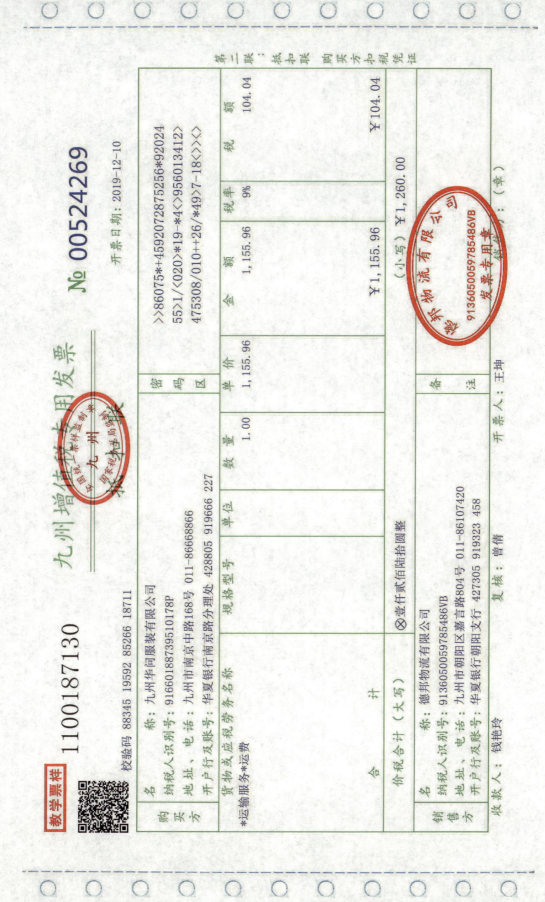

教学票样

1100187130

九州增值税专用发票

发 票 联

全国统一票样监制章 九州 国家税务总局监制

№ 00524269

开票日期：2019-12-10

校验码 88345 19592 85266 18711

购买方	名　　称：九州华问服装有限公司 纳税人识别号：91660188739510178P 地 址 、 电 话：九州市南京中路168号 011-86668866 开户行及账号：华夏银行南京路分理处 428805 919666 227				密码区	>>86075*+4592072875256*92024 55>1/<020>*19-*4<>956013412> 475308/010++26/*49>7-18<>><>	
货物或应税劳务名称	规格型号	单位	数 量	单 价	金 额	税率	税 额
*运输服务*运费			1.00	1,155.96	1,155.96	9%	104.04
合　　计					￥1,155.96		￥104.04
价税合计（大写）	⊗壹仟贰佰陆拾圆整				（小写）￥1,260.00		
销售方	名　　称：德邦物流有限公司 纳税人识别号：9136050059785486VB 地 址 、 电 话：九州市朝阳区嘉言路804号 011-86107420 开户行及账号：华夏银行朝阳支行 427305 919323 458				备注	德邦物流有限公司 9136050059785486VB 发票专用章	

收款人：钱艳玲　　复核：曾倩　　开票人：王坤　　销售方：（章）

第三联：发票联　购买方记账凭证

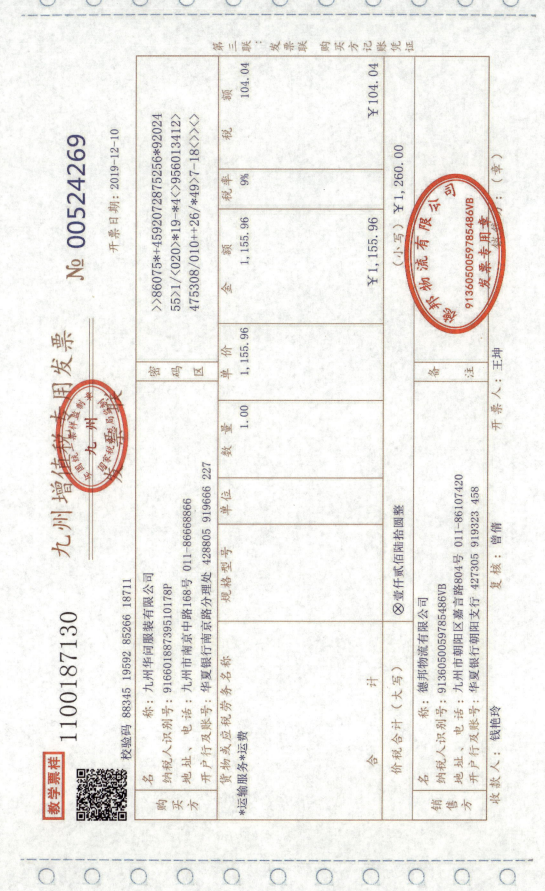

教学票样

1100187130

九州增值税专用发票

全国统一票样监制章 九州 国家税务总局监制

抵扣联

№ 00524281

校验码 66345 19882 32266 56781

开票日期：2019-12-14

购买方	名　　称：九州华问服装有限公司 纳税人识别号：91660188739510178P 地址、电话：九州市南京中路168号 011-86668866 开户行及账号：华夏银行南京路分理处 428805 919666 227	密码区	>>77075*+2392072875718*92024 55>1/<020>*19-*4<>566013224> 475308/010++26/*49>8-79<>><>

货物或应税劳务名称	规格型号	单位	数量	单价	金额	税率	税额
*运输服务*运费			1.00	1,211.01	1,211.01	9%	108.99
合　　计					￥1,211.01		￥108.99
价税合计（大写）	⊗壹仟叁佰贰拾圆整				（小写）￥1,320.00		

销售方	名　　称：德邦物流有限公司 纳税人识别号：913605005978548 6VB 地址、电话：九州市朝阳区嘉言路804号 011-86107420 开户行及账号：华夏银行朝阳支行 427305 919323 458	备注	德邦物流有限公司 9136050059785486VB 发票专用章

收款人：钱艳玲　　复核：曾倩　　开票人：王坤　　销售方：（章）

第二联：抵扣联 购买方扣税凭证

教学票样

1100187130

九州增值税专用发票

（全国统一票样监制章 九州 国家税务总局监制）

发票联

№ 00524281

开票日期：2019-12-14

校验码 66345 19882 32266 56781

购买方	名　　称：九州华问服装有限公司 纳税人识别号：91660188739510178P 地 址 、电 话：九州市南京中路168号 011-86668866 开户行及账号：华夏银行南京路分理处 428805 919666 227	密码区	>>77075*+2392072875718*92024 55>1/<020>*19-*4<>566013224> 475308/010++26/*49>8-79<>><>

货物或应税劳务名称	规格型号	单位	数量	单价	金额	税率	税额
*运输服务*运费			1.00	1,211.01	1,211.01	9%	108.99
合计					￥1,211.01		￥108.99
价税合计（大写）	⊗壹仟叁佰贰拾圆整				（小写）￥1,320.00		

销售方	名　　称：德邦物流有限公司 纳税人识别号：9136050059785486VB 地 址 、电 话：九州市朝阳区嘉言路804号 011-86107420 开户行及账号：华夏银行朝阳支行 427305 919323 458	备注	

（德邦物流有限公司 9136050059785486VB 发票专用章）

收款人：钱艳玲　　复核：曾倩　　开票人：王坤　　销售方：（章）

第三联：发票联 购买方记账凭证

教学票样

1100187130

九州增值税专用发票

抵扣联

（全国统一票样监制章 九州 国家税务总局监制）

№ 00524297

校验码 23345 81332 32266 81781

开票日期：2019-12-19

购买方	名称：九州华问服装有限公司 纳税人识别号：91660188739510178P 地址、电话：九州市南京中路168号 011-86668866 开户行及账号：华夏银行南京路分理处 428805 919666 227			密码区	>>88075*+2392071135718*92024 55>1/<020>*19-*4<>578013554> 475308/010++26/*49>6-81<>><>		
货物或应税劳务名称	规格型号	单位	数量	单价	金额	税率	税额
*运输服务*运费			1.00	1,186.24	1,186.24	9%	106.76
合计					¥1,186.24		¥106.76
价税合计（大写）	⊗壹仟贰佰玖拾叁圆整				（小写）¥1,293.00		
销售方	名称：德邦物流有限公司 纳税人识别号：9136050059785486VB 地址、电话：九州市朝阳区嘉言路804号 011-86107420 开户行及账号：华夏银行朝阳支行 427305 919323 458			备注	（德邦物流有限公司 9136050059785486VB 发票专用章）		

收款人：钱艳玲　　复核：曾倩　　开票人：王坤　　销售方：（章）

第二联：抵扣联 购买方扣税凭证

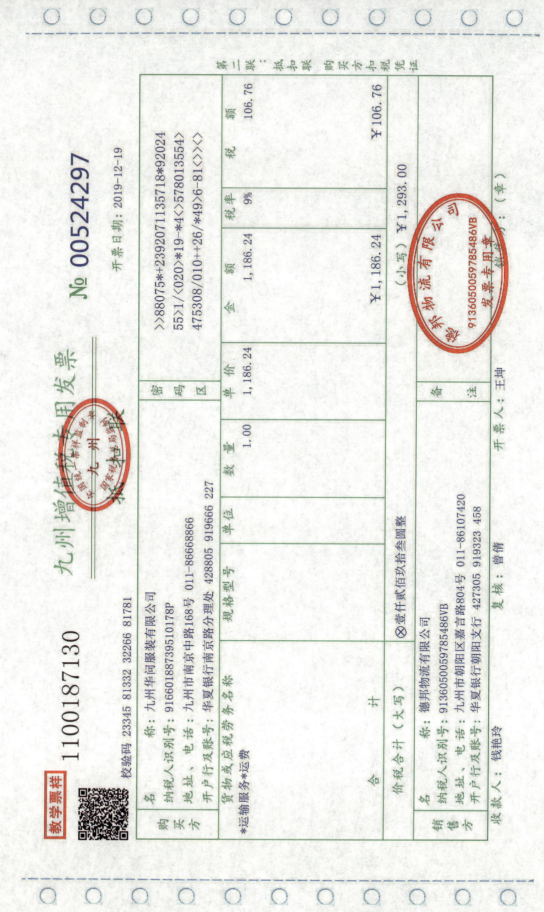

教学票样

1100187130

九州增值税专用发票

发票联

№ 00524297

校验码 23345 81332 32266 81781

开票日期：2019-12-19

购买方	名　　称：九州华问服装有限公司 纳税人识别号：91660188739510178P 地 址 、电 话：九州市南京中路168号 011-86668866 开户行及账号：华夏银行南京路分理处 428805 919666 227	密码区	>>88075*+2392071135718*92024 55>1/<020>*19-*4<>578013554> 475308/010++26/*49>6-81<>><>

货物或应税劳务名称	规格型号	单位	数量	单价	金额	税率	税额
*运输服务*运费			1.00	1,186.24	1,186.24	9%	106.76
合　　计					￥1,186.24		￥106.76
价税合计（大写）	⊗壹仟贰佰玖拾叁圆整				（小写）￥1,293.00		

销售方	名　　称：德邦物流有限公司 纳税人识别号：9136050059785486VB 地 址 、电 话：九州市朝阳区嘉言路804号 011-86107420 开户行及账号：华夏银行朝阳支行 427305 919323 458	备注	德邦物流有限公司 9136050059785486VB 发票专用章

收款人：钱艳玲　　复核：曾倩　　开票人：王坤　　销售方：（章）

第三联：发票联　购买方记账凭证

全国统一票样监制章 九州 国家税务总局监制

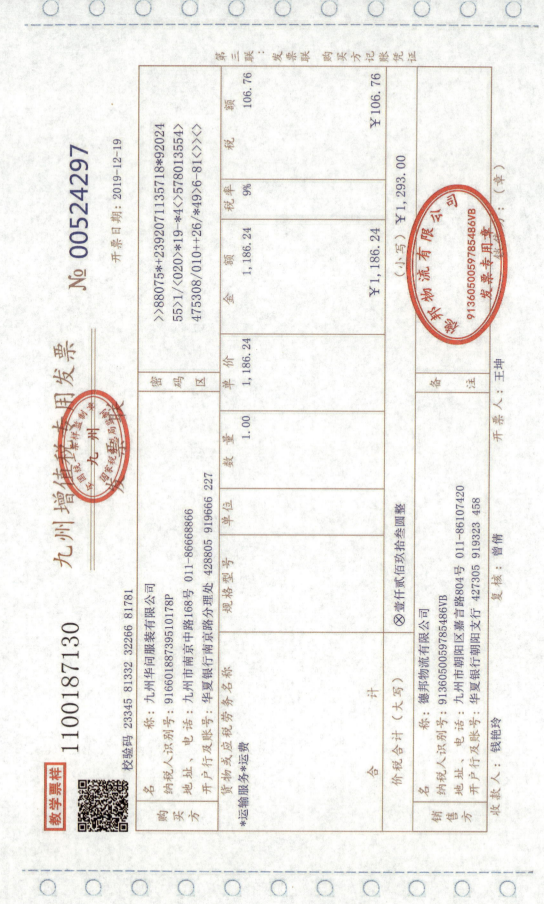

教学票样

1100187130

九州增值税专用发票

抵扣联

№ 00524312

校验码 52145 14152 32789 25718

开票日期：2019-12-24

购买方	名　　称：九州华问服装有限公司 纳税人识别号：91660188739510178P 地 址 、 电 话：九州市南京中路168号 011-86668866 开户行及账号：华夏银行南京路分理处 428805 919666 227	密码区	>>66175*+1892071135718*92024 55>1/<131>*19-*<>548013554>4 75308/010++26/*49>2-11<>><>

货物或应税劳务名称	规格型号	单位	数量	单价	金额	税率	税额
*运输服务*运费			1.00	1,996.33	1,996.33	9%	179.67
合　　计					￥1,996.33		￥179.67
价税合计（大写）	⊗贰仟壹佰柒拾陆圆整				（小写）￥2,176.00		

销售方	名　　称：德邦物流有限公司 纳税人识别号：9136050059785486VB 地 址 、 电 话：九州市朝阳区嘉言路804号 011-86107420 开户行及账号：华夏银行朝阳支行 427305 919323 458	备注	

收款人：钱艳玲　　复核：曾倩　　开票人：王坤　　销售方：（章）

第二联：抵扣联　购买方扣税凭证

全国统一票样监制章 九州 国家税务总局监制

德邦物流有限公司 9136050059785486VB 发票专用章

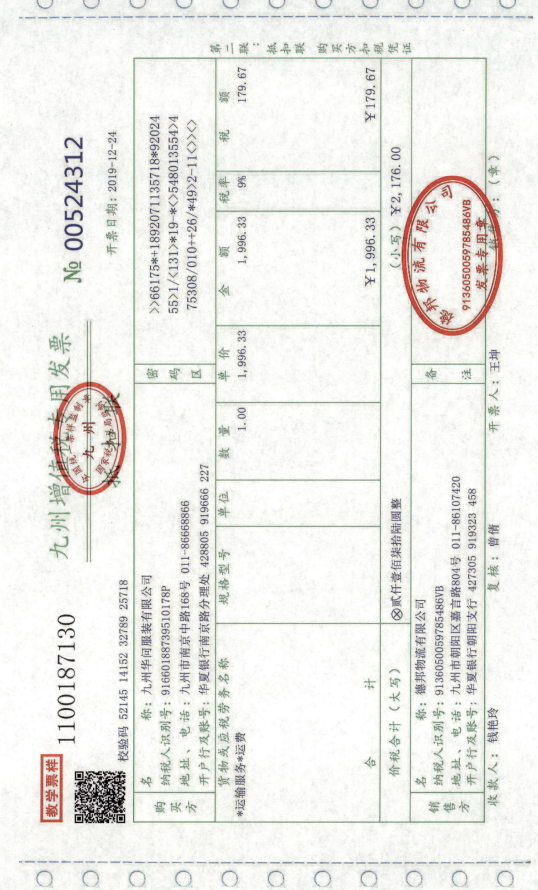

教学票样

1100187130

九州增值税专用发票

全国统一发票监制章 九州 国家税务总局监制

发票联

№ 00524312

开票日期：2019-12-24

校验码 52145 14152 32789 25718

购买方	名　　称：九州华问服装有限公司 纳税人识别号：91660188739510178P 地址、电话：九州市南京中路168号 011-86668866 开户行及账号：华夏银行南京路分理处 428805 919666 227	密码区	>>66175*+1892071135718*92024 55>1/<131>*19-*<>548013554>4 75308/010++26/*49>2-11<>><>

货物或应税劳务名称	规格型号	单位	数量	单价	金额	税率	税额
*运输服务*运费			1.00	1,996.33	1,996.33	9%	179.67
合　　计					￥1,996.33		￥179.67
价税合计（大写）	⊗贰仟壹佰柒拾陆圆整				（小写）￥2,176.00		

销售方	名　　称：德邦物流有限公司 纳税人识别号：913605005978548 6VB 地址、电话：九州市朝阳区嘉言路804号 011-86107420 开户行及账号：华夏银行朝阳支行 427305 919323 458	备注	德邦物流有限公司 913605005978 5486VB 发票专用章

收款人：钱艳玲　　复核：曾倩　　开票人：王坤　　销售方：（章）

第三联：发票联 购买方记账凭证

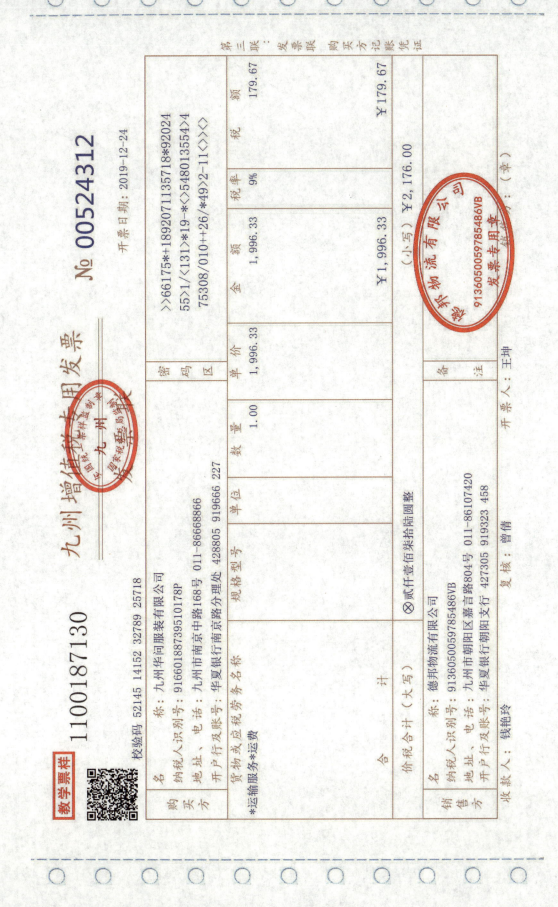

教学票样

1100189130

九州增值税专用发票

抵扣联

全国统一票样监制章 九州 国家税务总局监制

№ 06781298

校验码 62145 23152 31189 25779

开票日期：2019-12-31

购买方	名　　称：九州华问服装有限公司 纳税人识别号：91660188739510178P 地 址 、 电 话：九州市南京中路168号 011-86668866 开户行及账号：华夏银行南京路分理处 428805 919666 227	密码区	>>88175*+1342071135718*92024 55>1/<131>*19-*<>548013554>4 75308/010++26/*49>6-23<>><>

货物或应税劳务名称	规格型号	单位	数量	单价	金额	税率	税额
*不动产*商铺		平方米	47.00	17,431.19	819,266.06	9%	73,733.94
合　　计					￥819,266.06		￥73,733.94
价税合计（大写）	⊗捌拾玖万叁仟圆整				（小写）￥893,000.00		

销售方	名　　称：九州星辉房地产置业有限公司 纳税人识别号：91130305555658373X 地 址 、 电 话：九州市朝阳区会展路116号 011-83421166 开户行及账号：华夏银行闸北支行 622637 118957 7856	备注	九州星辉房地产置业有限公司 91130305555658373X 发票专用章

收款人：曾宇　　复核：康华　　开票人：蒋清水　　销售方：（章）

第二联：抵扣联　购买方扣税凭证

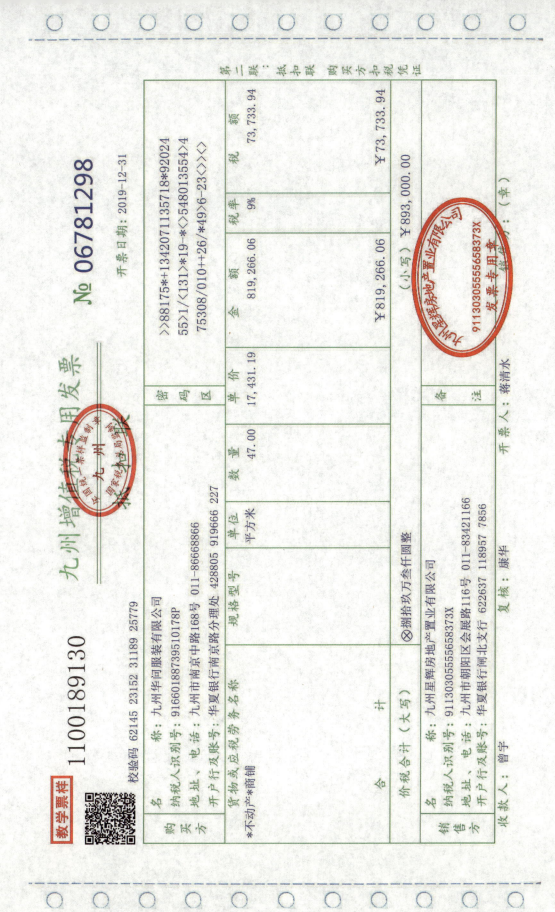

教学票样

1100189130

九州增值税专用发票

发票联

№ 06781298

（全国统一票样监制章 九州 国家税务总局监制）

开票日期：2019-12-31

校验码 62145 23152 31189 25779

购买方	
名　　称：	九州华问服装有限公司
纳税人识别号：	91660188739510178P
地 址、电 话：	九州市南京中路168号 011-86668866
开户行及账号：	华夏银行南京路分理处 428805 919666 227

密码区：
>>88175*+1342071135718*92024
55>1/<131>*19-*<>548013554>4
75308/010++26/*49>6-23<>><>

货物或应税劳务名称	规格型号	单位	数量	单价	金额	税率	税额
*不动产*商铺		平方米	47.00	17,431.19	819,266.06	9%	73,733.94
合　　计					￥819,266.06		￥73,733.94
价税合计（大写）	⊗捌拾玖万叁仟圆整				（小写）￥893,000.00		

销售方	
名　　称：	九州星辉房地产置业有限公司
纳税人识别号：	91130305555658373X
地 址、电 话：	九州市朝阳区会展路116号 011-83421166
开户行及账号：	华夏银行闸北支行 622637 118957 7856

备注：（九州星辉房地产置业有限公司 91130305555658373X 发票专用章）

收款人：曾宇　　复核：康华　　开票人：蒋清水　　销售方：（章）

第三联：发票联　购买方记账凭证

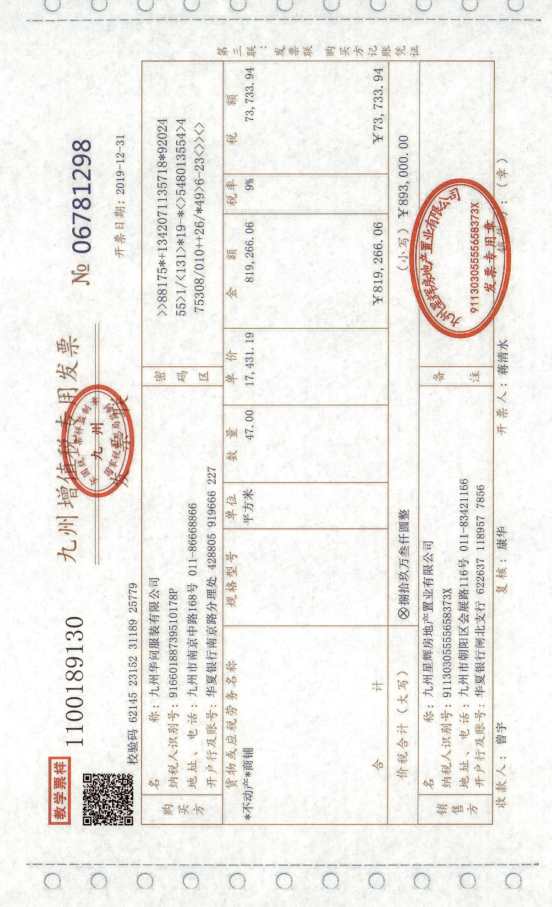

教学票样

1100188130

九州增值税专用发票

№ 01039018

此联不作报销、扣税凭证使用

开票日期：2019-12-04

校验码 30541 47138 37465 48576

购买方	名　　称：上海华奇外贸有限公司 纳税人识别号：91188060114355T37H 地址、电话：上海市宝山区宝杨路99号 021-85605533 开户行及账号：建设银行宝山支行 310583 612222 000				密码区	>>12675*+4592571189352*92024 55>1/<860>*19-*4<>446087526> 475310/520++04/*49>6-92<>><>	
货物或应税劳务名称	规格型号	单位	数量	单价	金额	税率	税额
（详见销货清单）					37,132.76	13%	4,827.24
合计					￥37,132.76		￥4,827.24
价税合计（大写）	⊗肆万壹仟玖佰陆拾圆整				（小写）￥41,960.00		
销售方	名　　称：九州华问服装有限公司 纳税人识别号：91660188739510178P 地址、电话：九州市南京中路168号 011-86668866 开户行及账号：华夏银行南京路分理处 428805 919666 227				备注		

收款人：李丽　　复核：彭佳　　开票人：李超　　销售方：（章）

第一联：记账联　销售方记账凭证

教学票样

1100188130

九州增值税专用发票

№ 01039019

此联不作报销、扣税凭证使用

开票日期：2019-12-10

校验码 21130 44138 37465 51372

购买方	名　　称：上海云飞贸易有限公司 纳税人识别号：91115934564886201P 地址、电话：上海市北京西路101号 021-86075388 开户行及账号：工商银行北京西路支行 310626 581004 506			密码区	>>13675*+4592576669352*92024 55>1/<160>*19-*4<>446012324> 475310/470++04/*49>3-08<>><>		
货物或应税劳务名称	规格型号	单位	数量	单价	金额	税率	税额
（详见销货清单）					21,362.83	13%	2,777.17
合计					￥21,362.83		￥2,777.17
价税合计（大写）	⊗贰万肆仟壹佰肆拾圆整				（小写）￥24,140.00		
销售方	名　　称：九州华问服装有限公司 纳税人识别号：91660188739510178P 地址、电话：九州市南京中路168号 011-86668866 开户行及账号：华夏银行南京路分理处 428805 919666 227			备注			

收款人：李丽　　复核：彭佳　　开票人：李超　　销售方：（章）

第一联：记账联　销售方记账凭证

教学票样

1100188130

九州增值税专用发票

№ 01039020

此联不作报销、扣税凭证使用

开票日期：2019-12-14

校验码 40130 41128 37065 01370

购买方	名　　称：广州创鑫服装有限公司 纳税人识别号：911101883555401738 地 址、电 话：广州市天河商城6层602号 020-28601801 开户行及账号：招商银行天河分行 235601 198043 752			密码区	>>13875*+4592576669352*92024 55>1/<160>*19-*4<>446012324> 475310/470++04/*49>3-26<>><>		
货物或应税劳务名称	规格型号	单位	数量	单价	金额	税率	税额
（详见销货清单）					27,752.15	13%	3,607.85
合计					￥27,752.15		￥3,607.85
价税合计（大写）	⊗叁万壹仟叁佰陆拾圆整				（小写）￥31,360.00		
销售方	名　　称：九州华问服装有限公司 纳税人识别号：91660188739510178P 地 址、电 话：九州市南京中路168号 011-86668866 开户行及账号：华夏银行南京路分理处 428805 919666 227			备注			

收款人：李丽　　复核：彭佳　　开票人：李超　　销售方：（章）

第一联：记账联 销售方记账凭证

全国统一票样监制章 九州 国家税务总局监制

九州华问服装有限公司 91660188739510178P 发票专用章

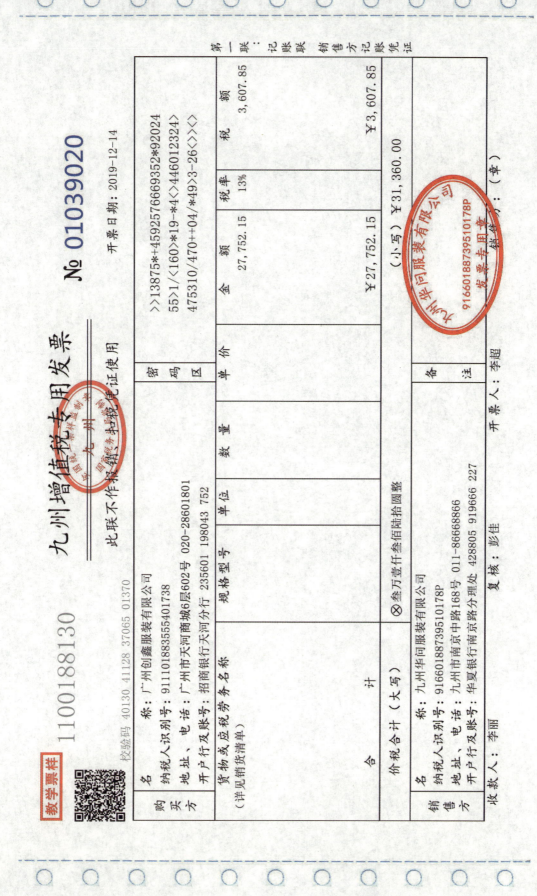

教学票样

1100188130

九州增值税专用发票

№ 01039021

此联不作报销、扣税凭证使用

开票日期：2019-12-19

校验码 40404 41123 47015 01366

购买方	名　　称：江西莎莎服饰有限公司 纳税人识别号：9107355619606OFE5K 地 址、电 话：江西省南昌市洪城大市场101号 0791-85556405 开户行及账号：工商银行洪城支行 622307 658012 509			密码区	>>17875*+4592577539352*92024 55>0/<160>*19-*4<>446012324> 475310/400++01/*49>1-26<>><>		
货物或应税劳务名称	规格型号	单位	数量	单价	金额	税率	税额
（详见销货清单）					27,150.37	13%	3,529.63
合计					￥27,150.37		￥3,529.63
价税合计（大写）	⊗叁万零陆佰捌拾圆整				（小写）￥30,680.00		
销售方	名　　称：九州华问服装有限公司 纳税人识别号：91660188739510178P 地 址、电 话：九州市南京中路168号 011-86668866 开户行及账号：华夏银行南京路分理处 428805 919666 227			备注			

收款人：李丽　　复核：彭佳　　开票人：李超　　销售方：（章）

第一联：记账联 销售方记账凭证

全国统一票样监制章 九州 国家税务总局监制

九州华问服装有限公司 91660188739510178P 发票专用章

教学票样

1100188130

九州增值税专用发票

№ 01039022

此联不作报销、扣税凭证使用　　开票日期：2019-12-23

校验码 21314 41123 47015 21355

购买方	名　　称：浙江美琳服装有限公司 纳税人识别号：911776690MA6R01F5G 地址、电话：杭州市四季青商城103号 0571-85676058 开户行及账号：工商银行华南支行 600153 086189 330			密码区	>>50875*+4592571189352*92024 55>0//123>*19-*4<>586012324> 475310/748++21/*09>5-19<>><>		
货物或应税劳务名称	规格型号	单位	数量	单价	金额	税率	税额
（详见销货清单）					36,088.47	13%	4,691.53
合计					￥36,088.47		￥4,691.53
价税合计（大写）	⊗肆万零柒佰捌拾圆整				（小写）￥40,780.00		
销售方	名　　称：九州华问服装有限公司 纳税人识别号：91660188739510178P 地址、电话：九州市南京中路168号 011-86668866 开户行及账号：华夏银行南京路分理处 428805 919666 227			备注			

收款人：李丽　　复核：彭佳　　开票人：李超　　销售方：（章）

第一联：记账联 销售方记账凭证

2019年12月份工资汇总表

部门	职位	姓名	基本工资	福利补贴	全勤奖	加班	奖金	扣款	应发合计	代扣社保及公积金				专项附加扣除							个人所得税	实发合计
										养老保险	失业保险	医疗保险	住房公积金	子女教育	继续教育	大病医疗	住房贷款利息	住房租金	赡养老人	小计		
办公室	总经理	李佳华	7,900.00		100.00				8,000.00	175.20	21.90	43.80	130.00							-	78.87	7,550.23
办公室	副总经理	刘超	5,400.00		100.00				5,500.00	175.20	21.90	43.80	130.00							-	3.87	5,125.23
财务部	财务经理	陈明	4,400.00		100.00				4,500.00	175.20	21.90	43.80	130.00							-		4,129.10
财务部	总账会计	彭佳	3,500.00		100.00				3,600.00	175.20	21.90	43.80	130.00	1,000.00						1,000.00	-	3,229.10
财务部	会计	赵巧	3,500.00		100.00				3,600.00	175.20	21.90	43.80	130.00							-	-	3,229.10
财务部	出纳	李丽	2,400.00		100.00	50.00			2,550.00	175.20	21.90	43.80	130.00		400.00					400.00		2,179.10
财务部	仓管	陈越	2,400.00		100.00				2,500.00	175.20	21.90	43.80	130.00						1,000.00	1,000.00		2,129.10
行政部	行政	孙红	2,400.00		100.00	80.00			2,580.00	175.20	21.90	43.80	130.00							-		2,209.10
采购部	采购员	胡平	2,400.00		100.00				2,500.00	175.20	21.90	43.80	130.00							-		2,129.10
销售部	零售经理	程义	3,000.00	500.00	100.00				3,600.00	175.20	21.90	43.80	130.00	1,000.00						1,000.00		3,229.10
销售部	店长	陈晨	2,000.00	400.00	100.00		500.00		3,000.00	175.20	21.90	43.80	130.00							-		2,629.10
销售部	收银员	赵琳	2,000.00	400.00	100.00		500.00		3,000.00	175.20	21.90	43.80	130.00		400.00					400.00		2,629.10
销售部	零售	王娟	2,000.00	400.00	100.00				2,500.00	175.20	21.90	43.80	130.00							-		2,129.10
销售部	零售	胡丹丹	2,000.00	400.00	100.00				2,500.00	175.20	21.90	43.80	130.00							-		2,129.10
销售部	零售	王红梅	2,000.00	400.00	100.00				2,500.00	175.20	21.90	43.80	130.00							-		2,129.10
销售部	店长	曹丽娜	2,000.00	400.00	100.00				2,500.00	175.20	21.90	43.80	130.00				1,000.00			1,000.00		2,129.10
销售部	收银员	罗莹	2,000.00	400.00	100.00				2,500.00	175.20	21.90	43.80	130.00							-		2,129.10
销售部	零售	徐丹	2,000.00	400.00	100.00				2,500.00	175.20	21.90	43.80	130.00							-		2,129.10
销售部	零售	周倩	2,000.00	400.00	100.00				2,500.00	175.20	21.90	43.80	130.00							-		2,129.10
销售部	零售	林立	2,000.00	400.00	100.00				2,500.00	175.20	21.90	43.80	130.00							-		2,129.10
销售部	分销经理	孙国平	3,500.00		100.00		600.00		4,200.00	175.20	21.90	43.80	130.00							-		3,829.10
销售部	分销	李超	2,400.00		100.00		600.00		3,100.00	175.20	21.90	43.80	130.00						1,000.00	1,000.00		2,729.10
销售部	分销	王斌	2,400.00		100.00		600.00		3,100.00	175.20	21.90	43.80	130.00							-		2,729.10
销售部	电商经理	徐海	3,000.00	500.00	100.00				3,600.00	175.20	21.90	43.80	130.00					1,500.00		1,500.00		3,229.10
销售部	电商	王聪	2,000.00	400.00	100.00				2,500.00	175.20	21.90	43.80	130.00							-		2,129.10
销售部	电商	张蕾	2,000.00	400.00	100.00				2,500.00	175.20	21.90	43.80	130.00							-		2,129.10
总计			72,600.00	5,800.00	2,600.00	130.00	2,800.00	-	83,930.00	4,555.20	569.40	1,138.80	3,380.00	2,000.00	800.00	-	1,000.00	1,500.00	2,000.00	7,300.00	82.74	74,203.86

负责人 李佳华　　　　审核人 陈明　　　　制表人 赵巧

2019年12月份社会保险及住房公积金明细表

部门	职称	姓名	企业						个人				合计					
			养老保险	失业保险	医疗保险	工伤保险	生育保险	住房公积金	养老保险	失业保险	医疗保险	住房公积金	养老保险	失业保险	医疗保险	工伤保险	生育保险	住房公积金
办公室	总经理	李佳华	438.00	43.80	131.40	17.52	17.52	130.00	175.20	21.90	43.80	130.00	613.20	65.70	175.20	17.52	17.52	260.00
办公室	副总经理	刘超	438.00	43.80	131.40	17.52	17.52	130.00	175.20	21.90	43.80	130.00	613.20	65.70	175.20	17.52	17.52	260.00
财务部	财务经理	陈明	438.00	43.80	131.40	17.52	17.52	130.00	175.20	21.90	43.80	130.00	613.20	65.70	175.20	17.52	17.52	260.00
财务部	总账会计	彭佳	438.00	43.80	131.40	17.52	17.52	130.00	175.20	21.90	43.80	130.00	613.20	65.70	175.20	17.52	17.52	260.00
财务部	会计	赵巧	438.00	43.80	131.40	17.52	17.52	130.00	175.20	21.90	43.80	130.00	613.20	65.70	175.20	17.52	17.52	260.00
财务部	出纳	李丽	438.00	43.80	131.40	17.52	17.52	130.00	175.20	21.90	43.80	130.00	613.20	65.70	175.20	17.52	17.52	260.00
财务部	仓管	陈越	438.00	43.80	131.40	17.52	17.52	130.00	175.20	21.90	43.80	130.00	613.20	65.70	175.20	17.52	17.52	260.00
行政部	行政	孙红	438.00	43.80	131.40	17.52	17.52	130.00	175.20	21.90	43.80	130.00	613.20	65.70	175.20	17.52	17.52	260.00
采购部	采购员	胡平	438.00	43.80	131.40	17.52	17.52	130.00	175.20	21.90	43.80	130.00	613.20	65.70	175.20	17.52	17.52	260.00
销售部	零售经理	程义	438.00	43.80	131.40	17.52	17.52	130.00	175.20	21.90	43.80	130.00	613.20	65.70	175.20	17.52	17.52	260.00
销售部	店长	陈晨	438.00	43.80	131.40	17.52	17.52	130.00	175.20	21.90	43.80	130.00	613.20	65.70	175.20	17.52	17.52	260.00
销售部	收银员	赵琳	438.00	43.80	131.40	17.52	17.52	130.00	175.20	21.90	43.80	130.00	613.20	65.70	175.20	17.52	17.52	260.00
销售部	零售	王娟	438.00	43.80	131.40	17.52	17.52	130.00	175.20	21.90	43.80	130.00	613.20	65.70	175.20	17.52	17.52	260.00
销售部	零售	胡丹丹	438.00	43.80	131.40	17.52	17.52	130.00	175.20	21.90	43.80	130.00	613.20	65.70	175.20	17.52	17.52	260.00
销售部	零售	王红梅	438.00	43.80	131.40	17.52	17.52	130.00	175.20	21.90	43.80	130.00	613.20	65.70	175.20	17.52	17.52	260.00
销售部	店长	曹丽娜	438.00	43.80	131.40	17.52	17.52	130.00	175.20	21.90	43.80	130.00	613.20	65.70	175.20	17.52	17.52	260.00
销售部	收银员	罗莹	438.00	43.80	131.40	17.52	17.52	130.00	175.20	21.90	43.80	130.00	613.20	65.70	175.20	17.52	17.52	260.00
销售部	零售	徐丹	438.00	43.80	131.40	17.52	17.52	130.00	175.20	21.90	43.80	130.00	613.20	65.70	175.20	17.52	17.52	260.00
销售部	零售	周倩	438.00	43.80	131.40	17.52	17.52	130.00	175.20	21.90	43.80	130.00	613.20	65.70	175.20	17.52	17.52	260.00
销售部	零售	林立	438.00	43.80	131.40	17.52	17.52	130.00	175.20	21.90	43.80	130.00	613.20	65.70	175.20	17.52	17.52	260.00
销售部	分销经理	孙国平	438.00	43.80	131.40	17.52	17.52	130.00	175.20	21.90	43.80	130.00	613.20	65.70	175.20	17.52	17.52	260.00
销售部	分销	李超	438.00	43.80	131.40	17.52	17.52	130.00	175.20	21.90	43.80	130.00	613.20	65.70	175.20	17.52	17.52	260.00
销售部	分销	王斌	438.00	43.80	131.40	17.52	17.52	130.00	175.20	21.90	43.80	130.00	613.20	65.70	175.20	17.52	17.52	260.00
销售部	电商经理	徐海	438.00	43.80	131.40	17.52	17.52	130.00	175.20	21.90	43.80	130.00	613.20	65.70	175.20	17.52	17.52	260.00
销售部	电商	王聪	438.00	43.80	131.40	17.52	17.52	130.00	175.20	21.90	43.80	130.00	613.20	65.70	175.20	17.52	17.52	260.00
销售部	电商	张蕾	438.00	43.80	131.40	17.52	17.52	130.00	175.20	21.90	43.80	130.00	613.20	65.70	175.20	17.52	17.52	260.00
合计			11388.00	1138.80	3416.40	455.52	455.52	3380.00	4555.20	569.40	1138.80	3380.00	15943.20	1708.20	4555.20	455.52	455.52	6760.00

商铺买卖合同

甲方：九州星辉房地产置业有限公司

乙方：九州华冈服装有限公司

根据《中华人民共和国合同法》、《中华人民共和国城市房地产管理法》及其他有关法律法规之规定，乙方自愿购买甲方代销的本合同项下商铺。现双方在平等、自愿、协商一致以及仔细阅读和了解本合同的基础上就买卖商铺达成如下协议。

第一条 乙方所购商铺基本情况

1. 乙方购买的商铺位于九州市南明区文昌南路88号文昌苑·综合楼一层，该商铺是文昌苑·综合楼一层 256 号。

2. 该商铺的用途为商业。

3. 该商铺合同约定建筑面积为 47 平方米，公共部位与公用房屋分摊建筑面积最终以产权登记面积为准。

第二条 计价方式与价款

按建筑面积计算。

该商铺单价为(人民币)每平方米 20，000.00 元（大写：人民币 贰 万元整）。

总金额(人民币)： 940，000.00 元(大写：人民币 玖拾肆 万元整)。

第三条 面积确认及面积差异处理

1. 根据当事人选择的计价方式，本条规定以建筑面积为依据进行面积确认及面积差异处理。

2. 合同约定面积与产权登记面积有差异的，以产权登记面积为准。

3. 商铺交付后，产权登记面积与合同约定面积发生差异，双方同意按多退少补，据实结算房款的方式进行处理。

第四条 付款日期及方式

1. 乙方在签署本合同之日一次性付清全部房价款的，甲方给予乙方占全款金额 5% 的优惠，即实际付款为：￥893，000.00 元（大写：人民币 捌拾玖万叁仟 元整）。

2. 其他方式：________________。

双方约定全部房价款支付至甲方指定的以下账户：

账户名称： 九州星辉房地产置业有限公司

开户银行： 华夏银行南北支行

银行账号： 6226371189577856

第五条 关于产权登记及违约责任的约定

1. 本商铺买卖合同签订之日起 3 年内不能完成本合同项下商铺的产权分割，或该商铺存在的抵押、查封等负担和限制未在 3 年内消除，造成乙方不能取得产权登记的，乙方有权解除本合同，乙方有权退房，甲方在解除本合同之日或乙方提出退房要求之日起 30 日内将乙方已付实际房价款(不含抵扣的房价款)退还给乙方，并按已付房价款的 1%补偿乙方，乙方不得主张其他任何赔偿或违约责任。

2. 办理产权证所交税费按国家规定由甲乙双方各自承担。乙方应提供办理产权登记真实的相关资料并签订、签署办理产权登记所需的合同、协议、文书等，因乙方原因造成不能完成产权登记的，则甲方不承担任何逾期责任。但如遇下列特殊原因，除双方协商同意解除合同或变更合同外，甲方可据实予以延期：

(1)遭遇自然灾害(包括地震、洪灾、火灾、瘟疫、地面突然下陷等)和其他不可抗力(包括战争、动乱、连续停水停电)且甲方在不可抗力事件结束之日后 30 内告知乙方的；

(2)执行政府法规、强制文件及行政禁令、命令。

第六条 乙方逾期付款的违约责任

乙方如未按本合同约定的时间付款，按逾期时间，分别处理(不做累加)：

(1)逾期不超过 30 日，自本合同规定的应付款期限之第二天起至实际全额支付应付款之日止，乙方按日向甲方支付逾期应付款万分之一的违约金，合同继续履行；

(2)逾期超过 30 日，甲方有权解除合同。甲方解除合同的，乙方按累计应付款的 10%向甲方支付违约金。乙方愿意继续履行合同的，经甲方同意，合同继续履行，自本合同规定的应付款期限之第二天起至实际全额支付应付款

之日止，乙方按日向甲方支付逾期应付款万分之一的违约金。

第七条 争议的解决

本合同在履行的过程中发生的争议，由双方当事人协商解决；协商不成的，依法向甲方所在地人民法院起诉。

第八条 其他事项

1. 买卖的房屋仅供商业使用。乙方使用期间不得擅自改变该商铺的建筑主体结构、承重结构和用途。除本合同及其其他另有约定者外，乙方在使用期间有权与其他权利人共同享用与该商铺有关的公共部位与设施，并按占地和公共部位与公用房屋分摊面积承担义务。

2. 本合同甲乙双方经营地址为各类通知、文书送达的地址，如有变动应及时通知对方当事人，否则造成相关通知文书无法送达的，将视同已经送达，由此产生的法律责任由当事人自行承担。

3. 本合同未尽事项，可由双方约定后签订补充协议。补充协议内容及合同附件与本合同具有同等法律效力。

4. 乙方已仔细阅读本合同条款，未存在重大误解等情形。

5. 本合同连同附件共贰页，一式叁份，具有同等法律效力，甲方贰份，乙方壹份。

6. 本合同自双方签字或盖章之日起生效。

甲方(签章)

法定代表人：华封

2019年12月31日

乙方(签章)

法定代表人：李佳华

2019年12月31日

购销合同

供货方：<u>九州华问服装有限公司（以下简称甲方）</u>

需求方：<u>浙江高美服装有限公司（以下简称乙方）</u>

甲乙双方在平等自愿、诚实信用的基础上，经双方充分协商，依据中国现行法律、法规及商业惯例，就乙方购买甲方货物事宜达成共识，订立本合同，以资共同遵守。

第一条：买卖货物的基本内容

1.货物(以下统称为“货物”)名称、型号、单价、数量及金额如下。

货物名称	型号	数量	含税单价	金额
劳保工作服套装	艳蓝-160	50.00	70.00	3500.00
劳保工作服套装	艳蓝-165	50.00	70.00	3500.00
劳保工作服套装	艳蓝-170	50.00	75.00	3750.00
劳保工作服套装	艳蓝-175	50.00	75.00	3750.00
劳保工作服套装	艳蓝-180	50.00	75.00	3750.00
劳保工作服套装	灰蓝-160	50.00	70.00	3500.00
劳保工作服套装	灰蓝-165	50.00	70.00	3500.00
劳保工作服套装	灰蓝-170	50.00	75.00	3750.00
劳保工作服套装	灰蓝-175	50.00	75.00	3750.00
劳保工作服套装	灰蓝-180	50.00	75.00	3750.00
户外运动衫	迷彩-均码	50.00	15.00	750.00
文化衫	均码	50.00	15.00	750.00
加厚军大衣	均码	50.00	85.00	4250.00
西服男套装	黑色-S	10.00	200.00	2000.00
西服男套装	黑色-M	10.00	200.00	2000.00
西服男套装	黑色-L	10.00	200.00	2000.00
西服男套装	黑色-XL	10.00	200.00	2000.00
西服男套装	黑色-XXL	10.00	200.00	2000.00
西服女套装-西装领	白+黑-S	50.00	150.00	7500.00
西服女套装-西装领	白+黑-M	50.00	150.00	7500.00
西服女套装-西装领	白+黑-L	50.00	150.00	7500.00
西服女套装-V 领	白+黑-S	50.00	150.00	7500.00
西服女套装-V 领	白+黑-M	50.00	150.00	7500.00
西服女套装-V 领	白+黑-L	50.00	150.00	7500.00
西服女套装-立领	白+黑-S	30.00	150.00	4500.00
西服女套装-立领	白+黑-M	30.00	150.00	4500.00
西服女套装-立领	白+黑-L	30.00	150.00	4500.00
女衬衫-雪纺花边领	S	30.00	65.00	1950.00
女衬衫-雪纺花边领	M	30.00	65.00	1950.00
女衬衫-雪纺花边领	L	30.00	65.00	1950.00
女衬衫-拼接领	S	30.00	65.00	1950.00
女衬衫-拼接领	M	30.00	65.00	1950.00
女衬衫-拼接领	L	30.00	65.00	1950.00
女衬衫-OL 翻领	S	30.00	65.00	1950.00
女衬衫-OL 翻领	M	30.00	65.00	1950.00
女衬衫-OL 翻领	L	30.00	65.00	1950.00
合计		**1360.00**		**128300.00**

以上合同价格为甲方专供乙方的代理批量价,为甲方商业机密,根据国家相关商业保密法律,乙方不得将此价格泄露给任何除甲乙双方以下的第三方,否则,由此给甲方带来的损失由乙方承担。

2.货物的技术标准(包括质量要求)如下:

(1)按国家标准执行。

(2)无国家标准而有行业标准,按行业标准执行。

第二条:付款

1.付款方式:合同总含税价款为 ¥128,300.00 (人民币 壹拾贰万捌仟叁佰元整),乙方属于甲方的新客户,故甲方给予乙方占全款金额 20% 的折扣,即实际付款为 ¥102,640.00 (人民币 壹拾万零贰仟陆佰肆拾元整)。

2.其他方式:________________。

第三条:货物的交(提)货期限、交货方法、到货地点

在满足本合同第二条前提下执行如下条款:

1.货物的交(提)货日期: 2019年12月31日 。

2.交货方法按下列第(2)项执行。

(1)甲方送货;

(2)乙方自提自运;

(3)甲方代运(甲方代办运输,应充分考虑乙方的要求,商定合同的运输路线和运输工具)。

3.到货地点和接货单位(或接货人): 乙方采购经理余文理 。

乙方如要求变更到货地点或接货人,应在本合同约定的交货日期前 5 日书面通知甲方,否则甲方仍按照本合同约定的地点交货。

第四条:双方约定事项

1.甲方保证在合同规定的时间内向乙方提供上述货物,不耽误乙方的采购计划。

2.乙方收到货物的二十四小时内必须将货物检验完毕,并和甲方随货出库单核对,如发现诸如水渍污染、外包装毁坏等可能导致产品受损的情况,应于收到货物后四十八小时内书面通知甲方;在此期限内乙方没有提出书面异议的,甲方将视同乙方收妥货物。

第五条:产品质量承诺

自乙方收到产品起算,只要是属于产品本身质量问题的,甲方承诺,提供一个月内包退换服务。

第六条:其他

1.未尽事宜,由双方协商解决,或向甲方所在地法院提请诉讼。

2.本合同一式两份,购销双方各执一份,经双方签字盖章后生效。

3.本合同生效时限,以双方中的一方最终签订日期为准,产品服务期起始同日计算。

4.在购方购买的产品服务期或保修期结束之日起,本合同自动失效。

甲方:九洲华问服装有限公司　　乙方:浙江高美服装有限公司

法定代表人:李佳华　　法定代表人:魏斌

2019年12月31日　　2019年12月31日

产品委托代销合同

委托方：浙江朝歌配饰有限公司 （以下简称“甲方”）
受托方：九州华问服装有限公司 （以下简称“乙方”）
甲乙双方本着自愿、平等、互惠互利、诚实信用的原则，依照《中华人民共和国合同法》有关规定，自愿订立协议如下：

第一条 代售产品

1. 甲方委托乙方代销产品的详细信息：代销商品、数量、价格

代销商品名称	规格型号	计量单位	数量	单价（不含税）	金额	税额	价税合计
领带	黑色	条	200.00	88.50	17,699.12	2,300.88	20,000.00
领结	黑色	个	100.00	88.50	8,849.56	1,150.44	10,000.00
价税合计	人民币（大写）：叁万元整				（小写）¥ 30,000.00		

2. 代销商品的交付时间：2019年12月31日。代销商品的交付地点：乙方公司总部。交付方式及运输费用承担：由甲方安排运输，并承担相关运输费用。

第二条 代售期限

1. 本合同的代售期限为 1 年，从本合同签订之日起至 2020 年 12 月 31 日止。双方可根据本合同的约定提前终止或续期。
2. 乙方要求对本合同续期的，应至少在本合同期限届满前提前 1 个月向甲方书面提出。甲方同意的，与乙方签订续期合同。

第三条 代售商品价格

乙方应当按照甲方规定的零售价格（含税售价：领带 100 元/条；领结 100 元/个）销售产品。乙方不得擅自调整规定的产品销售价格或以收取手续费用等方式变相加价。如果甲方规定的零售价格不符合本地区市场情况，乙方需调整销售价格时，应当向甲方报告。甲方应当根据系统的统一性要求和乙方所处地区的市场情况综合考虑，做出调整价格的决定。

第四条 佣金

1. 乙方以每次售出并签字的协议产品为基础，按销售货款总额的 15% 收取佣金。
2. 佣金以发票金额计算，任何附加费用如包装费、运输费、保险费、海关税或由进口国家征收的关税等应另开发票。
3. 每月待甲方收到货款后，即给乙方结算佣金并扣回代垫费用。

第五条 双方权利和义务

(一)甲方

1. 按双方约定的时间、数量、质量、品种交付货物，由甲方送货上门，运费由甲方承担。
2. 接受在约定期限内乙方未能销售的存货，以及因质量问题第三人退给乙方的退货；无理拒收的，应承担因此造成的损失及多支出的费用。

(二)乙方

1. 妥善保管代销货物，因过错造成毁损灭失的应予赔偿。
2. 以适当方式销售代销的货物，因乙方过错造成货物迟延销售或不能销售的，应负赔偿责任。

3. 按双方事先约定的价格和期限给付已销售部分的货款。
4. 在约定的期限内未能销售完货物的，应及时通知甲方处理，以免延期造成损失。

第六条 违约责任
1. 甲方违反第五条对其约定的条件，造成纠纷和经济损失的，由甲方承担相应的法律责任和经济损失。
2. 乙方违反第五条对其约定的条件，造成纠纷和经济损失的，由乙方承担相应的法律责任和经济损失。
3. 乙方若欠总货款的 50% 以上，甲方有权解除合同。
4. 甲方委托乙方在区域内销售甲方供应的产品，乙方不能超区域经营。乙方超区域经营，给甲方造成损失的应予以赔偿。
5. 乙方以自己名义对外销售时，独立承担责任。

第七条 合同争议的解决方式
本合同在履行过程中发生争议，由双方当事人协商解决；协商不成，任何一方均可向人民法院提起诉讼。

第八条 其他约定事项
1. 甲方委托代销商品应与样品相符，保质保量，代销数量、规格、价格，有效期内如有变更，甲方必须及时通知乙方，通知到达前，应由乙方按签出的合同，照旧履行。如因质量或供应脱节而造成损失和费用(包括手续费)，均由甲方负责。
2. 本合同未做规定的，按《中华人民共和国合同法》的规定执行。
3. 本合同有效期自 2019 年 12 月 31 日至 2020 年 12 月 31 日止。
4. 本合同自双方签字盖章时开始生效。
5. 本合同一式两份，双方各执一份，均具有同等的法律效力。

甲方（盖章）　　　　　　　　乙方（盖章）

法定代表人：钟青树　　　　　　法定代表人：李佳华

2019 年 12 月 31 日　　　　　　2019 年 12 月 31 日

库 存 商 品 收 发 存 月 报 表

仓 库：　　　　　　　　　　　　　　　　　　年　　月

存货编码	期初结存			本月入库			本月出库			调拨出库			期末结存		
	数量	单价	金额	数量	单价	金额	数量	单价	金额	数量	单价	金额	数量	单价	金额
101001															
101002															
101003															
101004															
101005															
102001															
102002															
102003															
102004															
102005															
103001															
104001															
105001															
106001															
106002															
106003															
106004															
106005															
107001															
107002															
107003															
108001															
108002															
108003															
109001															
109002															
109003															
110001															
110002															
110003															
111001															
111002															
111003															
112001															
112002															
112003															
总计															

库存商品收发存月报表

仓库：　　　　　　　　　　　　年　月

存货编码	期初结存			本月入库			本月出库			调拨出库			期末结存		
	数量	单价	金额	数量	单价	金额	数量	单价	金额	数量	单价	金额	数量	单价	金额
101001															
101002															
101003															
101004															
101005															
102001															
102002															
102003															
102004															
102005															
103001															
104001															
105001															
106001															
106002															
106003															
106004															
106005															
107001															
107002															
107003															
108001															
108002															
108003															
109001															
109002															
109003															
110001															
110002															
110003															
111001															
111002															
111003															
112001															
112002															
112003															
总计															

库存商品收发存月报表

仓库：　　　　　　　　　　　　　　　　年　月

存货编码	期初结存			本月入库			本月出库			调拨出库			期末结存		
	数量	单价	金额	数量	单价	金额	数量	单价	金额	数量	单价	金额	数量	单价	金额
101001															
101002															
101003															
101004															
101005															
102001															
102002															
102003															
102004															
102005															
103001															
104001															
105001															
106001															
106002															
106003															
106004															
106005															
107001															
107002															
107003															
108001															
108002															
108003															
109001															
109002															
109003															
110001															
110002															
110003															
111001															
111002															
111003															
112001															
112002															
112003															
总计															

华夏银行 HUAXIA BANK

华夏银行对公明细对账单

账号： 428805919666227　　单位名称： 九州华问服装有限公司

开户行： 华夏银行南京路分理处　　币种： 人民币

2019年		凭证种类	发生额		余额
日期	摘要		借方	贷方	
	余额				911, 907. 45
2019-12-01	POS 刷卡收入			5, 250. 00	917, 157. 45
2019-12-01	POS 刷卡收入			1, 920. 00	919, 077. 45
2019-12-01	POS 刷卡收入			2, 590. 00	921, 667. 45
2019-12-02	POS 刷卡收入			2, 170. 00	923, 837. 45
2019-12-03	现金存入银行			9, 335. 00	933, 172. 45
2019-12-03	POS 刷卡收入			3, 815. 00	936, 987. 45
2019-12-03	POS 刷卡收入			3, 325. 00	940, 312. 45
2019-12-03	POS 刷卡收入			2, 020. 00	942, 332. 45
2019-12-03	POS 刷卡收入			1, 590. 00	943, 922. 45
2019-12-03	支付盛园租金		8, 000. 00		935, 922. 45
2019-12-03	支付天恒租金		8, 000. 00		927, 922. 45
2019-12-03	支付万科租金		5, 000. 00		922, 922. 45
2019-12-03	支付盛园水电费及物业费		462. 70		922, 459. 75
2019-12-03	支付天恒水电费及物业费		500. 30		921, 959. 45
2019-12-03	支付万科水电费及物业费		1, 263. 50		920, 695. 95
2019-12-03	收到九州运恒货款			28, 800. 00	949, 495. 95
2019-12-04	现金存入银行			380. 00	949, 875. 95
2019-12-04	POS 刷卡收入			2, 290. 00	952, 165. 95
2019-12-04	POS 刷卡收入			1, 400. 00	953, 565. 95
2019-12-04	POS 刷卡收入			1, 530. 00	955, 095. 95
2019-12-04	支付德邦运费		1, 698. 00		953, 397. 95
2019-12-05	现金存入银行			3, 045. 00	956, 442. 95
2019-12-05	POS 刷卡收入			2, 150. 00	958, 592. 95
2019-12-05	POS 刷卡收入			1, 180. 00	959, 772. 95
2019-12-05	POS 刷卡收入			2, 340. 00	962, 112. 95
2019-12-05	支付浙江琪琪货款		43, 156. 00		918, 956. 95
2019-12-05	支付手续费		10. 50		918, 946. 45
2019-12-06	现金存入银行			3, 115. 00	922, 061. 45
2019-12-06	POS 刷卡收入			2, 665. 00	924, 726. 45
2019-12-06	收到深圳华威货款			35, 190. 00	959, 916. 45
2019-12-07	现金存入银行			7, 230. 00	967, 146. 45
2019-12-07	POS 刷卡收入			2, 685. 00	969, 831. 45
2019-12-07	POS 刷卡收入			2, 250. 00	972, 081. 45
2019-12-07	POS 刷卡收入			2, 640. 00	974, 721. 45
2019-12-07	支付深圳美姿货款		60, 794. 00		913, 927. 45
合计			128, 885. 00	130, 905. 00	913, 927. 45

华夏银行
对账专用章

华夏银行 HUAXIA BANK

华夏银行对公明细对账单

账号： 428805919666227　　单位名称： 九州华问服装有限公司

开户行： 华夏银行南京路分理处　　币种： 人民币

2019 年		凭证种类	发生额		余额
日期	摘要		借方	贷方	
	余额				913,927.45
2019-12-07	支付手续费		10.50		913,916.95
2019-12-07	收到上海云飞货款			60,560.00	974,476.95
2019-12-08	POS 刷卡收入			3,450.00	977,926.95
2019-12-08	POS 刷卡收入			2,450.00	980,376.95
2019-12-09	POS 刷卡收入			1,985.00	982,361.95
2019-12-09	POS 刷卡收入			1,395.00	983,756.95
2019-12-09	POS 刷卡收入			2,540.00	986,296.95
2019-12-10	收到广州创鑫货款			51,300.00	1,037,596.95
2019-12-10	现金存入银行			7,575.00	1,045,171.95
2019-12-10	POS 刷卡收入			4,890.00	1,050,061.95
2019-12-10	POS 刷卡收入			4,320.00	1,054,381.95
2019-12-10	支付德邦运费		1,260.00		1,053,121.95
2019-12-11	现金存入银行			2,060.00	1,055,181.95
2019-12-11	POS 刷卡收入			2,780.00	1,057,961.95
2019-12-11	POS 刷卡收入			2,250.00	1,060,211.95
2019-12-11	POS 刷卡收入			3,435.00	1,063,646.95
2019-12-11	收到上海华奇货款			38,100.00	1,101,746.95
2019-12-11	收到广州昌达货款			32,600.00	1,134,346.95
2019-12-12	现金存入银行			2,870.00	1,137,216.95
2019-12-12	POS 刷卡收入			2,655.00	1,139,871.95
2019-12-12	POS 刷卡收入			2,810.00	1,142,681.95
2019-12-13	现金存入银行			5,800.00	1,148,481.95
2019-12-13	POS 刷卡收入			2,645.00	1,151,126.95
2019-12-13	POS 刷卡收入			2,855.00	1,153,981.95
2019-12-14	现金存入银行			4,675.00	1,158,656.95
2019-12-14	POS 刷卡收入			2,950.00	1,161,606.95
2019-12-14	POS 刷卡收入			2,785.00	1,164,391.95
2019-12-14	POS 刷卡收入			2,115.00	1,166,506.95
2019-12-14	支付德邦运费		1,320.00		1,165,186.95
2019-12-14	支付 11 月工资		70,971.91		1,094,215.04
2019-12-14	缴纳社保费用		23,117.64		1,071,097.40
2019-12-14	支付住房公积金		6,760.00		1,064,337.40
2019-12-14	支付员工 11 月份餐费		5,720.00		1,058,617.40
2019-12-14	缴纳增值税		9,264.96		1,049,352.44
2019-12-14	缴纳税金及附加		1,477.62		1,047,874.82
合计			119,902.63	253,850.00	1,047,874.82

华夏银行 对账专用章

华夏银行 HUAXIA BANK

华夏银行对公明细对账单

账号：428805919666227　　单位名称：九州华问服装有限公司

开户行：华夏银行南京路分理处　　币种：人民币

2019年		凭证种类	发生额		余额
日期	摘要		借方	贷方	
	余额				1,047,874.82
2019-12-15	POS 刷卡收入			2,855.00	1,050,729.82
2019-12-15	POS 刷卡收入			2,980.00	1,053,709.82
2019-12-15	POS 刷卡收入			1,720.00	1,055,429.82
2019-12-16	POS 刷卡收入			3,215.00	1,058,644.82
2019-12-16	POS 刷卡收入			1,840.00	1,060,484.82
2019-12-16	POS 刷卡收入			2,095.00	1,062,579.82
2019-12-17	现金存入银行			5,650.00	1,068,229.82
2019-12-17	POS 刷卡收入			2,810.00	1,071,039.82
2019-12-17	POS 刷卡收入			2,725.00	1,073,764.82
2019-12-17	POS 刷卡收入			2,260.00	1,076,024.82
2019-12-17	收到江西莎莎货款			55,800.00	1,131,824.82
2019-12-17	支付灯箱广告费		8,000.00		1,123,824.82
2019-12-18	现金存入银行			1,790.00	1,125,614.82
2019-12-18	POS 刷卡收入			2,370.00	1,127,984.82
2019-12-18	POS 刷卡收入			2,015.00	1,129,999.82
2019-12-18	POS 刷卡收入			2,015.00	1,132,014.82
2019-12-19	现金存入银行			1,915.00	1,133,929.82
2019-12-19	POS 刷卡收入			3,095.00	1,137,024.82
2019-12-19	POS 刷卡收入			2,045.00	1,139,069.82
2019-12-19	支付德邦运费		1,293.00		1,137,776.82
2019-12-19	收到浙江美琳货款			42,400.00	1,180,176.82
2019-12-20	现金存入银行			3,755.00	1,183,931.82
2019-12-20	POS 刷卡收入			2,805.00	1,186,736.82
2019-12-20	POS 刷卡收入			2,660.00	1,189,396.82
2019-12-20	POS 刷卡收入			2,135.00	1,191,531.82
2019-12-20	支付广东天语货款		48,361.00		1,143,170.82
2019-12-20	支付手续费		10.50		1,143,160.32
2019-12-21	现金存入银行			2,085.00	1,145,245.32
2019-12-21	POS 刷卡收入			2,115.00	1,147,360.32
2019-12-21	POS 刷卡收入			1,910.00	1,149,270.32
2019-12-21	POS 刷卡收入			2,585.00	1,151,855.32
2019-12-21	POS 刷卡收入			2,440.00	1,154,295.32
2019-12-22	POS 刷卡收入			2,940.00	1,157,235.32
2019-12-22	POS 刷卡收入			3,595.00	1,160,830.32
2019-12-23	POS 刷卡收入			2,995.00	1,163,825.32
合计			57,664.50	173,615.00	1,163,825.32

华夏银行
对账专用章

华夏银行 HUAXIA BANK

华夏银行对公明细对账单

账号： 428805919666227　　单位名称： 九州华问服装有限公司

开户行： 华夏银行南京路分理处　　币种： 人民币

2019年		凭证种类	发生额		余额
日期	摘要		借方	贷方	
	余额				1,163,825.32
2019-12-23	POS 刷卡收入			1,880.00	1,165,705.32
2019-12-24	支付德邦运费		2,176.00		1,163,529.32
2019-12-24	现金存入银行			4,995.00	1,168,524.32
2019-12-24	POS 刷卡收入			2,645.00	1,171,169.32
2019-12-24	POS 刷卡收入			2,565.00	1,173,734.32
2019-12-24	POS 刷卡收入			2,570.00	1,176,304.32
2019-12-24	POS 刷卡收入			2,045.00	1,178,349.32
2019-12-25	POS 刷卡收入			2,215.00	1,180,564.32
2019-12-25	POS 刷卡收入			1,965.00	1,182,529.32
2019-12-25	POS 刷卡收入			2,100.00	1,184,629.32
2019-12-25	POS 刷卡收入			2,410.00	1,187,039.32
2019-12-26	POS 刷卡收入			2,785.00	1,189,824.32
2019-12-26	POS 刷卡收入			2,520.00	1,192,344.32
2019-12-26	POS 刷卡收入			2,165.00	1,194,509.32
2019-12-27	现金存入银行			2,085.00	1,196,594.32
2019-12-27	POS 刷卡收入			3,395.00	1,199,989.32
2019-12-27	POS 刷卡收入			3,685.00	1,203,674.32
2019-12-28	现金存入银行			3,110.00	1,206,784.32
2019-12-28	POS 刷卡收入			2,655.00	1,209,439.32
2019-12-28	POS 刷卡收入			1,880.00	1,211,319.32
2019-12-28	POS 刷卡收入			2,685.00	1,214,004.32
2019-12-29	POS 刷卡收入			2,725.00	1,216,729.32
2019-12-29	POS 刷卡收入			2,180.00	1,218,909.32
2019-12-29	POS 刷卡收入			1,880.00	1,220,789.32
2019-12-30	POS 刷卡收入			1,950.00	1,222,739.32
2019-12-30	POS 刷卡收入			2,130.00	1,224,869.32
2019-12-30	POS 刷卡收入			2,820.00	1,227,689.32
2019-12-31	POS 刷卡收入			3,100.00	1,230,789.32
2019-12-31	POS 刷卡收入			2,880.00	1,233,669.32
2019-12-31	POS 刷卡收入			2,390.00	1,236,059.32
2019-12-31	现金存入银行			5,005.00	1,241,064.32
2019-12-31	利息收入			458.13	1,241,522.45
2019-12-31	购买一间店铺		893,000.00		348,522.45
2019-12-31	POS 机刷卡手续费		2,165.60		346,356.85
2019-12-31	销售商品			102,640.00	448,996.85
合计			897,341.60	182,513.13	448,996.85

华夏银行对账专用章

增值税专用发票抵扣联封面
（电脑型）

企业名称：

所属时期　　　年　　月　　　　　第　　册　　本期共　　册

本册抵扣联张数　　　　张　　　本册抵扣联税额　　　　元

本册抵扣联张数　　　　张　　　本册抵扣联税额　　　　元

企业填制人：　　　　　　　　　税务机关审核人：

年　　月　　日　　　　　　　　年　　月　　日